한국 수중고고학의 실체와 성과
보물선 돈스코이호 쫓는 권력 재벌 탐사가

한국 수중고고학의 실체와 성과

보물선 돈스코이호 쫓는
권력 재벌 탐사가

초판 1쇄 발행 2015년 2월 16일
초판 2쇄 발행 2015년 5월 11일

지은이 원희복
펴낸이 김현숙 김현정
펴낸곳 공명
출판등록 2011년 10월 4일 제25100-2012-000039호
주소 121-904 서울시 마포구 월드컵북로 400 문화콘텐츠센터 5층 7호
전화 02-3153-1378 | **팩스** 02-3153-1377
이메일 gongmyoung@hanmail.net
블로그 http://blog.naver.com/gongmyoung1
ISBN 978-89-97870-08-0 04000
        978-89-97870-04-2 (세트)

이 도서의 국립중앙도서관 출판시도서목록(CIP)은 서지정보유통지원시스템
홈페이지(http://seoji.nl.go.kr)와 국가자료공동목록시스템(http://www.nl.go.kr/kolisnet)에서
이용하실 수 있습니다.(CIP제어번호: CIP2015002844)

이 책은 관훈클럽신영연구기금의 도움을 받아 저술 출판되었습니다.

한국 수중고고학의 실체와 성과

보물선
돈스코이호
쫓는
권력 재벌 탐사가

원희복 지음

차 례

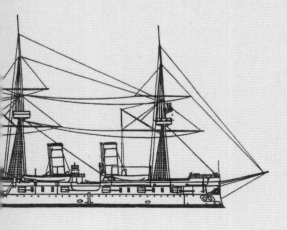

작가의 말

2014년 4월 16일 진도 앞바다에서 세월호 참사가 났다. 어른의 탐욕과 무책임으로 많은 어린 학생이 숨진 참혹한 해양사고였다. 그 과정에서 등장한 것이 다이빙 벨 논란이다. 다이빙 벨은 해저탐사에서 가장 초보적인 첨단 장비였으며, 지금도 유용하게 사용하고 있는 과학장비이다. 과학장비가 정략적 논란이 되는 것은 참담한 일이다.

특히 실종자 수색과정에서 장난감 수준의 무인잠수로봇(ROV)이 외국에서 공수되는 장면은 이해하기 힘들었다. 이미 우리의 해양탐사 수준은 이런 장난감 수준을 넘어섰기 때문이다. 이미 지적됐지만 세월호 참사에서 문제는 기존 과학기술과 장비, 인력을 적시에 효율적으로 활용하지 못했다는 것이다.

무엇보다 안타까운 것은 너무 빨리 에어포켓을 포기한 것이다. 외국의 해양참사에서 상당기간 에어포켓에서 생존하다 구조된 사례가 많다. 해저탐사 전문가들은 일제강점기인 70~80년 전 침몰한 배에도 지금까지 에어포켓이 남아 있는 경우가 있다고 한다. 70년 전 공기를 지금 마시는 것이다.

필자는 2000년 해양수산부를 출입하던 신문기자였다. 바다 관계자들로부터 평소에 접할 수 없던 바다 이야기를 듣는 것이 매우 즐거웠다. 그 때 접한 바다는 무궁무진한 과학과 신비의 세계였다. 이 책은 당시 직접 취재한 수첩을 옮기고 미처 확인하지 못한 사실을 계속 보완해 완성한 것이다.

사실 바다는 생명의 시작이기도 했지만 우리의 미래이기도 하다. 필자는 높이 우주로 나는 것보다 깊이 바다로 들어가는 것이 훨씬 미래지향적이라고 믿는다. 지금은 어느 나라가 얼마나 깊은 바다에 얼마나 오래 잠수할 수 있느냐가 국력의 척도가 되는 시대이다. 앞으로 바다는 인류를 구원할 양식과 자원의 보고 역할을 할 것이다. 그러기 위해선 바다에 대한 관심과 투자가 계속돼야 한다.

바다에 대한 관심과 투자에서 해양고고학 만한 것도 없다. 해양고고학은 역사학과 고고학 등 풍부한 인문학과 첨단 과학, 그리고 현실적인 국제법적 문제까지 엮인 매우 복합적인 분야이다. 여기에 심해저의 극한 자연환경을 극복하기 위한 처절한 인간의 노력까지 결합돼 있다. 그 어떤 것도 소홀히 할 수 없다.

그런 면에서 해양고고학은 인문과학과 자연과학, 그리고 사회과학이 망라된 장대한 휴먼 드라마라고 생각한다. 여기에 보물이라는 흥미진진한 요소까지 가미돼 있다. 해양고고학 분야는 이제 막 시작이라고 해도 과언이 아니다. 이 책이 그 장엄한 휴먼드라마의 조그만 소품이 됐으면 한다.

지금 필자는 울릉도 앞바다 405m에 잠겨있는 돈스코이호에서 1865년 영국 빅토리아 여왕의 얼굴이 새겨진 소버린 금화 하나와 1899년 러시아 황제 니콜라스 2세의 얼굴이 그려진 10루브르 금화 하나를 발견한 기분이다.

2015년 1월
원희복

1장

—

포염,
1905년 5월 29일

—

1904년 2월 9일 오전 11시 20분. 중립국임을 선언한 대한제국 인천 제물포항. 정박 중이던 러시아 2등 순양함 바리야크(Variag, 6,500t)호와 소형 포함 카레예츠(Koreets, 1,213t)호는 닻을 올렸다. 날씨는 맑았다.

바리야크호 루든예프 함장(대령)은 함정 악대에게 국가 연주를 지시했다. 몇 명으로 구성된 간이악대는 제정러시아 국가 '주여, 황제를 보호하소서'를 연주했다. 바리야크호 갑판에 완전무장한 채 정렬한 승무원들은 "하나님 짜르를 지켜주소서 … 그 분의 적이 두려움에 떨게 하시고"라고 국가를 따라 불렀다.

루든예프 함장은 2월 8일 일본 함대 사령관으로부터 다음과 같은 한 편의 전문을 받았다.

"귀하께,

현재 러시아제국과 일본제국 사이에 적대적 관계가 형성돼 있으므로 본인은 귀하께 1904년 2월 9일 정오 이전에 귀하의 휘하에 있는 군함들이 제물포항을 떠나 줄 것을 정중히 요청합니다. 만일 이에 응하지 않을 경우 제물포항에서 귀하에 대항해 싸울 수 밖에 없습니다.

_ 일본제국 해군소장이 러시아 해군사령관에게

추신: 이 통보는 1904년 2월 9일 오전 7시나, 그 이전에 전달된 것입니다."[1]

명백한 선전포고였다. 사실 일본 해군 어뢰정은 오후 4시 30분쯤 우편물을 싣고 제물포항에 들어오던 카레예츠호에 어뢰를 발사하는 사실상 선전포고를 감행했다. 이에 대해 제물포항에 정박 중인 프랑스 등이 중립국 국제항구에서 교전은 국제법 위반이라고 강력히 항의해 추가 전투는 벌어지지 않았다. 하지만 중립국 항구에 정박 중인 제3국과 동맹국은 러시아 전함이 빨리 이 제물포항을 떠나기 원했다.

러시아 두 전함은 제물포항에서 그냥 침몰되느냐, 아니면 일본 해군의 봉쇄를 뚫고 본대가 있는 뤼순항으로 가느냐 선택의 기로에 섰다. 루든예프 함장은 당당히 일본의 봉쇄망을 뚫기로 결심했다. 루든예프 함장은 비장한 목소리로 다음과 같이 연설했다.

"오늘 정오까지 정박지를 떠나라는 요구와 함께 전쟁이 시작됐다는 일본 제독의 편지를 받았다. … 적이 아무리 강해도 적 함대와 전투를 치를 것이다. 항복을 한다는 것은 생각할 수도 없다. 할 수 있는 마지막 순간까지 그리고 피 한 방울까지 싸워서 순양함도 우리 자신도 넘겨 주어서는 안 된다. … 포술장들은 포탄 하나라도 적에게 피해를 줄 수 있도록 해야 함을 명심하라. 진격을 앞두고 신의 은총을 빌며 신의 축복을 굳게 믿으며 우리 정교, 황제 그리고 조국을 위하여 용감하게 전투를 치르자, 만세!"[2]

바리야크호가 앞에 서고, 카레예츠호와 러시아 민간상선 승가리호가 뒤를 따랐다. 한 25분 정도가 지났을까, 제물포 앞 팔미도 해안에 정박 중인 일본 순양함 아사마함에서 8인치 포가 불을 뿜었다. 9,000t급 아사마함은 영국에서 건조한 신형 철갑순양함으로 월등한 화력과 기동력을 갖췄다. 팔미도 앞에 진을 친 나머지 일본의 모든 함대가 포문을 열었다. 14척이나 되는 일본 전함은 이미 함포를 제물포항쪽으로 조준한 채 러시아 전함이 나오기를 기다렸다.

바리야크호와 카레예츠호도 일본함대를 향해 응사했다. 하지만 14대 2의 화력 열세에 게다가 소형 함정인 카레예츠호에서 쏜 포는 일본 함대 근처에도 미치지 못했다. 애당초 상대가 되질 않는 전투였다. 특히 일본군의 함포는 포탄의 위력보다 화염이 더 매서웠다. 바리야크호는 집중 포격을 받아 불길에 휩싸였다.

루든예프 함장은 일본 함대의 포위망을 뚫으려는 시도를 몇 번이나 했지만 허사였다. 루든예프 함장은 전투개시 한 시간여 만에 제물포항으로 후퇴를 명령했다. 화염과 검은 연기를 내뿜은 바리야크호는 힘겹게 머리를 돌려 다시 제물포항으로 들어갔다. 루든예프 함장은 부상자와 생존자를 동맹국 프랑스 배에 옮겨 실을 것을 명령했다.

루든예프 함장은 바리야크호의 킹스톤 밸브를 열고 전사자들과 함께 배를 침몰시켰다. 소형 포함 카레예츠호도 일본에 배를 넘겨주지 않기 위해 화약고에 불을 붙여 자폭했다. 이것이 이른바 제물포 해전이라 불리는 러시아와 일본의 첫 교전이다.[3]

같은 날인 2월 8일 밤 중국 뤼순항 앞바다. 일본 함대 총사령관 도고 헤이하치로(東鄕平八郞)는 기함 미카사(三笠)호 함교에서 뤼순항 쪽을 주시하고 있었다. 미카사호 역시 1만 5,000t이 넘는 대형 전함에 12인치 포 4문, 6인치 포 14문을 장착하고 18노트 속도를 낼 수 있는 일본의 최신형 전함이다.

"12시 20분, 아직 달도 뜨지 않은 바다에는 오직 서치라이트 불빛만 반사됐다. 어둠에 은폐한 일본 어뢰정 전대는 몇 척의 대형 군함의 모습을 어둠 속에서 발견했다. 바로 그 순간 제1어뢰정 전대에 공격명령이 떨어졌다. 12시 28분 선두 어뢰정에서 정박 중인 연통이 3개인 러시아 군함을 향해 어뢰를 발사했다. 나머지 어뢰정도 연통이 2개인 군함을 향해 어뢰를 발사했다. 어뢰를 발사한 어뢰정은 최고 속도로 도주했다. 어뢰정 승무원들은 뒤에서 큰 폭발음을 들었다.

… 러시아 해군은 잠에서 깨어 서치라이트를 켜고 대포를 쏘며 일본 어뢰정을 찾으려 했지만 불가능했다. 02시 00분경 일본 어뢰정은 마지막으로 오보로(Oboro)호를 공격했다.

… 완벽한 조건하에서의 어뢰공격이었지만 전과는 비교적 미미했다. 어뢰는 기대한 만큼 파괴적인 무기가 아니었다. 그날 밤 16발의 어뢰가 발사됐으나 3분의 1은 빗나가거나 불발이었다. 하지만 일본에게 다행스러운 것은 러시아 최고 순항함 레트비잔(Retvizan)호와 체사레비치(Tsesarevich)호를 몇 주간 무력화시키는 데 성공했다."[4]

러일전쟁은 이렇게 일본 해군의 기습공격으로 시작됐다. 만주와 조선을 둘러싸고 일본과 러시아의 이해가 결국 충돌한 것이다. 극동에서 러시아와 일본의 군사력은 엇비슷했다. 그러나 전쟁 직전 일본은 해군력을 집중 보강했다. 일본 해군은 1903년 12월 제1, 제2 및 제3함대를 편성하고 제1 및 제2함대로 연합함대를 조직했다. 연합함대 사령관에는 제1함대 사령관인 도고 대장이 임명됐다. 1904년 3월 제3함대도 연합함대에 편입시켜 도고 대장이 일본함대 전체를 지휘하도록 했다.

무엇보다 일본은 영국에서 건조한 최신형 전함을 여러 척 보유했다. 제1함대의 주력인 제1전대 전함 6척과 제2함대의 주력인 제2전대 1등순양함(장갑순양함) 6척이 일본 해군의 66함대를 형성했다.

이에 비해 러시아 해군은 발트함대, 흑해함대, 태평양함대 3개 함대로 구성됐다. 러시아 태평양함대는 일본 해군에 비하여 다소 열세했지만, 주력함에 있어서는 거의 대등했다. 문제는 러시아 태평양함대가 뤼순(전함 7척), 블라디보스토크(장갑순양함 4척)와 인천(순양함 1척과 소형 포함 1척)에 분산돼 있다는 점이다. 이는 전략상 혹은 항구 특성 때문에 분리해 운영한 것인데 결국 러시아 해군의 전략적 실책이었다. 게다가 러시아는 일본과의 전쟁에서 병력과 병참을 신속히 증강해야 했지만 단선인 시베리아 철도는 이런 요구를 충족시키지 못했다.

1904년 2월 4일 일본의 어전회의는 대 러시아 전쟁을 결정했다. 그리고 2월 8일 일본은 중립국 제물포항에 정박 중인 러시아 함정을 무력화시키고 뤼순함대를 기습한 것이다.

극동 총독 알렉세예프 제독은 상트페테르부르크에 있는 니콜라이 황제에게 긴박한 전문을 보냈다.

　"황제 폐하께

　황제 폐하께 엎드려 보고 드림. 2월 8일에서 9일로 넘어가는 밤 자정 일본 어뢰정들이 뤼순항 기지 외항에 정박 중이던 아군 전대에 기습을 가해 옴. 전함 레트비잔호와 체사레비치호, 순양함 팔라다호가 피격됐으며 피해 정도를 조사 중임. 황제 폐하께 다시 상황을 보고 드리겠음.

　_ 폐하의 장군 알렉세예프 제독."[5]

　이튿날 2월 10일 일본은 러시아에 공식적인 선전포고를 단행했다. 하지만 러시아 태평양 함대는 치명적인 약점이 있었다. 모항인 블라디보스토크항은 러시아가 어렵게 확보한 부동항이지만 전투함대에 필수적인 수리시설이 부족했다. 특히 중국에서 조차한 뤼순항은 지형적으로 취약했다. 항구 입구가 좁고 진입로가 얕아 큰 전함은 만조 때만 기동이 가능했다. 항구가 야산에 둘러싸여 지상군이 인근 야산을 먼저 점령하면 꼼짝없이 적에게 노출되는 등 지리적으로도 불리했다. 그래서 러시아 태평양 함대는 5~9월까지 하계에는 블라디보스토크, 동계에는 뤼순항을 근거지로 활동했다. 일본 해군은 뤼순항의 이런 문제점을 정확히 파악하고 항만을 봉쇄해 버린 것이다.

4월 하순 분노한 러시아 니콜라이 황제는 뤼순함대를 구하기 위해 추가 함정을 보내기로 결정했다. 하지만 러시아는 극심한 내부 혼란으로 전쟁을 치르기 위한 준비가 전혀 돼 있지 않았다. 전함도 없고, 자금도 없었다. 동맹국에 돈을 빌리고 발틱함대를 재편해 배를 차출하는 수밖에 없었다. 그리고 발트해에서 극동까지 그 먼 거리를 항해해야 했다.

니콜라이 황제는 지노비 페트로비치 로제스트벤스키 해군 소장을 제2태평양함대 사령관으로 임명했다. 로제스트벤스키 소장은 러시아 해군에서 뛰어난 지략과 엄격한 성품을 가진 장군으로 꼽혔다. 로제스트벤스키 제독은 일본의 도고 제독과 나이도 동갑이었다.

로제스트벤스키 제독은 전대 준비에 매진했다. 하지만 러시아 해군에는 사공이 많았다. 로제스트벤스키 제독은 워낙 긴 항해니 만큼 구식 함정은 방해가 될 뿐이니 제외해 달라고 요청했다. 하지만 러시아 해군장관은 전함은 많을수록 좋다며 구식 함정까지 다 가져가라고 강권했다.

제2태평양함대는 2개 전대로 구성됐다. 제1전대는 로제스트벤스키가 탄 전함 수보로프(Suvorov)호와 보로디노(Borodino)호, 알렉산드르 3세(Alexandr III)호, 병원선 오렐(Orel)호 등으로 구성됐다. 그나마 이 네 척이 신형 전함이고, 전함이자 경리함인 나히모프(Nakhimov)호도 포함됐다. 제2전대는 엔크비스트 소장이 이끄는 순양함으로 알마즈(Almaz)호와 돈스코이(Donskoi)호를 비롯한 어뢰정, 수송함 등으로 구성됐다. 이중에는 요트를 개조한 전함도 포함됐다.

무엇보다 문제는 실제 전투경험을 가진 군인이 거의 없다는 점이었다. 훈련도 제대로 받지 못한 군인이 태반이고, 심지어 죄수까지 군인으로 채워졌다. 게다가 장기간 항해를 뒷받침할 연료와 식량, 물 등 보급체계도 원활하지 못했다. 이런 전대를 가지고 지구의 반 바퀴를 항해, 봉쇄된 뤼순 함대를 구하러 간다는 것은 애당초부터 무모했다.

특히 중요한 것은 전함의 연료 문제였다. 이런 긴 항해에는 전함의 연료인 석탄을 안정적으로 공급받는 것이 중요했다. 전함은 연기가 많이 나지 않는 무연탄을 사용해야 한다. 검은 연기가 많이 나는 유연탄은 적에 발각되기 십상이기 때문이다. 하지만 대량의 무연탄을 확보하는 것이 쉽지 않았다. 게다가 장기간, 그것도 먼 항해 중간에 무연탄을 공급받는 보급체계를 갖추는 것은 하루아침에 만들어지는 일이 아니었다.

"긴 항해에는 연료인 석탄 적재에 문제가 있었다. 당시 무연탄은 교역금지 품목으로 지정돼 있었다. 일본은 이를 예상하고 전쟁 전 연기가 없는 카디프(Cardiff) 무연탄을 대량 구매해 놓고 있었지만 러시아는 그러지 못했다."[6]

러시아는 어렵게 독일 무연탄 수송회사와 계약을 맺어 이를 해결했지만 문제는 또 있었다. 국제법상 전시에는 다른 나라의 항만시설을 이용할 수 없도록 돼 있어 파도치는 바다위에서 석탄운반선에서 화물선으로 석탄을 옮기고 이를 다시 군함에 옮기는 일을 반복해야 했다.

제2태평양함대는 더 이상 시간을 지체할 수 없었다. 봉쇄된 뤼순항에 있는 6척의 전함과, 4척의 장갑순양함 등을 구출해야 했기 때문이다. 니콜라이 황제는 친히 군복을 입고 제2태평양함대의 출발을 열병했다.

1904년 10월 15일 급조된 제2태평양함대는 발트해 리바우항을 출항했다. 맨 앞에는 나히모프호의 엔크비스트 제독이 이끄는 제2제대 순양함 제대가 섰고, 다음은 펠케르삼 제독이 이끄는 중고 전함제대, 예고리예프 대령의 수송함 제대, 마지막으로 사령관 로제스트벤스키 제독의 최신 전함이 차례로 출발했다.

병력 7,500여 명의 대함대가 아프리카 남단을 돌아 인도양을 횡단하

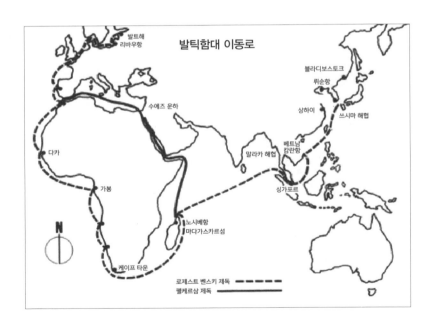

는 장장 3만km에 이르는 대장정에 들어간 것이다. 그 길에는 지독한 폭풍우와 무더위, 전염병, 보급품 부족, 일본 어뢰정의 기습은 물론, 동맹국의 방해 등 험난한 난제가 가로 막았다. 게다가 로제스트벤스키가 편지에서 고백했듯이 '사소한 일을 해도 다섯 번 명령을 내려야 하는 정말 한심하기 짝이 없는 함대'를 이끌고 먼 장정에 올랐다.

11월 3일에는 펠케르삼 제독이 거느린 소함대도 출발했다. 소함대에는 전함 나바린(Navarin)호, 순양함 스베트라나(Svyetlana), 젬추크(Zhemchug)호 등으로 구성됐다. 이 함대는 지중해와 홍해, 수에즈운하를 거쳐 마다가스카르 섬에서 본대와 합류하도록 했다.

그즈음 일본군에 의해 포위된 뤼순항은 러시아군의 처절한 사투가 벌어지고 있었다. 뤼순의 러시아군 사령관 아나톨리 미하일로비치 스테셀 장군은 "발틱함대가 도착할 때까지 뤼순요새를 사수하라"라는 황제의 명령을 충실히 이행했다.

일본 육군은 뤼순항이 내려 보이는 203m 뤼순요새만 장악하면 러시아 해군을 궤멸시킬 수 있다는 생각으로 밀어 붙였다. 당초 일본 육군은 1주일 전투면 뤼순항을 손에 넣을 수 있을 것이라 생각했다. 하지만 러시아 육군과 해군은 일본군의 대공세를 4개월 여나 견디며 뤼순요새를 사수했다.

하지만 러시아가 언제까지 뤼순요새를 사수할지 의문이었다. 어쩔 수 없이 니콜라이 황제는 뤼순함대 비트게프트 사령관에게 블라디보스토크로 탈출을 명령했다. 8월 10일 뤼순함대는 블라디보스토크로 탈출을 시도했지만 일본 함대의 포위망을 뚫지 못했다. 황해해전이라고 불리는 이 전투에서 러시아 뤼순함대는 일부 전함만 살아남아 뤼순으로 되돌아갔다. 사실상 뤼순함대가 궤멸한 것이다.

뤼순요새를 사수하던 러시아 육군은 2개월 여를 더 버텼다. 러시아 육군은 일본군의 10월 대공세까지 막았지만 11월 26일 일본군의 3차 공세에 결국 무너지고 말았다. 일본군은 이날 7,000여명의 사상자를 내는 등 뤼순 203고지를 점령하는 데 무려 1만7,000명의 사상자를 냈다. 일본으로선 그만큼 뤼순항이 전략적으로 중요했다.

일본군이 뤼순항에서 가장 높은 고지를 점령하자 러시아군은 급속히 와해됐다. 일본군은 점령한 뤼순 203고지에 중포를 설치하고 뤼순항 주변 러시아군에게 무차별 포격을 가했다. 보급품이 끊겨 실탄도 떨어진 러시아군은 더 이상 버틸 여력이 없었다. 12월 29일, 뤼순의 러시아 육군 사령관 스테셀 장군은 니콜라이 황제에게 다음과 같은 절망적인 보고를 했다.

"포탄이 거의 떨어졌고, 괴혈병이 창궐하고 있음. 총을 들 수 있는 병력은 1만 명 정도인데, 그들 대부분도 병에 걸렸음."

결국 1월 1일 스테셀 장군은 155일간의 혈전 끝에 백기를 들었다. 뤼순 전투에서 러시아군의 사상자는 2만8,200명, 일본군의 사상자는 5만

7,789명으로 일본 사상자가 훨씬 많았다. 그만큼 러시아의 선전이 빛난 전투였던 것이다.

블라디보스토크로 항해하던 로제스트벤스키 제독은 뤼순요새의 함락 소식을 들으며 고민에 휩싸였다. 뤼순함대 역시 궤멸하기 일보 직전으로 제2태평양함대가 도착하기도 전에 이미 궤멸할 가능성이 높았기 때문이다.

제2태평양함대는 아프리카 희망봉을 돌며 열대 더위에 허덕였다. 선실 온도는 무려 섭씨 45도까지 올라갔다. 환풍기를 가동해도 27도 이하로 떨어지지 않았다. 병사들은 더위를 피해 갑판으로 올라왔다. 하지만 쥐의 날카로운 이빨이 병사들의 다리를 공격했다.

1904년 12월 29일 로제스트벤스키 함대는 아프리카 희망봉을 지나 인도양에 접어들었다. 그리고 1905년 1월 1일 로제스트벤스키는 이곳에서 뤼순함대가 전멸하고 뤼순항도 일본군에 점령됐다는 전문을 받았다. 이젠 뤼순항으로 갈 목표가 없어졌으니, 왔던 길을 돌아가거나 블라디보스토크로 가는 방법밖에 없었다.

니콜라이 황제는 제3함대까지 극동으로 증파하라는 명령을 내렸다. 로제스트벤스키 제독은 낡고 느린 배까지 끌고 일본 도고 제독이 매복해 있는 대한해협을 통과해 블라디보스토크로 갈 항해가 끔찍했다.

펠케르삼 제독이 이끄는 소함대는 수에즈운하를 거쳐 마다가스카르섬 북쪽 노시베항에 먼저 도착해 본대를 기다리고 있었다. 이곳에서 석탄 보급체계에 문제가 발생했다. 독일 무연탄 상선과 계약이 만료돼 버린 것이다. 연료가 없는 태평양 제2함대는 마다가스카르에서 꼼짝없이 발이 묶였다. 러시아 해군성은 독일 석탄상선 업체와 재협상을 2개월이나 끌었다.

함대가 마다가스카르에서 대기하는 동안 병사들은 열사병과 말라리아로 하나 둘 쓰러졌다. 탈영병이 생기고 일부 전함에서는 선상반란까지 일어났다. 게다가 장교와 사병 할 것 없이 도박과, 매춘이 횡횡했다. 그렇지 않아도 오합지졸이던 군기는 더욱 떨어졌다.

니콜라이 황제는 제2, 제3태평양함대로 일본 해군을 격파하고 극동의 제해권을 장악하기를 원했다. 하지만 로제스트벤스키 제독은 이런 고물함대와 훈련되지 않은 병사로는 황제의 희망을 들어주기는 무리라고 판단했다. 그렇다고 이곳 마다가스카르 섬에 더 머물다간 함대가 붕괴될 처지였다.

로제스트벤스키 제독은 증원된 제2태평양함대를 이끌고 3월 17일 마다가스카르 노시베항을 출발했다. 인도양을 가로질러 블라디보스토크로 향하는 긴 항해에 나선 것이다. 함대는 인도양을 무사히 횡단해 4월 8일 말라카 해협을 거쳐 14일 베트남 캄란항에 들어왔다. 로제스트벤스키 제독은 캄란항에서 96km 북쪽에 있는 반폰만으로 함대를 이동시켰다. 왜냐하면 당시 인도차이나는 중립국인 프랑스 식민지 상태였지만, 일본의 입김이 매우 컸다. 함대가 일본의 첩보망 손에 놓여 있는 것이나 마찬가지였기 때문이다.

5월 9일 제2태평양함대에 네보가토프 제독이 이끄는 제3진이 합류했다. 거의 초인적인 노력으로 온 지원군이지만 반갑지 않았다.

"상트페테르부르크에서 보낸 보강함대는 도움을 주기는커녕 방해만 됐다. 1880년 건조된 네보가토브(Nebogatov's)호는 전함으로 분류하기도 민망할 정도였다. 나머지 배들도 연안 방어용으로 함대의 진행을 방해할 정도였다."[7]

이제 로제스트벤스키 제독은 수송선을 포함해 모두 50척에 이르는 대함대를 이끄는 처지가 됐다. 그가 제1장갑전대를 직접 지휘하고, 제2장갑전대는 펠케르삼 제독이, 낡은 전함으로 구성된 제3장갑전대는 네보가토프가 지휘했다.

로제스트벤스키 제독은 이곳에서 또 한 번의 중대한 결정에 직면했다. 지금까지는 날씨와 파도 등 자연과 싸우며 비교적 순탄하게 항해를 했지만 이제부터 본격적인 일본의 공격에 대비해야 했기 때문이다. 도고 제독이 이끄는 일본 해군은 폭이 좁은 해협서 함대를 노려보며 기습 공격 기회를 엿보고 있을 것이 분명했다.

그 시간, 뤼순항과 인천 제물포항에서 승리를 거둔 일본 연합함대는 전열을 정비하고 러시아 함대를 염두에 둔 훈련을 거듭했다. 특히 이 기간 동안 일본은 대한제국 진해, 대한해협의 목을 장악했다. 그리고 일본은 사세보-울진 죽변-울릉도로 이어지는 망루와 해저 통신선을 설치해 동해안 움직임을 손금 보듯 파악했다.

이즈음 로제스트벤스키 제독은 마지막 선택의 기로에 섰다. 블라디보스토크로 가는 어느 항로를 선택할 것인가 하는 문제였다. 가장 빠른 항로는 대한해협을 거쳐 블라디보스토크로 직진하는 항로다. 하지만 이곳은 일본과 일본의 절대적 영향력 아래 있는 대한제국 두 나라를 통과해야 하는 문제가 있다. 다른 항로는 일본을 우회, 태평양으로 돌아 쓰가루(津輕) 해협을 통과하는 항로가 있고, 또 다른 항로는 더 안전하게 북방으로 우회, 캄차카만까지 올라가 소야(宗谷)해협을 통과해 남으로 내려오는 항로 세 가지였다. 어느 항로도 장단점이 있기는 마찬가지였다.

로제스트벤스키 제독은 블라디보스토크로 가는 가장 빠른 길을 택했다. 일본 해군이 매복해 있을 위험이 가장 높았지만 다른 항로도 위험하기는 마찬가지였다. 대한해협에서 쓰시마 조류를 타고 동해를 거쳐 곧장 북진하면 연료도 절감됐다. 이것은 느려터져 전투에 장애가 될 석탄 수송선을 떼어놓고 갈 수 있는 최선의 선택이기도 했다.

5월 23일 로제스트벤스키 제독은 특별명령을 발표했다. 로제스트벤스키 제독은 그는 자신이 전사했을 때 알렉산드르 3세호, 다음은 보로디노호, 오렐로호 순으로 지휘권을 갖도록 했다. 유약한 두 부사령관을 사실상 배제시킨 것이다.

로제스트벤스키 제독은 몇몇 순양함을 일본 동쪽으로 이동시켜 함대의 진로가 쓰가루 해협으로 위장하는 것도 잊지 않았다. 하지만 이 과정에서 로제스트벤스키 제독은 결정적 실수를 범했다. 속도가 늦어 신속한 기동에 부담이 될 수송선을 상하이항으로 보낸 것이다. 느린 수송선을 떼어버렸다는 것은 블라디보스토크까지 최단거리인 대한해협 코스를 선택했다는 것을 의미했기 때문이다. 일본은 이를 간파, 러시아 함대가 대한해협을 통과할 것으로 판단했다.

5월 25일 아침 전투태세를 갖춘 러시아 제2, 제3태평양함대는 대한해협 항로를 결정했다. 26일 주변이 어두워지자 모든 불을 끈 함대는 전속력으로 블라디보스토크항으로 항해했다. 27일 정오쯤 경순양함 스베트라나호와 우랄호, 알마스호가 3각형으로 앞장선 50척의 러시아 태평양 함대는 쓰시마 해협까지 올라왔다.

그리고 러시아 제2, 제3태평양함대와 일본 도고 제독의 두 함대는 운명적인 조우를 했다. 오후 1시 49분, 로제스트벤스키 제독은 도고 제독의 함대를 향해 사격을 명령했다. 러시아가 선제공격을 가했지만 포탄의 명중률은 높지 않았다. 전투 경험은 물론, 러시아 포수들은 훈련조차 제대로 받지 않았기 때문이다.

1시 52분, 러시아 함대와 거리는 6,400m로 가까워졌다. 일본 미카사호가 응사하자 일본 후지(富士), 아사히(朝日), 하루카(春日), 나치신(日進)함도 포격에 가세했다.

"일본 함대가 처음에 발사한 포탄들은 조준이 정확하지 않았다. 그러나 5분쯤 지나자 도고의 포수들은 T자형 대형의 이점을 최대한 이용해 러시아 함선들을 명중시키기 시작했다. 미카사호와 다른 전함들은 수보로프호에 집중적으로 포탄을 퍼부었다. … 러시아 함대는 곧 도고의 화력에 압도당했다. 일본 함대의 포들은 강철 포탄을 뱉어냈고 일본군 포수들의 조준은 정확했다.

너무나 많은 포탄이 떨어지고 있어서 수보로프호 주위의 바다는 마치 끓고 있는 것처럼 보였다. 러시아 함대는 아직 전열을 제대로 갖추지 못하고 있었고, 따라서 후미에 있는 함선들은 응사할 수 없었다."[8]

집중 포화의 표적이 된 수보로프호는 전함으로써 기동도 불가능해지면서 지휘능력을 상실했다. 사령관 로제스트벤스키 제독도 심각한 부상을 입었다. 불과 전투 시작 한 시간여 만이다.

일본은 프랑스에서 개발된 새로운 폭약을 입수하고, 자체 개발한 이쥬인(伊集院)신관을 장착한 신형포탄을 보유했다. 이 포탄은 신관이 매우 예민해 포탄이 배에 명중하지 않고 바다에 떨어져도 폭발, 강력한 화염을 일으켰다.

블라디보스토크로 향하는 북쪽 항로는 이미 일본 함대가 막아섰다. 수보로프호는 남동쪽으로 내려갔다. 하지만 남으로 도주할 수는 없었다. 5시 5분, 다시 선수를 오른쪽으로 돌려 북상하기 시작했다. 일본 함대의 추적은 집요했다. 로제스트벤스키 제독은 자신이 지휘 불능 상태에 빠질 경우에 대비한 지휘체계를 명령해 두었지만 이 지휘체계는 이런 아비규환 상황에서 신속하게 가동되지 않았다.

함대의 지휘권에 혼란이 일어났다. 중상을 입은 로제스트벤스키 제독은 어뢰정 브이누이(Buini)호에 옮겨졌다. 지휘함을 잃은 함대는 진영을 갖추지 못했다. 제각기 필사적으로 도주하는 것이 최선의 선택이

일본의 집중 포화를 받고 표류하는 수보로프호

었다. 도주의 목적지는 블라디보스토크였다.

 일본 도고 제독은 허둥대는 러시아 함대를 하나하나 침몰시켰다. 오후 3시 7분경 전함 오스라비아(Oslyabya)호가 침몰했고, 수송선 캄차카(Kamchatka)호는 반침몰 상태로 표류했다. 오후 6시 25분 일본 기함 미카사호가 전함 보로디노(Borodino)호와 알렉산드르 3세호에 번갈아 포격을 가했다. 그나마 신형 전함인 알렉산드르 3세호에 불이 붙더니 왼쪽으로 기울어지다가 곧 전복했다. 배에 탔던 병사 900명 중 단 한 사람도 빠져나오지 못하고 수장됐다.

 도고 제독의 러시아 함대 사냥은 어둠이 깔린 오후 7시 20분쯤 일단 끝났다. 도고 사령관은 포격을 중지하고 다음날 아침 울릉도 앞바다에 집결할 것을 명령했다. 하지만 일부 구축함과 수뢰정은 심야에 도주하는 러시아 함대를 뒤쫓았다.

혼란 끝에 지휘권을 넘겨받은 네보가토프 소장의 니콜라이 1세 (Nikolai I)호는 정신없이 블라디보스토크를 향해 달렸다. 부분적으로 파괴되거나 고장난 전함을 거들떠 볼 여력이 없었다. 다음날 새벽 네보가토프 제독이 이끄는 니콜라이호를 뒤따르는 배는 아료르호와 장갑함 세냐빈(Seyavin)호, 아프락신(Apraxin)호, 순양함 이즈무르드(Izumud)호 네 척뿐이었다. 전함 나바린(Navarin)호는 교전중 침몰하고, 전함 나히모프호와 순양함 모노마프(Monomakh)호는 밤바다를 한동안 표류하다가 쓰시마섬 인근에서 결국 침몰하고 말았다.

일본의 도고 함대는 블라디보스토크로 패주하는 러시아 함대의 마지막 숨통을 끊기 위해 울릉도로 북상했다. 28일 새벽 동이 트자, 검은 연기를 몰아쉬며 힘겹게 북으로 도주하는 러시아 함대가 속속 일본 함대의 사정거리에 들어왔다.

그러나 지휘권을 넘겨받은 네보가토프 소장이 탄 니콜라이 1세 호에 '항복한다'는 만국신호기가 올랐다. 뒤따르던 러시아 함대도 속속 항복 신호를 보냈다. 또 다른 부사령관 엔크비스트 제독은 전투의 참상을 보고 허둥대다가 명령을 어기고 필리핀으로 돌아가 버렸다.

중상을 입은 로제스트벤스키 제독이 탄 어뢰정 브이누이호도 힘겹게 울릉도 앞까지 도주에 성공했다. 그러나 브이누이호는 연료인 석탄이 떨어지고 기관 고장도 계속됐다. 블라디보스토크까지의 도주는 불가능했다. 장교들은 만약 일본 군함이 나타나면 백기를 걸고 투항하기로 결정했다.

그 때 블라디보스토크를 향해 질주하는 순양함이 있었다. 바로 돈스코이호와 소형포함 베도비(Byedovi)호였다. 중상을 입은 로제스트벤스키 제독은 베도비호로 옮겨졌다. 베도비호는 소형으로 속도가 비교적 빠른 데다 돈스코이호에 비해 그나마 2일치 연료를 적재했기 때문이다. 브이누이호에 실려 있던 장비 등은 돈스코이호로 옮겨졌다. 그리고 브이누이호는 일본군에게 넘겨주지 않기 위해 자침시켰다.

돈스코이호와 베도비호는 다시 블라디보스토크를 향해 전속력으로 항해했다. 그러나 추격하는 일본 전함의 속도는 25노트에 이를 정도로 매우 빨랐다. 결국 울릉도 남서쪽 70km 해상에서 돈스코이호와 베도비호는 일본 함대에 포위됐다. 로제스트벤스키 사령관은 "포격을 할 필요는 없다. 우리들은 포로가 된다"고 명령했다. 오후 7시 20분, 350t짜리 일본 전함 사자나미호는 백기를 단 베도비호에서 치명적인 부상을 입고 누워있던 로제스트벤스키 사령관을 체포했다.

그러나 돈스코이호 레베데프 함장은 항복을 거부했다. 레베데프 함장은 돈스코이호를 일본 해군에게 넘겨줄 수 없었다. 당시 돈스코이호의 최후는 부함장 블로킨 중령의 다음 보고서에 자세히 나와 있다.

"5월 27일 오후 4시 30분경 일본군은 상황에 따라 순양함이나 수송함에 사격을 가했는데, 그 사격은 매우 정확했다. ··· 잠시 후 포탄이 우리 배에 명중하여 첫 부상자가 나오고, 배의 일부가 파손됐다. 적의 포탄은 여러 조각으로 터지면서 많은 장병에게 부상을 입혔으며 포탄이 터질 때마다 갈색 가스를 방출해 숨이 막혔다. ··· 5월 28일 ··· 일본군 포탄이 우리에게 쏟아지기 시작했다. 적과의 거리가 더욱 좁혀졌고, 우리 배에 명중하는 포탄이 증가해 심각한 상황에 이르렀다. 배에 구멍이 생겼고, 우리 대포 N6의 포수들이 사망했다. ··· 포대 갑판에 포탄이 명중하여 포탄을 공급하던 12명이 전사했다. ··· 사방이 어두워졌다. 대부분의 대포가 파손되었으나 나머지 몇 문의 대포로 계속 적을 공격했다. 일본 순양함 한 척이 불타고 다른 한 척은 침몰 직전이었다.

··· 마지막으로 날아온 포탄이 배 뒷부분에 있는 연통에 명중했다. 앞부분에 있는 연통은 이미 대부분 파괴되었기 때문에 우리 배의 속도는 더욱 느려졌고, 선체가 약 5도 정도 기울어졌다. ··· 일본전함과 간격이 점점 좁혀졌다. 이때 울릉도가 보이기 시작했다. 대령은 울릉도로 방향을 바꿔 섬 부근에 가서 격침시키겠다고 밝혔다. ··· 어뢰공격 1시간 후 돈스코이호는 울릉도 동쪽 해변에 도달했다. 바다는 잠잠했으며 우리는 부상자를 선두로 전체 장병을 하선시켰는데 이 작업은 밤새도록 이어졌다.

··· 5월 29일 날이 밝아오고 있었다. 나는 배에 남은 약 160명에게 나무 침대 같은 물에 뜨는 물건을 잡고 헤엄쳐서 해변으로 가라고 명령했다. 배를 깊은 곳으로 끌고 가 침몰시킬 계획이었다. ··· 우리가 배에

서 내리고 약 25분이 지난 후 배는 왼쪽으로 기울기 시작하다가, 반대편에 물이 채워지자 해수면 밑으로 똑바로 가라앉았다. 그곳 수심은 약 210~420m였다. 우리는 단정을 타고 다시 해안으로 돌아왔다. 이렇게하여 돈스코이호가 적의 수중에 넘어가는 것을 막았다."⁹

불과 이틀간의 전투로 제2, 3태평양함대는 사실상 전멸하고 말았다. 모두 38척의 전함 가운데 19척이 격침됐으며 7척이 일본에 나포됐다. 목적지인 블라디보스토크에 도착한 배는 3척에 불과했다. 러시아 해군 5,000여 명이 전사하고, 수천 명이 포로로 잡혔다. 이에 비해 일본 해군의 피해는 어뢰정 3척이 침몰되고 1백여 명의 전사자만 발생했을 뿐이다. 세계 해전사상 유례가 없는 러시아의 완패였다.

하지만 이 전투에서 돈스코이호만 화려한 명성을 얻었다. 함대 사령관은 물론, 부사령관까지 모두 항복하거나 도주했지만 돈스코이호만 끝까지 항전했기 때문이다. 게다가 배를 일본 해군에게 줄 수 없다며 스스로 침몰하는 길을 선택했다.

일본 도고 제독도 부상을 입고 체포된 로제스트벤스키 제독을 문병하며 돈스코이호의 영웅적인 항전을 높이 치하했다. 러시아 해군은 이 전투에서 영웅적이고 명예로운 전함으로 돈스코이호를 기리고 있다.

"러시아는 러일전쟁에 대해서 개별전투에서는 패했지만 전쟁 그 자체에 대해서는 패배 내지 항복하지 않았다고 말한다. 포츠머스에서 맺은 조약이란 항복문서가 아니라 전쟁 당사국이 종전에 합의한 문서라는 입장이다. 사실 러시아는 통상 알려진 대로 일본에게 패전에 따른 보상금을 지불하지도 않았고, 전투는 만주에서 교착된 상태였고, 연해주와 대한제국 함경도 접경지역에서 계속되고 있었다. 특히 인천 제물포 앞바다에서 바리야크호는 자침, 코레이츠 포함은 자폭, 돈스코이호 역시 용감히 싸우다 자침했다는 것이 항복이 아니라는 근거로 든다."[10]

러일전쟁에서 러시아가 패전한 것이 아니라는 근거로 돈스코이호가 활용되는 것이다. 러시아 고르바초프 대통령은 돈스코이호 레베데프 함장의 묘가 있는 일본 나가사키를 찾아 헌화할 정도였다. 현재 돈스코이호는 러시아 최대, 세계 최대 핵잠수함 이름으로 화려하게 부활해 있다.

돈스코이호는 제2, 제3태평양함대 총사령관 로제스트벤스키 제독과 마지막까지 함께 있던 유일한 순양함이다. 돈스코이호가 끝까지 항복을 거부하다 스스로 침몰한 이유는 무엇일까. 돈스코이호에 끝까지 일본군에게 내어줄 수 없던 그 무엇이 있던 것 아닐까. 돈스코이호에 대한 드라마틱한 미스터리는 여기서부터 시작된다.

---

1 심헌용, '한반도에서 전개된 러일전쟁 연구' 외국군사사연구, 국방부 군사편찬위원회, 2012, p.70

2 심헌용, 앞의 글, p.71~72

3 바리야크호 깃발은 일본이 노획해 승전 기념물로 전시하다 해방 후 인천시

럽박물관이 보관했다. 러시아 태평양함대는 2011년 11월 11일 신형 대형 순양함 바리야크호를 이끌고 천을 찾아 이 깃발을 회수했다. 인천시립박물관은 이 깃발을 러시아 중앙해군박물관에 임대하는 조건으로 돌려줬다.

4   Torpedo Attack, Port Arthur, The Russo Japannese War Reserarch Society, russojapanesewar.com

5   Constantine Pleshakov, The Tsar's Last Armada, '짜르의 마지막 함대' 표완수, 황의방 옮김(서울: 중심, 2003) p.19~20

6   Tsushima, The Russo Japannese War Reserarch Society, russojapanesewar.com

7   Tsushima, The Russo Japannese War Reserarch Society, russojapanesewar.com

8   Constantine Pleshakov, 앞의 책, p.359

9   송원호, '돈스코이호 함장의 최후', 대한토목학회지 제53권(대한토목학회, 2005. 12) p.150~151

10 심헌용, '러일전쟁기 동해해전의 전개와 돈스코이함 – 러일전쟁과 돈스코이호의 학술적 조명', 한러대화 세미나 자료, 2013, p.14

2장

—

삭풍,
1998년 1월 대한민국 서울

—

1998년 1월부터 국제통화기금(IMF) 체제의 구조조정 삭풍이 본격적으로 밀려왔다. 국가부도는 간신히 면했지만 금융계 구조조정의 파장이 기업에 본격적으로 미치기 시작하면서 기업의 연쇄부도로 이어졌다. 결국 대량 실업이 현실화되기 시작했다. 자고 일어나면 회사 하나가 통째로 사라졌다. 부도난 회사는 사장에서부터 수위까지 꼼짝없이 실업자로 전락했다. 신문 기사는 불행한 사건으로 가득 채워졌다.

"일터에서 밀려난 실직자가 1백50만 명을 넘어 200만 명에 이르렀다. … 지난 1월부터 3개월 동안 보호가 필요한 아이들이 3,000명을 넘어섰다. … 보육원마다 부모가 맡기고 간 아이들이 바글바글하다. … 학교 수업료를 못내는 초등학생이 갑자기 6배나 급증했다. … 가족 해체가 급속히 이뤄지고 있다."

실업자가 넘쳐나는 것은 그렇다 치더라도 직장에서 내몰린 남편과 사업에 실패한 사장은 빚쟁이를 피해 고시원, 쪽방을 전전했다. 혼자 가정을 지키던 아내도 힘에 겨워 아이를 버리고 가출하는 사태가 속출했다.

가정은 해체되고 자살자가 늘어났다. 하지만 이 IMF터널은 언제 끝날지 아무도 몰랐다. 아니 끝이 보이지 않았다. 사회가 붕괴되고 있다는 경고음이 곳곳에서 터져 나왔다.

그나마 TV CF중에 "아빠 힘내세요"라는 광고가 직장을 잃은 아버지에게 위안을 줬다. 특히 1998년 1월 개봉된 영화 타이타닉은 국민에게 큰 공감을 얻었다.

"과학자들이 첨단장비를 동원해 침몰한 타이타닉호를 탐사한다. 탐사 목적은 어마어마하게 큰 다이아몬드 목걸이를 찾기 위해서였다. 각종 문헌을 조사한 결과 한 부호가 푸른색 다이어몬드를 갖고 타이타닉호에 탔다가 실종됐다는 사실이 드러났기 때문이다. 최첨단 해저로봇(ROV)을 동원한 탐사단은 배 안에서 궤짝을 발견, 큰 기대를 갖고 열었다. 하지만 궤짝 안에는 한 여인의 나체화 그림만 나왔다. 탐사단은 크게 실망했지만 곧 놀라운 사실을 발견한다. 그림 속 여인의 목에 탐사팀이 찾으려 했던 바로 그 큰 보석 목걸이가 걸려있던 것이다. 해저 보물탐사는 사랑의 이야기로 반전된다….”

보통 사람들은 영화 타이타닉에서 호화여객선에 탄 가난한 청년과, 부호와 마음에 내키지 않는 결혼을 한 여성의 사랑에 관심을 가졌다. 특히 화려한 여객선이 암초에 부딪쳐 침몰하는 최악의 상황은 IMF로 침몰하는 당시 시대상황과 맞아 떨어졌다. 그런 최악의 상황에서 이뤄지는 헌신적인 사랑 얘기는 가정이 해체되는 당시 시대상황에 큰 공감을 줬다.

한국해양연구소(한국해양연구원을 거쳐 현 해양과학기술원) 유해수 박사는 최첨단 해저로봇으로 타이타닉을 탐사하는 측면을 주목했다. 이 영화는 밥 발라드가 이끈 탐사팀이 12일 동안 3,800m 심해에서 잠수정으로 타이타닉호를 60시간 동안 비디오 촬영을 했고, 수천 장의 사진을 찍었다. 그 탐사과정에 러브스토리를 엮은 것이 바로 영화 타이타닉이다.

이 영화를 전 세계적으로 몇 명이 봤는지 정확한 집계는 없지만 당시 영화흥행 수입은 18억4,500만 달러로 집계됐다. 우리나라 돈으로 20조 원에 육박하는 엄청난 흥행수입을 올린 것이다.

해양연구소 유해수 박사는 자신이 한국의 밥 발라드가 될 수 있다고 생각했다. 그 소재는 1905년 러일전쟁 당시 울릉도 앞바다에 침몰한 러시아 순양함 돈스코이호였다.

유 박사는 다음과 같은 내용의 인양계획서를 해양수산부에 제출했다.

"… 경제위기로 인해 국내 분위기가 침체된 상황에서 국민에게 새로운 꿈과 희망을 주자는 취지에서, 게다가 국가재정에 막대한 기여를 할 수 있는 …"

1905년 러일전쟁 때 울릉도 앞바다에 침몰한 돈스코이호가 무엇이길래 국민에게 꿈과 희망을 줄 소재였을까. 게다가 국가재정에 막대한 기여를 할 수 있다는 말은 또 무엇인가.

유 박사의 이 계획서는 1998년 2월 17일 해양연구소를 거쳐 해양수산부에 제출됐다. 그러나 IMF의 경제위기 상황에서 수십억 원, 아니 수백억 원의 비용이 들어갈 지도 모르는 이 프로젝트에 정부는 물론, 관심을 가지는 기업은 없었다.

1년 후 이 프로젝트에 관심을 가진 기업이 나타났다. 바로 동아건설이었다. 이것이 돈스코이호가 다시 부활한 두 번째 요인이다. 동아건설은 워크아웃 1호 기업이었다. 워크아웃이란 IMF로 많은 기업이 위기에 처하자 정부는 신속한 구조조정 혹은 기업회생을 목적으로 도입한 제도다. 부실한 기업과 채권금융기관이 서로 기업개선방안을 협상해 기업을 살리는 제도이다. 은행은 일정기간 원금 상환을 유예하거나 이자를 감면하는 등 기존 채권의 금융조건을 완화해 주고, 기업은 감자나 구조조정을 감내해 기업을 회생시키는 목적을 가지고 있었다.

1974년 중동건설 바람을 타고 리비아 대수로공사 신화를 만든 동아건설은 1990년대까지 한국의 대표적 건설업체로 꼽혔다. 동아건설은 단일 공사로 세계 최대 공사를 성사시키는 등 재계 서열 4위까지 올라갔다.

특히 최원석 회장은 중동 건설시장에서 신화적 인물로 통했다. 무엇보다 동아건설은 항만과 같은 굵직한 공공건설에서 큰 승부를 내는 회사였다. 동아건설이 위기에 몰린 것은 1995년 국내 아파트 재개발사업에 과도한 투자를 했기 때문이다.

동아건설은 김포 매립지 용도변경 등을 정부와 협상하며 재기를 도모했지만 결국 최 회장이 사퇴하고 처음으로 워크아웃을 적용하는 기업으로 결정됐다. 동아건설은 1998년 5월 15일 최원석 회장이 퇴진하고 건설부장관 출신의 고병우 회장 체제로 바뀌었다.

그러나 내부적으로 최원석 전 회장의 영향력은 여전했다. 특히 이창복 대표이사 사장은 최 전 회장의 역할을 충실히 수행했다. 무엇보다 최 전 회장은 이창복 사장에게 한국해양연구소에서 추진하던 이 프로젝트의 타당성 검토를 은밀하게 지시했다.[1]

동아건설이 돈스코이호 탐사에 뛰어든 배경에는 이 탐사의 경우 과거 탐사 기초자료가 있기 때문에 조금만 더 투자하면 성공할 수 있다는 판단이 섰다. 게다가 동아건설은 과거 탐사를 추진했던 도진실업과 달리 항만건설 등으로 축적한 해양개발에 대한 노하우와 기초적인 장비를 대부분 보유한 상태였다. 따라서 전문적인 탐사프로젝트는 해양연구소가 맡고, 기본적인 해양 플랜트 작업은 충분히 자체적으로 수행할 수 있었다.

동아건설은 내부 검토 결과 돈스코이호 탐사내용을 다큐멘터리로 영상화하면 별도의 수익을 올릴 수 있는 여지가 있다고 판단했다. 게다가 돈스코이호가 발견되면 정부를 통해 이를 인양, 혹은 관광자원화 하기 위한 해상기지를 울릉도에 세우는 등 새로운 해상프로젝트도 수주할 수 있었다.

이는 침체된 국내 건설경기를 극복할 수 있는 새로운 활로였다. 탐사의 실질적인 효과는 물론, 이런 부대효과까지 감안하면 사업비 70억 원을 투자해 충분히 남는 장사라고 판단했다.

돈스코이호 탐사가 다시 거론된 또 다른 계기는 바로 당시 전국적 감동을 준 금 모으기 행사이다. 1998년 1월 9일 서울 주택은행 남대문 지점 앞에서 시작된 금 모으기 열풍은 불과 5일 만에 무려 20만 명이 25t의 금을 모았다. 초중고교에서는 금 모으기 운동 숙제까지 내줬고 금 모으기 행사는 일제시대 국난을 극복하는 제2의 국채보상운동으로 인식됐다. 김대중 대통령 당선자를 비롯한 정치권은 물론, 경제계, 종교계까지 모두 금, 금, 금을 찾았다.[2]

당시 금은 IMF에 빠진 대한민국을 구해줄 구원자로, 아니 실업의 고

통에서 해방시켜 줄 메시아로, 해체되는 가정을 지켜줄 보루로 등장했다. 금 모으기는 암울한 시기, 국민의 애국심과 단결력을 보여준 드라마였다. 국민들은 스스로에 감격했고, 힘을 얻었다.

1998년 서울은 1930년대 세계 대공황시절과 비슷했다. 1930년대 세계는 대공황을 극복하기 위해 금 모으기, 황금 찾기 열풍이 불었다. 당시 세계는 금태환 제도를 사용했기 때문에 각국 중앙은행이 화폐발행을 늘리려면 상응하는 금을 확보해야 했다. 전 세계는 시신을 태우는 화장터에서 금이빨을 회수하는 것은 물론이고, 운명 직전에 있는 부모 금이빨까지 뽑는 사태까지 벌어졌다. 정부는 애국심을 고취시키고 국민에게 희망을 줄 드라마가 더 필요했다.

결론적으로 러시아 순양함 돈스코이호 탐사는 정부는 물론 관련 기관 모두에게 좋은 소재였다. 러시아 순양함 돈스코이호 인양 논의가 시작된 단초는 여러 요인이 있지만 정치·사회적으로 3가지 요소가 배경이 됐다.

첫 번째는 1998년 개봉된 영화 타이타닉이다. 영화 타이타닉에 나오는 과학자들의 해저탐사는 국책연구기관의 통폐합 및 구조조정의 문제를 해결할 수 있는 좋은 아이디어였다. 두 번째는 해양플랜트 기업 동아건설의 워크아웃과 최원석 회장의 반전 기도이다. 그리고 세 번째는 IMF 상황에서 우리 민족의 단결력을 세계에 과시한 금 모으기 행사이다. 청와대를 비롯한 여권은 국민을 통합시키는 감동의 아이디어가 필요했다.

이밖에 잘못된 한일어업협정 체결로 비난이 쏟아지던 해양수산부 당국자는 국면을 전환시킬 소재가 필요했다. 여기에 이 때 마침 일본 공영방송(NHK)이 돈스코이호 탐사 과정을 다큐멘터리로 촬영할 것을 요청해 온 것이다.

그런데 러시아 순양함 돈스코이호가 뭐길래 이들의 구미에 맞았을까. 100년전 울릉도 앞바다에 침몰한 러시아 군함에 도대체 뭐가 실려 있길래 정부와 굴지의 재벌은 물론, 우리나라 최고 해양연구소가 반전의 카드로 삼았던 것일까. 이런 의문을 풀기 위해선 이웃 일본의 해저 탐사 역사를 다시 살펴봐야 한다.

---

1   최원석 회장은 필자에게 직접 돈스코이호 탐사를 한 도인이 알려주었다고 말했지만 그럴 가능성은 낮다. 항만건설 등 해양관련 대형 토목공사를 많이 한 동아건설은 평소 해양부와 해양연구원과 밀접한 관계를 유지했다. 유해수 박사에 따르면 해양연구원 상당수 연구원이 해양플랜트 평가위원으로 있어 동아건설과 교류가 있었다.

2   '금 모으기'는 김대중 대통령의 아이디어였다는 주장이 있다.〈김택근, 김대중 평전(서울: 사계절, 2012) p.255〉 그러나 고건 총리와 조해령 내무부장관이 새마을부녀회가 시작한 '장롱 속 애국가락지 모으기 운동'을 활성화 시킨 것에서 비롯됐다는 것이 보다 정확하다.〈'고건의 공인 50년' 중앙일보 2013. 7. 8〉 당시 금 모으기 행사는 다양한 루트를 통해 김대중 대통령 당선자에게 보고됐고, 이를 국가적으로 확산시킨 것은 김대중 대통령이라 할 수 있다.

3장

—

비밀,
돈스코이호의 보물

—

먼저 러일전쟁 당시 침몰한 러시아 순양함 돈스코이호에 대해 보다 자세하게 연구할 필요가 있다.

1300년대 모스크바 대공으로 리투아니아를 격퇴한 러시아 영웅 드미트리 돈스코이 대공의 이름을 딴 이 배는 러시아 세인트페테르부르크 뉴어드미랄티야드(New Admiralty Yard)에서 1883년 진수돼 1885년부터 취역했다. 원래 5,796t급 목재로 3개의 돛대를 단 범선이었지만 상부에 철로 장갑(4.5인치~9인치)을 두른 순양함으로 개조해 6,200t급으로 바뀌었다.

원통모양 실린더 6개가 2개 층으로 수직축으로 복합 배치된 엔진으로 최대 7,000ihp의 출력을 내 16.5kts에 이르는 속력을 낼 수 있다. 2개의 연통을 가지고 있고 석탄 연료를 최대 800t을 실을 수 있다. 이 돈스코이호에 무장된 함포는 계속 증강돼 침몰당시 203mm 주포 2문, 152mm 포 20문, 120mm 포 10문과 수상 어뢰로 무장한 장갑 순양함이다.

이 돈스코이호에 대한 선구적 연구자는 해양연구원 유해수 박사가 아닌, 같은 한국해양연구원에 근무하는 송원오 박사다. 유해수 박사가 심해저 탐사에서 기술적인 전문가라면, 그는 오랫동안 문헌과 일본 현지답사 등을 통해 쓰시마 해전과 나히모프호, 돈스코이호를 연구했다. 그는 문헌연구에서 이 분야 최고 전문가였다.

그는 우리나라에서 처음으로 '돈스코이호는 보물선'이라고 주장했다. 송 박사는 해전사 연구를 통해 울릉도에 상륙한 돈스코이호 승무원의 일본 행적, 또 일본에서 벌어진 나히모프호의 탐사 과정을 꼼꼼히 추적했다.

그리고 송 박사는 돈스코이호를 보물선으로 규정하고 실제 돈스코이호 직접 탐사에 참여한 최초의 한국인이다. 따라서 해양연구소의 보물선 돈스코이호 탐사의 최초의 아이디어와 기획은 송 박사의 머리에서 나왔다고 봐야 한다. 송 박사가 추적한 보물선 돈스코이호에 얽힌 이야기는 한참을 거슬러 올라간다.

"돈스코이호가 보물선으로 알려진 것은 1977년 가을 일본인 고문서 수집가 이즈미 마사히코(泉昌彦, 고서연구회장)씨의 울릉도 방문부터다. 그 당시 독도자료 수집 차 접촉한 현지인 홍순칠(전 독도수비대장, 1950~1953년)씨에게 전해준 이야기는 대략 이렇다.

러일전쟁 후 전쟁포로 송환 시 귀국한 발틱함대 사령관이 남긴 기록에 의하면 발틱함대에는 나히모프호에 군자금, 일본 정벌 후 평정자금 등의 명목으로 약 24조 원 상당의 금화, 백금괴, 골동품 등의 보물을 싣고 있었으며, 침몰직전에 돈스코이호로 옮겨졌다는 얘기다. 장갑순양함 에드미럴 나히모프호(8,524t)는 길이 101m, 폭 18.5m이며 1905년 5월 28일 대마도 모기(茂木)근해(수심 95m)에서 침몰했다. 나히모프호 보물은 사사카와 료이치(笹川良一) 일본 해양개발주식회사 회장의 인양작업(1980. 8~1981. 12)으로 백금괴 17개가 인양되었으나, 금화는 찾지 못하여 돈스코이호에 있을 것으로 추정되고 있다.(이때 인양된 백금괴의 일부는 동경 선의 과학관 특별 전시실에 전시되어 있다)"[1]

이 기록은 나히모프호에 엄청난 양의 군자금이 실려 있었다는 사실과 이 군자금이 침몰직전 돈스코이호로 옮겨 실렸다는 것을 처음으로 세상에 알린 것이다. 사실 송 박사는 도진실업의 돈스코이호 탐사에 참여하기도 했다. 독도 수비대 홍순칠 수기가 1996년에 출간됐다는 점에서 1990년 전문학술지에 실린 돈스코이호에 대한 이 논문은 가장 먼저 돈스코이호 이야기를 꺼낸 것이라 할 수 있다. 송 박사는 해저보물 인양과 관련해 국제, 국내적 법적 문제를 고찰한 뒤 논문에서 이렇게 결론 맺었다.

"해양은 자원의 보고임과 동시에 고고학 자료의 보고이기도 하며, 수천 년 동안 침몰한 선박에는 많은 보물이 잠자는 곳이기도 하다. 최근에는 해저탐사기술의 비약적인 발전으로 오래전에 침몰한 선박을 찾아내고 있고, 그 속에 실렸던 재화의 인양도 가능해졌다. 국내에서도 신안 앞바다 해저유물의 발견이후, 새로운 유물선이 발견될 가능성은 얼마든지 있다. 지금부터 95년 전 울릉도 근해에서 돈스코이호의 침몰은 역사적 사실로 확인되었다. 돈스코이호의 탐색은 이러한 역사적 사실을 확인하고, 국내의 해저탐사, 해중작업개발 및 능력배양 등의 측면에서도 한번 시도해 볼 만하며, 유물의 처리 및 소유권에 관련하여 국제법적 측면에서 다각적인 검토도 필요하다."[2]

송 박사는 왜 돈스코이호에 애착을 가졌을까. 송 박사는 돈스코이호와 자신의 인연을 이렇게 설명했다.

"1982년 초순으로 기억된다. 나는 난생 처음 울릉도에 유인잠수정을 보러 갔을 뿐만 아니라 그 때 운 좋게도 반나절 잠수정을 타고 수심 200m 해저를 누빌 수 있는 행운도 가졌다. 그 당시 그 곳에는 일본에서 임차한 잠수정 하쿠요호가 보물선 탐사작업을 벌이고 있었다. 지금은 우리 연구원내에서도 그런 잠수정을 볼 수 있지만 그 때만해도 연구원내 책에서나 볼 수 있던 진귀한 물건이었다. 하쿠요호가 찾고 있는 보물선 이름은 러시아 군함 돈스코이호라는 정도의 말을 전해 들었지만 그 때만 해도 그 러시아 군함은 내 관심권 밖이었다. 그 뒤 하와이 대학 도서관에서 우연하게도 그 때의 군함이 드미트리 돈스코이호라는 사실과 함께 사진과 대마해전에서의 행적을 개략적으로 확인할 수 있었다. 그 때 돈스코이호를 확인하던 순간의 기쁨은 노다지를 횡재한 기쁨과 비견할 수 있는 것이었다. 이때부터 나는 돈스코이호의 행적에 대해 흥미를 갖고 본격적으로 자료를 모으기 시작했고 외국 도서관을 들릴 기회가 있을 때마다 습관적으로 돈스코이호에 관한 자료 검색을 하곤 했다. 그간 미국 국회도서관, 영국 도서관, 일본방위연구소 도서실 등에서 나도 제법 새로운 자료를 수집할 수 있었다."[3]

일단 러일전쟁기간 중 동해에서 침몰한 러시아 보물선 이야기는 일본에서 시작됐다. 당시 함대는 속도도 늦고, 배에 연료인 석탄을 적재해야만 하는 한계 때문에 연료와 식수, 그리고 보급품 등을 항해 중간에 구매해야 했다. 여기에 장병의 월급도 지급해야 했기 때문에 회계함에 상당량의 자금을 실었다. 제2태평양 함대에서 이 자금을 실은 회계함이 바로 나히모프호라는 것이다. 나히모프호의 보물과 그동안 탐사 과정은 송 박사의 논문에 자세히 기록돼 있다.

"러시아는 극동원정 비용을 조달하기 위해 독일에서 8억 마르크, 프랑스에서 7억 프랑을 영국의 금화 소버린화로 바꾸었다고 한다 … 다음날 아침 나히모프호 승조원 99명이 구명보트 세 척으로 모기(茂木)해변에 도착했다. 모두가 기진맥진 녹초가 되었으나 금화를 가득 지니고 있었다. 이들은 가까운 동네 민가와 초등학교에 분산 수용되었고 만두세 개를 살 때도, 맥주 한 병에도 금화 한 닢씩을 내밀었다. 대마 근세사에는 나히모프호의 군의관은 부대와 혁대에 수 만 엔에 달하는 금화를 소지하고 있었다는 기록도 있다. 이 마을 촌장 다카라베 주타로(財部重太郎)는 마을 사람들을 총동원하여 나히모프호 수병들을 따뜻하게 대접했고, 그 때 촌장 저택에 머물었던 한 사관이 촌장의 후의에 대한 답례로 나히모프호 보물적재 사실을 털어놓아 그 이후 이 전설 같은 보물이야기가 한적한 어촌마을을 희비가 엇갈리는 드라마의 무대로 바꿔놓았다."[4]

다카라베는 일본 해군성에 나히모프호 인양을 건의했지만 제안이 무시되자 혼자 힘으로 인양에 도전했다. 그러나 그는 자신의 전 재산을 동원해 4년 동안 나히모프호를 탐색했지만 침몰 위치도 확인하지 못한 채 탐사를 중단하고 말았다.

이후 한동안 뜸하던 일본에서 보물선 인양작업은 동경상선학교 스즈키 아키유키(鈴木章之)교수에 의해 다시 시작됐다. 그는 1932년부터 100여 명의 인부를 동원하여 침몰선 위치 확인 작업을 시작했다. 1933년 1월 던져진 어망에 침선이 걸리면서 처음으로 그 위치를 확인하게 되자 잠수왕으로 불리어졌던 심해공업소의 가타오카(片岡) 사장을 위시해 각처에서 모여든 보물 인양꾼들로 어촌마을은 한동안 북적거렸다. 이들에 의해 프로펠러 샤프트, 무선전신기 등이 인양되고, 이때 인양된 나히모프호 선명 플레이트를 도쿄에 갖고 나가 팔아 인양자금을 조달하기까지 했다.

이런 사실은 1932년 11월 28일자 뉴욕타임스에도 실렸다. 당시 뉴욕타임스는 '보물선을 사냥하는 일본'이라는 제목의 기사에서 "나히모프호는 영국 소버린 금화 1천1백만 파운드(5천3백46만 달러)를 싣고 쓰시마 전투에서 침몰했다"고 썼다. 소버린 금화는 1개 무게가 7.98g으로 순도가 91.67%로 200t을 2013년 가격으로 환산하면 123조원이며, 여기에 골동품적 가치까지 감안하면 훨씬 가치는 높아진다.

그러나 스즈키 교수는 보물을 찾지 못했다. 1937년에는 계속되는 잠수부의 사망사고로 가타오카도 손을 떼었다. 스즈키 교수만이 신력해사흥업소를 설립해 탐색작업을 계속하였다. 그 뒤 태평양전쟁으로 작업이 일시 중단되기도 했으나 1957년까지 계속되었다.

"이때 나히모프호의 금괴인양사업에서 가장 큰 문제는 97m인 수심이었다. 설령 이 수심잠수에 성공해도 감압표가 완성되어 있지 않을 때였기 때문에 잠수병환자 발생은 당연한 일이었다. 허가를 받은 회사들도 잠수 사고가 두려워 막상 작업 착수 단계에서 이권을 포기하기 일쑤였다.

스즈키 교수는 오랜 연구 끝에 수심 100m에서 사용할 수 있는 잠수 감압표를 독자적으로 완성하였다. 1933년에는 2대의 공기압축기로 해저에서 작업하는 잠수부에 공기를 보내는 방법으로 나히모프호 보물인양에 도전했다. 그러나 그 당시의 대곳식 잠수법으로는 폭파작업을 하여 선실 내부에 들어가도 겨우 10분밖에 머물 수 없었다. 아무리 잠수 회수를 늘려 폭파작업을 해도 거대한 함정 내부에서 금괴를 찾는 것은 극히 어려운 일이었다. 대곳식 잠수에 한계를 느낀 그는 1958년 헬리움 잠수를 시도하여 수심 80m까지 잠수에 성공했다. 그러나 헬륨과 산소의 혼합가스는 값이 비쌌을 뿐 아니라 구하기도 어려웠다. 그러는 동안 별다른 성과도 없이 세월은 흘렀고 스즈키 교수의 보물찾기도 결국 수포로 돌아가고 말았다. 그리고 그는 72년 1월 19일 향년 98세의 일기로 타계했다. 나히모프호 보물찾기가 한창일 때 그의 죽음은 아쉬움만 남겼으며, 그의 사망으로 나히모프호 보물의 비밀은 선창 깊숙이 잠기고 말았다.

그후 나히모프호 금괴인양작업의 불씨가 다시 살아난 것은 1979년 싱가포르에서 활동하는 유나이티드 오프쇼어서비스(United Offshore service)사의 우노자와 사장과 일본해양개발(주) 다마나이 요시미(玉內克己) 사장의 만남에서 시작됐다. 그 당시 심해작업 수심은 40~50m에서 100m 이심의 깊은 곳으로 옮겨가는 추세였다. 1970년부터 개발되기 시작한 북해유전에서는 수심 100~200m 심해저 작업이 보통이어서 100m 이심에서도 작업이 가능한 잠수장비와 포화잠수사가 필요했던 것이다.

그들은 프랑스 코멕스 인더스트리사의 심해잠수용 작업 바지선 텐오호(2,970t)를 도입하기로 결정하였다. 텐오호에는 북해유전에서 수심 200m 해저에 도전 기록을 보유한 최첨단 코멕스 SA600형 심해잠수장비가 탑재돼 있다. 그러나 이러한 심해잠수선을 도입한다고 해도 어떤 사업을 해야 할지 몰랐다. 일본주변의 해저천연가스, 대륙붕유전개발은 장기간에 걸친 면밀한 사전개발계획 없이는 섣불리 시작할 수 없었다. 이 때 나히모프호 보물인양 이야기가 나오면서 텐오호의 첫 번째 사업은 나히모프호 보물인양으로 결정됐다.

1980년 4월 9일 이 사업을 후원하는 사사카와 료이치(笹川良一)회장과 계약을 체결하고, 7명의 일본인 잠수사를 영국 스코틀랜드에 있는 UTC(Underwater Training Center)에 보내 포화잠수에 대한 기술훈련을 시켰다. 7월 29일 현장 착수식 행사에 이어 일본인과 외국인 잠수사 각각 7명으로 본격적인 잠수작업이 시작되면서 사업은 활기를 띄게 됐다. … 1980년 9월 18일, 나히모프호 발견 기사가 요미우리신문 등 일본의 주요 일간지에 크게 보도되면서 전설 같은 보물선 이야기가 현실화 됐다.

'약 8,000억 엔 상당의 영국 금화를 적재한 채 대마해협에서 침몰한 제정 러시아의 장갑순양함 나히모프호를 탐사하는 일본해양개발(주) 잠수팀은 해저 약 96m에 옆으로 누어있는 나히모프호를 발견하고 함 정내 수색을 계속하며 금화발견에 전력을 다하고 있다. 나히모프호의 위치는 7월말부터 시작된 2회에 걸친 예비조사 결과에서 밝혀졌다. 침 몰선은 함수를 서북서 방향으로 향한 채, 우현으로 45도 정도 기울어져 있다. 함체의 부식은 심하지 않아 대략 원형 그대로 보존되어 있으며 함수는 모래 속에 파묻힌 채, 함미는 60cm떠 있다. 아직 나히모프호라 고 장담할 수 있는 확실한 증거는 발견되지 않아 일단 선적 불명선으로 되어 있으나, 배의 모양이 스즈키 교수의 나히모프호에 대한 조사 자료 와 일치하기 때문에 관계자는 나히모프호로 거의 확신하고 있다.' "[5]

이러한 사실이 알려지자 일본 열도는 열광했다. 엄청난 양의 보물도 보물이지만 러일전쟁 승리의 결정적인 증거물까지 얻었기 때문에 잔치 분위기였다. 하지만 소련이 배의 소유권 주장을 하고 나오면서 극심한 외교적 분쟁으로 비화됐다.

이런 소식은 주일 특파원을 통해 한국에도 소개됐다. 1980년 10월 사사카와씨는 일본에서 외신기자회견을 가졌다. AP 통신 짐 에브럼스 기자가 쓴 이 기사는 다음과 같이 국내에 소개됐다.

"도박업과 부동산업으로 백만장자가 된 사사카와 회장은 학자의 말을 인용, 러일전쟁기간인 1905년 남부 대마도근해에서 도고 원수가 이끄는 일본함대에 의해 격침당한 에드미럴 나히모프호 안에는 3백80억달러 상당의 보물이 있었다고 밝혔다.

일본 모터보트경주대회 회장이자 창시자이기도 한 그는 외국 기자들에게 이 보물들이 세계의 공동재산이며 자신은 한 푼도 가질 생각이 없다고 말했다. 그는 일본이 영유권을 주장하고 있는 북해도 북방 4개 섬을 소련이 일본에 반환할 경우 소련측의 요구대로 보물을 넘겨주겠다고 제의함으로써 아직 다 건져내지도 않은 보물을 놓고 소련의 약을 올리며 흥정하고 있다.

그는 소련이 흥정에 응할 경우 일본에서 얻어내려는 시베리아 개발차관액의 10~20배 되는 금액을 얻고 국제적 신임도 얻을 수 있다고 말했다. 모스크바측은 소련과 일본의 영토분쟁이란 존재하지 않는다는 종전 주장을 되풀이하고 있다. 지난 3일 동경주재 소련대사관측은 나히모프호에서 인양된 어떠한 보물도 소련 소유임을 일본정부에 통보했는데 일본 여론은 말할 것도 없고 이토 일본외무장관도 이를 일축했다.

일확천금을 노리는 일본의 보물사냥꾼에게 나히모프호의 보물은 도저히 떨쳐버릴 수 없는 환상이었다. 쓰시마섬의 역사책에는 침몰한 나히모프호에서 살아남아 섬으로 도주한 98명의 러시아 해군수병들이 음식과 물 값으로 배에서 가지고 나온 금화를 내놓았다고 쓰고 있다. 당시 생존했던 이 보물선의 함장은 쓰시마섬 주민들에게 침몰한 함정 속에 금괴로 가득 찬 상자가 5천5백 개가 있다고 말한 것으로 전해지고 있다.

1916년 최초의 인양이 시도된 데 이어 30년대에는 보물찾기가 열병처럼 번져 과학자, 모험가, 깡패들이 섬으로 몰려들었다. 이 보물선에 먼저 접근하려고 싸우다 최소한 1명의 깡패가 칼에 찔려 목숨을 잃었고 인양작업을 하던 잠수부 6명이 익사한 것으로 알려졌다.

세계적 호기심을 불러일으킨 이 배에 대해 일부 사학자들은 나히모프호가 프랑스정부가 당시 러시아 황제 니콜라이 2세에게 빌려준 2천만 파운드의 돈을 운송하고 있었으며 소련은 지금까지 그 빚을 갚지 않고 있다고 주장했다.

사사카와 회장은 프랑스가 이 배의 소유권을 주장할 경우 어떻게 할 것인지에 대해서도 "이 보물들은 세계의 것이며 프랑스 국민들은 공정한 몫을 찾게 될 것"이라고 말했다.

그러나 그는 지금까지 러시아 문자가 박힌 몇 개의 금속판과 인양회사측이 현 시세로 2백만 달러 이상이 될 백금이라고 주장하는 16개의 주괴만 내보였을 뿐 수장된 막대한 보물이야기가 엄청난 사기극이 아니라는 증거를 아직 제시하지 못하고 있다. 그는 아직 건져낸 주괴들을 과학적으로 분석해보지 않았다고 말했다.

사사카와 회장은 이번과 같은 파문을 수차례 일으킨 적이 있는 괴인물이다. 일본 민항분야의 개척자이기도 한 그는 30년대 자가용 비행기를 몰고 로마까지 날아가 이탈리아의 파쇼주의자인 베니토 무솔리니를 만남으로써 화제를 모았으며 지금도 그는 무솔리니를 위대한 인물로 보고 있다.

사사카와 회장은 도박과 우익정치 배후조정자로 많은 일본인으로부터 기피당하고 있으나 일본의 저명한 박애주의자 중 한 사람이며 나병 치료 등 국제보건활동에 수백만 달러를 기증하기도 하는 인물이다."[6]

사실 사사카와 회장은 중일전쟁에서 세균전으로 악명이 높았던 만주 731부대 관련자로 A급 전범이다. 그는 1975년 한 지인을 통해 한국 나환자들의 어려움을 알고 1억2천만 엔을 희사한 이래 우리나라에 나병구호사업에 10억 엔을 기부하기도 했다. 그는 이런 공로로 1976년 우리나라 정부에서 외국인에게 주는 1등급 훈장인 수교훈장 광화장을 받았다.

1980년 10월 15일 미국의 UPI 통신은 일본발로 '보물 일부 불(佛)에 반환'이라는 제목으로 다음과 같은 기사를 타전했다.

"지난 1905년 러일전쟁이 끝나갈 무렵 일본 나가사키현 근해에서 일본 해군에 의해 침몰된 러시아 보물선 나히모프호와 함께 수장돼 있는 수백억 달러 상당의 각종 보물 중 일부는 프랑스에 반환될 것이라고 보물 인양작업의 재정지원자 사사카와 료이치씨가 14일 밝혔다.

사사카와씨는 당초 전투순양함이었던 나히모프호에 적재된 황금, 백금, 및 기타 귀금속들은 당시 제정러시아 황제가 프랑스 정부로부터 9억 달러의 차관을 들여와 구입한 것이며 1917년 혁명이 터진 후 소련 공산정권은 이 차관의 상환을 거부했다고 전했다."[7]

사사카와씨는 1980년 11월 17일 한국을 방문하기도 했다. 그의 방한과 맞물려 동아일보에 '러시아선 해저보물 건져낸 사사카와씨'라는 제목의 인터뷰 기사가 실렸다. 이 기사에 따르면 사사카와씨는 일본의 대표적 우익운동가로 일본 요트경기를 주관하는 선박회사의 회장 직함을 갖고 있고 순수입만 8백억 엔, 일본의 5대 부호로 소개돼 있다. 이번 사사카와씨의 방한은 바로 나병구호사업에 관한 업무차라고 동아일보는 설명했다. 인터뷰 요지는 다음과 같다.

- 보물선 탐사를 시작한 동기는.

1922년 뉴욕타임지에 침몰된 이 배안에 백금괴 수십 덩어리와 소버린 금화 5천 파운드들이 5천8백 개, 금괴 48개, 왕관 등 시가 8천억 엔(22조원)어치가 실려 있다고 보도되자 많은 일본 호사가들이 보물선 찾기에 나섰는데 55년이 넘도록 아무도 찾지 못했다. 그래서 내가 여생의 마지막 사업이라는 자세로 뛰어 들었다.

- 지금까지 건져낸 것은.

지난 9월 16일 11kg 백금괴(시가 3,200만 엔)를 건져내고 10월초 이와 똑같은 백금괴 15개를 건져내 모두 16 덩어리다. 잠수부들의 얘기를 들어보면 아직 수십 개의 백금괴와 보물상자가 있다.

내 돈을 투자해 잊혀져 있던 보물선을 찾아낸 것이기 때문에 일본 정부와 소련정부 모두 소유권을 주장할 권리가 없다. 다만 당초 전투순양함이었던 나히모프호에 적재된 황금 백금 및 기타 귀금속들은 당시 재정러시아의 황제가 프랑스 정부로부터 9억 달러의 차관을 들여와 구입한 것이며 1917년 혁명이 터진 후 소련공산당은 이 차관의 상환을 거부했기 때문에 프랑스는 인양한 보물의 일부를 소유할 권리가 있다. 따라서 일부는 프랑스에 반환할 것이다. 그러나 소련이 점령하고 있는 북방 4개 도서를 조건 없이 돌려준다면 선물로 나머지 보물을 모두 주겠다.[8]

아무리 나히모프호의 금괴가 가치가 있다고 하더라도 러시아가 점유한 일본 북방 4개섬만큼 가치가 있을 순 없다. 당연히 러시아는 "말도 안되는 소리"라고 반발했다. 나히모프호 탐사와 인양과 관련해 일본과 러시아가 첨예하게 외교적 분쟁을 겪은 과정은 이렇다.

"1980년 일본해양개발이라는 일본의 한 샐비지 회사가 막대한 비용을 들여 나히모프호의 선체를 찾아내 백금봉, 금봉 및 은봉의 일부를 회수한 일이 있다. 이 사실이 보도되자 당시 소련정부는 즉각 다음과 같은 항의서한을 일본 정부에 전달했다. 국제법상 군함은 침몰된 것일지라도 선적국 이외의 그 어떤 나라의 관할권으로부터도 완전히 면제된다는 것, 군함 및 적재된 소련 국유재산의 인양과 관련된 모든 문제는 소련 측과 합의에 의해서만 결정될 수 있다는 것이 그것이다.

이에 대한 일본측의 대응은 당해 선박이 나히모프호인가 어떤가 하는 게 확인된 바 없다는 것, 나히모프호는 침몰되기 전 일본해군에 나포되었으며 나포된 적 군함과 적재된 재화가 즉시 그리고 최종적으로 나포국에 귀속된다는 것은 해전법규상 확립된 규칙이라는 것, 따라서

이 군함에 대한 소련의 모든 권리는 나포와 더불어 소멸되었으며 포츠
머스조약에 침몰군함에 대한 언급이 없는 것은 이 때문이라는 것이었
다. 이로 인해 양국 관계가 긴장되자 회사 측은 북방 4개 도서의 반환을
조건으로 무상인양을 제의했다. 그러나 소련이 이를 거부함으로써 작
업은 중단되고 말았다."[9]

이후 일본에서 보물논란이 수그러들면서 러일전쟁의 보물은 나히모
프호에서 돈스코이호로 옮겨갔다. 그 이유는 쓰시마 전투가 시작되고
얼마 안 돼 나히모프호가 큰 타격을 입자, 나히모프호에 실린 군자금이
돈스코이호로 옮겨졌다는 것이다.

"근거는 일본 수중유물탐사학회에서 발행한 '일본열도 역사 로맨스,
침몰선의 보물 전설' 속에 있다. 이 책에는 돈스코이호에 관한 글도 적
혀있다. 돈스코이호로 군자금용 금화가 옮겨졌다는 내용이었다. 하지만
정말 돈스코이호에 금화가 실려 있는지는 확실하지 않는 이야기다."[10]

이에 대해 유해수 박사는 "그후 홍순칠은 일본에 사는 지인으로부터
돈스코이호에 보물이 실려 있을지 모른다는 이야기를 들었다. 게다가
1981년 일본인 이즈미로부터 나히모프호가 침몰되기 직전 군자금으로
사용할 금화를 돈스코이호로 옮겨 실었다는 이야기를 전해 듣게 됐다"
고 밝혔다.[11]

초점은 회계함 나히모프호의 군자금이 돈스코이호로 옮겨갔다는 것이다. 나히모프호는 쓰시마 전투가 벌어지고 얼마 안돼 쓰시마섬 인근에서 침몰했다. 그 근거는 당시 독도의용수비대 홍순칠 대장의 수기 '이 땅이 뉘 땅인데!'를 들고 있다. 그 수기는 이렇게 기록하고 있다.

"지난 10월초 쓰시마섬 부근에서 그 때 침몰된 러시아 함대소속 애드미럴 나히모프호의 인양작업을 사사카와란 일본인이 하고 있는데 해외 토픽뉴스에는 침몰된 러함에서 24조원에 해당하는 보물이 해저에서 75년 동안 묻혀 있었고 지금 계속 인양작업을 하고 있다는 보도가 나왔다.

10월 10일경 일본인 친지로부터 필자가 가지고 있는 청동주전자의 사연으로 봐서, 울릉도 앞바다에서 침몰된 러함에도 보물 적재의 가능성이 있으니 한일 합작으로 인양작업을 하는 것이 어떠냐는 서신이 왔다.

독도 얘기는 제쳐놓고 청동 주전자 얘기를 할까한다. 1953년 필자가 독도의용수비대를 조직하여 현지인 독도에 진주하려는 하루 전날 필자의 조부님께서 다음과 같은 말씀이 계셨고, 그리고 지금 필자가 간직하고 있는 청동주전자를 주셨던 것이다.

"순칠아! 이 청동주전자를 너에게 주는 것이니 명심하여라. 이 주전자는 많은 사연이 담긴 주전자다. 1905년 말일경의 일이다. 발틱함대가 아프리카 희망봉을 거쳐 쓰시마 해협을 통과하고 울릉도 앞바다까지 오는데 6개월이라는 긴 날짜가 걸렸다. 수병들은 긴 항해 속에 지칠 대로 지쳤던 게야. 그러나 잘 싸웠어. …"

한숨을 쉰 할아버지는 오래된 얘기를 회상했다. 주전자를 툭툭 치면서 하시는 말씀이 뒷날 알았는데 "그 함대의 배 이름은 '드미트리 돈스코이'라고 했든가? 하여튼 할아버지는 그 때 포화를 무릅쓰고 배를 저어 지금 촛대바위 앞에 가라앉은 러시아 군함이 있는 곳으로 갔었지. 그랬더니 러함의 함장이 손을 흔들며 구원을 요청하는 것이었어. 나는 세 차례에 걸쳐 그 러함의 부상병 50~60명을 지금의 울릉도 저동 어업전진기지 부근에 내려놓고 또 러함으로 갔어. 그런데 그 때는 이미 배가 한쪽으로 기울고 침몰 직전이었어. 러함의 함장은 승무원 전원에게 퇴함을 명령하고 금은보석이 담긴 이 주전자를 나에게 준 것이여. 함장은 안으로 들어가더니 정장을 하고 가슴에는 많은 훈장을 달고 나왔어. 자기 몸을 로프로 함교에 묶고 멋있게 거수경례를 한 자세로 서서히 가라앉는 배와 함께 태연히 깊고 깊은 바닷속으로 내려갔지. 그 얼마나 군인다운 최후의 장식이냐? 순칠아, 잘 명심해라. 너는 내일이면 독도에 들어간다. 그 곳에서 일본과 싸운다. 그리고 꼭 이겨라."[12]

홍순칠 대장의 수기가 발간된 것은 1997년이니, 수기보다 앞선 증언이 있었을 것이다. 일본의 나히모프호 보물선 열풍은 한국 돈스코이호로 이어졌다. 80년대 사채시장에 큰손 김복례라는 여인이 있다. 김씨는 당시 60대 초반의 나이에 사채시장은 물론 정계에 아는 사람이 많아 명동사채시장에서 '발이 넓고 손이 큰 여인'으로 통했다. 그는 충남 온양의 국밥장수에서 출발, 온양 제일장 여관을 인수하는 것을 시작으로,

반도, 부여 유스호스텔과 불국사, 덕산호텔 등 관광업이 주종인 영동개 발진흥을 창업한 여장부였다. 50~60년대 온양 제일장 여관은 당시 대한민국 최고의 휴양시설로 꼽혔다.

서울 봉은사 신도인 그는 독실한 불교 신자로 가족 모임에도 불교식으로 예식을 가질 정도이고, 전국불교신도회 이사 직함도 가졌다. 그는 야당 중진에게 호텔을 사무실로 제공하고, 낙선한 정치인 가족을 돌보는 등 정치권에도 인맥이 넓었다.

김씨는 서일종합건설, 한일모피 등 사업을 다각화하고 학교법인 통진학원을 세워 교육사업까지 확장했다. 그는 드디어 1978년 재벌모임인 전경련에 가입하기까지 했다. 사실상 영동개발그룹으로 성장한 것이다. 게다가 당시로서는 재벌도 하지 못한 거액인 1억 원의 방위성금을 내 재벌들을 놀라게 하기도 했다. 그의 둘째 아들은 영동개발을 경영했고, 조다쉬라는 상표로 알려진 청바지 수입업체이자 사채업자인 도진실업은 셋째 아들이 경영했다.

셋째 아들 곽경배씨는 스킨스쿠버 선수출신으로 자연스럽게 일본에서 벌어지는 나히모프호 인양 소식을 잘 알았다. 군자금용 금화가 나히모프호에서 돈스코이호로 옮겨졌다는 일본 수중유물탐사학회의 책에 관심을 가졌을 것이다.

곽씨는 서울 충무로 대연각빌딩 1603호에 도진실업이란 회사를 차리고 본격적으로 보물선 돈스코이호 탐사에 뛰어들었다. 도진실업은 1981년 5월 29일 해운항만청에 1200만원의 보험증권을 제출하고 매장물 발굴허가를 얻었다. 돈스코이호에 대한 공식적인 국내 첫 탐사로 인양경비를 제외하고 정부에 54%를 주고, 나머지는 인양자가 갖는 조건이었다.

도진실업은 이 탐사를 해양연구소(나중에 해양연구원을 거쳐 해양과학기술원으로 개칭)에 의뢰했다. 한국과학기술원(KAIST) 부설연구기관이던 해양연구소 송원호 박사가 이 탐사에 참여하면서 돈스코이호와 인연을 맺게 된 것이다.

돈스코이호 탐사작업은 지상 작업부터 진행됐다. 보물선 소문의 진위를 가리는 작업부터 시작됐다. 우선 나히모프호에 금괴가 실려 있는지 여부와 그 금괴가 침몰직전 돈스코이호로 옮겨 실렸는지 여부였다.

"울릉도에 파견된 조사팀은 1백 세가 된다는 할머니(작년에 사망)로부터 당시의 해전상황을 생생하게 들을 수 있었다. 이 할머니는 러시아 함대가 일본함대에게 쫓겨 울릉도 앞바다에서 침몰되던 때에 13세였으며 10여 명의 러시아 군인이 울릉도까지 표류해와 구조해 주었다는 목격담을 들려주었다. 당시 러시아 군인들은 금화가 가득 들어있는 주머니를 내 보이며 저 배엔 엄청난 금은보화가 실려 있다는 말을 몸짓으로 했었다고 말했다.

일본 해전사에는 좀 더 구체적인 사실들이 밝혀졌다. 발틱함대가 일본 연합함대와 대마도 부근과 동해에서 일전을 벌인 것은 1905년 5월 26일~29일 사이였다. … 당시 러시아 해군제독 크로체스 도엔스키 중장이 남긴 기록에 의하면 발틱함대의 회계함이었던 나히모프호엔 발틱함대의 군자금 및 일본정벌후의 평정자금 등 현시가로 150조 원어치의 금괴가 실려 있었으며, 그중 상당수의 금괴가 나히모프호 침몰 직전 돈스코이호에 옮겨 실렸다고 되어 있다.

더구나 일본해전사의 기록은 대마도부근의 첫 해전이후 유독 돈스코이호는 싸울 생각을 하지 않은 채 피해만 다녔다는 사실을 전해주고 있어 돈스코이호에 막대한 금괴가 실려 있을 것이라는 추측을 가능케 했다."[13]

돈스코이호의 보물에 대해 가장 연구를 많이 한 송원호 박사가 돈스코이호 인양작업에 직접 참여했다는 사실은 무엇을 의미할까. 지상작업 즉, 여러 문헌과 소문의 진위를 확인한 결과 돈스코이호에 보물이 있을 가능성이 컸다고 판단했기 때문일 것이다. 그렇지 않고서야 당시에도 수십억 원이 들 것으로 예상한 탐사를 진행할 이유가 없다. 그래서인지 당시 탐사에 나선 곽 사장은 의욕이 넘쳤다. 그는 언론과 인터뷰에서 이렇게 말했다.

"일본전사와 러시아 해군제독 크로체스 도엔스키 중장의 말이 사실이라면 최소한 사사카와씨가 건진 것으로 알려진 8조 엔 어치의 금괴는 건질 수 있을 것이다."

곽 사장은 "예비조사에 1억 원을 썼고, 앞으로 수중촬영과 정밀탐사, 인양에 수십억 원이 들겠지만 끝장을 보겠다"는 의지를 보이기도 했다. 송원호 박사의 문헌 및 소문조사를 신뢰하지 않았다면 이렇게 말할 수 있을까.

"탐사팀은 당시 기술 수준으로서는 최선의 노력을 했다. 엄청난 비용을 투입했다. 그러나 약 두 달에 걸쳐 수심 측량과 자력탐사를 진행했지만 돈스코이호를 발견하지 못했다. 당시 탐사장비로는 울릉도의 복잡한 해저화산 지형을 파악하기가 힘들었던 것이다. 몇 개월 후 도진실업은 신일본해양에서 수심 300미터까지 내려갈 수 있는 유인잠수정 하쿠요를 빌렸다. 하지만 근 한 달 동안 울릉도 저동 앞바다 4제곱킬로미터 구역을 탐사했으나 역시 실패였다. 이후 수많은 국내 잠수부가 도전했지만 성과를 얻지 못했다."[14]

그러나 곽씨는 1981년 5월 이철희 장영자 사건 때 단기금융법 위반으로 구속됐다. 이철희씨에게 50억 원 어치 약속어음을 15억 원 선이자를 떼고 할인해준 이른바 사채업자 역할을 했다는 것이다.

게다가 영동개발은 1983년 9월 조흥은행에 과도한 지급보증으로 이른바 영동개발 사건이 터지면서 몰락했다. 조흥은행이 엄청난 규모의 지급보증을 했고, 위조된 어음을 사채시장에 유통시킨 것이다. 이것이 제5공화국의 대표적 금융비리 사건으로 꼽히는 이른바 영동개발사건이다. 돈스코이호 탐사 작업도 중단된 것은 물론이다.

1991년 8월 돈스코이호가 잠깐 관심을 모은 적이 있다. 당시 소련(러시아)과학원 산하 지질지구물리연구소 소속 가가콘스키호(1,157t)와 모스코이지오피지크호(700t)가 첨단 수중음파탐지기 등의 장비를 싣고 해양연구소 연구원 4명과 함께 8월 24일 부산에 도착, 9월 9일까지 탐사한 것이다. 이 탐사는 러시아가 먼저 제안했고, 기술력이 낮은 한국은 자료공유를 대가로 공동탐사에 나섰다.

당시 심해저 탐사 기술이 뛰어난 러시아가 돈스코이호 탐사에 나서는 것 아니냐는 관측이 많았다. 러시아가 이번 탐사에서 돈스코이호를 찾아내 소유권을 주장할지 모른다는 우려에 대해 이상태 생물해양연구조정관은 "침몰 예상지역에 대한 탐사는 이번에 허용되지 않을 것"이라고 말했다.

그러나 당시에도 돈스코이호의 정확한 침몰예상 지역도 모르는 상태여서, 해양연구소가 돈스코이호의 '침몰예상지역'을 러시아와의 탐사에서 제외했다는 것은 앞뒤가 맞지 않는 것이다. 또 소련은 이 탐사로 이 지역의 해저지형에 대한 기본적 자료를 획득했을 가능성이 크다.

아무튼 이후 돈스코이호에 대해 관심을 갖는 사람은 다시 등장하지 않았다. 하지만 탐사업계 사람들, 보물선을 찾는 사람들 사이에서 돈스코이호는 꾸준히 거론되고 있었다. 돈스코이호는 이쪽 업계에서는 '꿈의 보물선'이었다.

1   송원호, '돈스코이호 소고', 대한토목학회지, vol.38. No.4(1990. 8), p.47

2   송원호, 앞의 논문, p.47~48

3   송원호, '돈스코이호와 인연' 해양연 소식, 제235호(해양연구소, 2003), p.10~11

4   송원호, '나히모프호 보물인양의 허와 실', 토목학회지, 2005. 6, p.120

5   송원호, 앞의 논문, p.121~122

6   동아일보, 1980. 10. 28

7   UPI, 동아일보, 1980. 10. 5 재인용

8   동아일보, 1980. 11. 18

9   법률신문, 2001. 1. 18

10   유해수, 앞의 책, p.41

11   유해수, 앞의 책, p.43~44

12   홍순칠, 독도의용수비대 홍순칠 대장 수기 '이 땅이 뉘 땅인데!' (서울: 혜안,
     1997) p.79~81

13   조선일보, 1981. 12. 6

14   유해수, 앞의 책, p.45

4장

—

희망,
밀레니엄 2000 프로젝트

—

동아건설이 돈스코이호 발굴에 참여하는 프로젝트는 최원석 전 회장, 이창복 사장과 박경식 상무, 이인수 부장 등만 아는 극비라인에서 추진됐다. 이 프로젝트팀은 해양연구원 유해수 박사팀과 구체적 탐사 프로젝트를 만들었다.

해양연구원은 돈스코이호 탐사 작업 자금줄을 얻는 천군만마를 얻었지만 동아건설이 워크아웃 중인 회사라는 것이 조금 마음에 걸렸다. 하지만 해양연구원은 이미 각종 프로젝트를 통해 동아건설의 재력과 자신감을 잘 알았기 때문에 사업이 중단될 것이라는 의심은 추호도 하지 않았다.

동아건설과 해양연구원 유 박사팀은 대략의 프로젝트를 완성했다. 프로젝트는 일단 명목상으로는 '1999년 주력사업인 건설경기가 국내외 모두 침체돼 있는 상황에서 투자적 가치를 크게 창출할 수 있는 새로운 사업의 활로를 모색하던 중, 경험과 실적이 풍부한 항만공사와 연관된 해양위성도시 등의 미래 해양산업에 참가한다'는 것으로 정했다. 이 프로젝트의 실제 내용은 '심해저 탐사기술 개발 및 침몰선 드미트리 돈스코이호 발굴사업'이다.

동아건설은 1999년 1월 28일 해양연구원에 돈스코이호 탐사를 공식 제안했다. 물론 이것은 형식적이고 행정적인 절차였다. 유해수 박사가 해양수산부에 돈스코이호 인양계획서를 제출한지 만 1년만이다.

하지만 이 과정에서 한가지 문제가 발생했다. 이 프로젝트를 허가하는 해양수산부가 문제였다. 해양부는 이 프로젝트에 관심이 있는 사람이 없었다. 아니 해양부는 지금 그럴 정신이 없었다. 바로 한일어업협정을 잘못 체결했기 때문이다.

1999년 3월 1일 부산역 광장에서는 3,000여 명의 어민과 시민이 '한일어업협정백지화를 위한 국민대회'를 열었다. 이들은 "굴욕적인 한일어업협정을 파기하고 김종필 국무총리와 김선길 해양수산부장관은 즉각 사퇴하라" "우리 어민의 생존권을 위협한 굴욕적인 한일어업협정은 원천무효다"라고 주장했다. 부산에서 시작된 시위는 전국적으로 확산됐다.

한일어업협정 문제는 김대중 정부 들어 당면한 첫 외교적 시험대였다. 김대중 정부는 IMF라는 위기상황을 나름대로 잘 극복했다고 생각했지만 취임 1년여 만에 맞는 대규모 시위로 충격을 받았다. 김대중 정부 들어 발생한 첫 국민적 시위였기 때문이다.

사실 한일어업협정은 한일 간에 해묵은 문제였다. 1965년 체결된 한일어업협정은 새로운 해양법 질서에 맞질 않아 끊임없는 분쟁의 원인이 됐다. 간단하게 설명하면 1965년 한일어업협정이 체결될 당시 한일은 서로 연안국 전관수역을 12해리로 정했다. 그 밖에서는 서로 자유롭게 고기를 잡았다. 당시 한국은 어업장비나 기술이 낙후해 일본 해역까지 나가 조업을 할 수 없었지만 기술력이 뛰어난 일본 어선은 한국해역에서 조업을 했다. 하지만 12해리를 보장한 한일어업협정 때문에 이를 단속할 수 없었다. 한일어업협정은 체결당시 우리 측에게 절대적으로 불리한 어업협정이었다.

그런데 세월이 흘러 우리 어업 장비나 조업기술이 급격히 발전하면서 우리 어선이 일본해역에서 조업하는 경우가 많아졌다. 특히 1977년 소련이 경제수역을 선포하면서 캄차카 수역에서 조업하던 한국 어선들이 대거 일본 북해도 근처로 몰렸다. 게다가 당시 일본은 어족보호라는 개념을 도입한 상태였지만 우리나라는 그런 개념이 희박했다. 우리 어민의 일본영해에서 싹쓸이 조업이 계속됐다.

이로 인해 한일 간에는 심각한 어업분쟁이 일면서 일본은 어업협정 개정을 요구했다. 하지만 한국은 현상유지를 주장, 양국 간 어업분쟁은 20여 년 동안 계속됐다. 1965년 체결한 한일어업협정은 10여 년 동안 일본에게 유리하게 작용했고, 20여 년 동안 우리 측에 유리했던 것이다. 마침내 1998년 1월 일본은 어업협정을 일방적으로 파기했다. 그리고 일본은 동해안에서 우리 측 어선을 나포하면서 동해는 무법천지가 되고 외교 분쟁의 근원지가 됐다. 한일 양국 사이에는 새로운 어업협정 체결의 필요성이 계속 제기됐지만 한일감정이라는 미묘한 사안 때문에 협정체결은 계속 늦어졌다. 새로운 한일어업협정 체결은 어떻든 우리 측의 양보가 전제됐기 때문이다.

김대중 정부는 1999년에 있는 일본 국빈방문을 앞두고 이 문제를 풀기 위해 일본과 협상을 시작했다. 결국 1998년 9월 25일 새로운 협정을 사실상 타결했다. 타결내용은 연안국의 배타적 어업수역을 35해리로 확대한 것이다. 우리 어장이 줄어든 것은 물론, 무엇보다 국민을 분노시킨 것은 독도문제를 법률적으로 완결짓지 못한 것이다. 명분과 실리를 모두 잃은 협상이라는 비난이 빗발친 것은 물론이다.

게다가 협상을 추진한 해양부의 전략부재와 무능이 드러나면서 국민의 분노는 더욱 커졌다. 특히 해양부는 우리 어민의 조업현황에 대한 구체적 준비도 없이 협상에 임했으며, 부처 간 협상전략도 없었던 것이 드러났다. 심지어 협상을 하러 일본에 간 해양부장관이 회담장소를 통보받지 못하고 호텔에서 서성거리는 등 구걸외교라는 망신까지 당하면서 여론의 비난이 빗발쳤다. 정부는 뒤늦게 외교부를 동원해 재협상에 나섰지만 오히려 굴욕외교라는 비난을 받으면서 민심은 더욱 분노했다. 결국 김선길 해양부장관은 1999년 3월 2일 사태의 책임을 지고 사퇴했다.

설상가상 해양부 고위 간부들의 비리가 드러났다. 사실 해양부는 항만 공사 등으로 엄청난 예산을 집행한다. 항만을 건설하기 위한 해상 매립은 엄청난 자금이 장기간 투자된다는 점에서, 해저공사는 진척을 사실상 확인하기 어렵다는 점에서 일반 건설회사의 비리와 차원이 다를 정도로 규모가 컸다. 또 해양부는 전국의 항만공사는 물론이고, 컨테이너 부두공단 등 자회사는 물론, 해운회사, 원양어업 회사 등과 직접 관련을 맺고 있어 비리에 노출될 위험이 많은 부처였다.

결국 4월 29일 해양부 전승규 차관까지 경질되는 등 대대적인 인사가 단행됐다. 한일어업협정 파문에 대처를 소홀히 했다는 것이 외형적인 이유였다. 하지만 실제는 해양부의 구조적 비리에 대한 책임을 물은 것이다. 때마침 새 정부가 출범한 이후 정부조직개편을 추진하는 시기여서 내친김에 해양부를 폐지해야 한다는 주장이 강하게 일었다. 해양부로서는 변명할 여지도 없고, 처분만 기다리는 거의 초상집 상태였다. 김영삼 정권에서 탄생한 해양부는 부 창립이후 최대 위기상황을 맞고 있던 것이다.

이런 상황에서 동아건설과 해양연구원이 제안한 돈스코이호 탐사 계획서를 거들떠 볼 틈이 없는 것은 너무나 당연했다. 돈스코이호 탐사계획은 계속 해양부 담당 국장 캐비닛 속에서 잠자고 있었다.

하지만 예상하지 못했던 곳에서 돌파구가 열렸다. 김선길 장관 후임에 해양부 1차관보를 지낸 이항규 한국선급협회 회장이 임명됐다. 전임 장관이 정치인 출신으로 해양정책의 문외한이라면 이 장관은 관료출신으로 항만 전문가라고 할 수 있다. 또 전승규 차관 후임에 홍승용 차관이 임명됐다. 보통 차관은 부처 내부 사정을 잘 아는 내부에서 최고 능력자가 임명되는 것이 관례였다. 정치인이나 학자 등 외부인사가 장관으로 오는 것을 보완하기 위해서다. 그런 면에서 홍 차관의 발탁은 이례적이다. 하지만 이는 고질적인 해양부의 내부 비리문제를 단속하기 위한 포석이었다. 게다가 홍 차관은 학자지만 의외로 정치권에도 발이 넓었다.

홍 차관은 해양연구원 해양정책연구부장, 세계해양법연구소 집행이사 등을 지내며 유해수, 송원오 박사 등과 함께 근무했다. 따라서 홍 차관 역시 돈스코이호 탐사에 대해 너무나 잘 알았다. 홍 차관은 특히 한국해양수산개발원 원장 재직 시인 1998년 5월 23일 부산, 해양수산공무원교육원에서 '21세기 해양수산정책의 비전'이라는 제목의 강연을 했다. 홍 차관은 이 강연에서 1905년 러일전쟁(황해해전에 이은 동해 해전)을 언급하면서 울릉도 앞바다에 침몰된 보물선 '드미트리 돈스코이호'에 대한 이야기를 했다. 그는 이 강연에서 "금괴를 인양하는 경우, IMF 극복 나아가서는 국가재정의 획기적 증강이 기대된다"고 강조했다. 아울러 해저보물의 소유권에 대한 국제법적 이론에 대해서 자세하게 설명할 정도로 이 분야에 관심이 많았다.

5월 19일 해양연구원장에 한상준 선임연구원이 승진 임명됐다. 그동안 행정가에게 밀려 정책결정과정에서 소외됐던 연구소 출신인사가 연구원의 최고 책임자에 임명된 것은 매우 이례적인 일이다. 물론 이런 인사의 배경에는 비리로 문제를 야기한 관료출신에 대한 불신 때문이다. 그만큼 해양부의 비리구조는 심각했다. 이제 연구실에만 있던 해양연구자들이 행정관료로 속속 진출하면서 해양정책을 직접 결정할 수 있는 권한을 갖게 된 것이다.

5월 24일 김대중 대통령은 거의 조각 수준의 대대적인 개각을 단행했다. 재경부장관 강봉균 청와대 경제수석, 법무부장관 김태정 검찰총장, 문화부장관 박지원 청와대 공보수석 … 관심은 이종찬 국정원장이 경질되고 후임에 천용택 국방부장관이 임명된 것이다.

이른바 김대중 정부의 2기 내각 출범이다. 이에 대해 정치인이 대거 물러난 실무, 행정내각, DJP(김대중-김종필)연대를 고려치 않은 친정체제 구축이라는 평가를 받았다. 실제 자민련 국회의원 출신 김선길 해양부장관은 한일어업협정 파문을 통해 가장 무능한 장관으로 꼽혔다.

하지만 권력을 아는 사람들이 평가할 때 이번 개각에서 중요한 것은 바로 권력 내부 힘의 이동, 바로 동교동계의 부상이라고 할 수 있다. 강봉균 재경부장관(전북 군산) 진염 기획예산처장관(전북 부안) 김성훈 농림부장관(전남 목포) 뿐 아니라 이기호 청와대 경제수석(전남 목포) 이용근 금융감독위 부위원장(전남 보성) 등 경제정책 책임자가 모두 호남출신으로 채워졌다. 이는 분명히 동교동계의 전면 등장을 의미했다.

헌정사상 처음으로 수평적 정권교체를 이뤄낸 동교동계는 경제위기라는 비상상황과 DJP(김대중-김종필)연대라는 정치적 상황 때문에 요직을 경제전문 테크노클라트와 자민련 측에게 넘겨주고 2선으로 밀려났다. 게다가 동교동계는 대선전에 '공직진출을 않겠다'는 합동선언까지 한 처지였다.

그러나 그 기간이 1년이 지나고 2년째 다가오는 지금, 여전히 그렇게 있을 순 없었다. 정권창출의 1등 공신인 이들의 불만이 터져 나오고, 요직에 진출하지 못하니 아예 대놓고 이권에 개입하기 시작했다. 이들 동교동계는 당에 복귀한 권노갑 고문과 청와대 이희호 여사, 대통령의 아들 김홍일 의원 등 친인척을 통해 집요하게 핵심요직에 접근했다.

1999년 5월 김대중 2기 내각의 특징은 바로 이 동교동계 복귀의 완성판이었다. 무엇보다 문제는 이무영 서울경찰청장(전북 전주), 안정남 국세청장(전남 영암), 김태정 법무장관(전남 장흥)과 특히 천용택 국정원장(전남 완도) 등 국정을 견제하고 체크해야 하는 사정요직 모두 동교동계의 영향권에 놓이게 됐다는 점이다. 이무영 서울경찰청장은 그해 11

월 경찰총수로 올랐다.

이 동교동계의 복귀는 김대중 정권의 향후 운명을 결정짓는 중대한 전환점으로 작용했음은 물론, 동아건설의 운명에도 큰 영향을 미쳤다. 경제정책 총책임자가 이규성에서 이헌재로 바뀌고 연이어 동아건설의 주거래 은행장이 대부분 교체되었기 때문이다.

특히 천 국정원장의 국정원은 예상했던 대로 급속히 동교동, 친정체제로 변신하기 시작했다. 천 원장은 취임하자마자 엄익준 국정원 2차장을 기용했다. 엄 2차장은 중앙정보부에서 국가안전기획부, 국정원까지 30년 넘게 국정원에 근무한 국정원내 대표적인 호남인맥으로 통했다. 오랜 대북통인 그는 대북담당인 3차장으로 있다가 1998년 3월 정권이 바뀌면서 국정원 물갈이 차원에서 퇴직했다. 그런 그가 국정원 2차장으로 복귀한 것이다. 국정원에서 핵심은 대북문제를 전담하는 3차장이 아닌 국내를 담당하는 2차장이다. 그래서 국정원 2차장은 호남 출신에게는 단 한 번도 기회를 주지 않던 보직이다.

엄 2차장은 천용택 원장 사람으로 알려졌지만 사실은 범 동교동계의 지지를 받았다. 그는 정치권과 정보기관의 가교 역할을 했다. 동교동계인 천 국정원장과 엄 2차장 임명은 국정원이 정치권 특히 동교동계와 더욱 밀착하는 계기가 됐다.

특히 IMF 상황에서 국정원 경제단의 역할이 중요했다. 경제단은 국내정보를 총괄하는 대공정책실 산하 경제정보를 총괄 수집, 분석하는 곳으로 국장급(이사관) 단장아래 경제1, 2, 3, 4과 등 4개 과로 조직됐다. 1과는 경제정보 분석을 하는 곳이고, 각 경제부처와 유관 대기업을 3개 과가 나눠 맡았다.

이들 경제단은 보안검사라는 이유로 각 부처에 정보관이 수시로 드나들며 각종 정보를 수집했다. 이들이 수집하는 정보는 정책결정 과정을 점검하는 것은 물론, 장, 차관과 고위 공직자의 움직임도 체크 대상이다. 이들이 수집한 정보는 국정원 정보분석, 보고루트를 거쳐 대통령에게 직보된 것은 물론이다.

게다가 경제단은 민간 기업체까지 담당했기 때문에 당시 대규모 구조조정이나 법정관리 등 퇴출을 앞두고 있는 기업으로선 매우 무서운 존재였다. 당연히 경제단은 힘 있는 조직으로 부상했고, 실세들이 요직을 차지했다. 하지만 이들 경제단 요원들은 정부부처 공무원은 물론, 기업체로부터 중요한 로비대상이 되면서 비리나 이권에 노출될 가능성도 그만큼 컸다.

이 경제단장 자리에 김형윤 광주지부 정보과장이 임명됐다. 그 역시 호남출신으로 이례적인 승진 케이스였다. 그 아래 정성홍 경제과장은 특히 김홍일 의원과 매우 가까운 사이였다.

보통 장관, 차관, 국장, 과장 등 하나의 결제라인에 하나의 혈연이나 지연 혹은 학연을 가진 인물을 임명하는 것을 피하는 것이 인사상식이다. 실제 공무원 인사에 대해 총괄적 지침을 내리고 감사하는 행정자치부는 이러한 인사지침을 각 정부부처에 내리기도 했다. 하지만 국정원은 달랐다. 원장-차장-단장-과장이 모두 같은 지역 출신이 차지한 것이다.

어찌됐든 1999년 5월 대대적 인사개편은 김대중 정부의 국정운영에 하나의 전환점이 됐다. 동교동계가 전면에 등장했고, 이는 견제와 균형, 공식 조직과 창구보다 특유의 "형님~ 아우~"라는 형태로 나타났다. 결국 이는 각종 권력형 게이트로 이어지면서 국민의 정부가 몰락하는 단초가 됐다.

이즈음 돈스코이호 탐사에 대한 결정적인 기회가 찾아왔다. 일본공영방송(NHK)이 KBS를 통해 공동으로 돈스코이호 탐사 다큐멘터리를 제작하자는 제안서를 보낸 것이다. 일본 NHK가 이 다큐멘터리를 제작하겠다는 이유는 돈스코이호 탐사를 통해 일본 해양과학 기술을 과시하고 러일전쟁 전승국임을 재인식 시키겠다는 의도였다. 우리 해양부도 일본과 공동탐사를 통해, 투자비 없이 일본의 해양탐사 기술을 습득할 수 있는 기회라고 판단했다.

과거 공무원 같으면 과장 책상서랍에서 한 달, 국장 캐비닛에서 한 달 모두 두 달은 묵힐 사안인데 이번에는 의외로 정책결정이 빨랐다. 그것은 바로 해양탐사 정책결정과정에 있던 사람 모두가 바뀌었기 때문이다. 특히 부서 폐지의 위협에 시달리던 해양부는 지금 변화된 무엇을 보여주지 않으면 안 될 절박한 상황이었다.

해양연구원 유해수 박사는 당시 관련기관 대책회의에서 다음과 같은 결정을 내렸다고 증언했다.

"우리의 해양탐사 기술을 신장시키고 국민에게 희망을 줄 이 프로젝트는 좋은 기회이다. 그러나 현재 국민의 일본감정, 그리고 이 다큐멘터리는 일본 군국주의 복고 홍보에 이용될 수 있기 때문에 일본 NHK와 합동 다큐멘터리 제작은 거절한다. 독자적으로 해양연구원을 통해 탐사를 진행한다. 향후 외교적 분쟁 소지가 있으므로 러시아와 합동 탐사를 하지 않는다. 동아건설이 비록 워크아웃 상태이지만 해양연구원과 함께 탐사를 진행한다. 이 탐사를 정부는 전폭 지원한다. 특히 이는 철저하게 대외비로 추진한다."

1999년 8월 동아건설과 해양연구원은 탐사계획서를 완성시켰다. 두 기관이 명명한 이 프로젝트의 이름은 '밀레니엄 2000 프로젝트'였다. 2000년 새로운 밀레니엄을 앞두고 국민에게 희망을 주는 프로젝트라는 의미였다.

여기서 주목되는 것은 바로 기대효과 대목이다. 첨단 해저유물 탐사 기술 확보는 그렇다고 하더라도 '유물 발굴을 통한 기업 및 국가재정에 막대한 기여'라는 표현은 어떻게 설명할 수 있을까. 워크아웃 상태인 기업 동아건설과 비슷한 운명에 처한 대한민국 국가재정에 기여할 수 있다는 이 야심찬 프로젝트는 우연히 만들어질 수 없는 것이다.

지지부진하던 돈스코이호 탐사 프로젝트는 가속도가 붙으면서 빠르게 추진됐다. 해양연구원과 동아건설은 즉각 세부적인 탐사 작업 계획

밀레니엄 2000 PROJECT[1]

1. 목적	심해탐사기술 개발 및 침몰선 돈스코이호 확인
2. 조사해역	울릉도 저동 앞바다 수심(200~1,000m), 면적(6×8km)
3. 사업비	300,000,000원(1999~2004, 해양연구소 연구개발비) 추후 연구비에 대해서는 계속 협의토록 함
4. 추진경위	1981년 12월 각종 일간지 보도에 의거하여 관심을 갖던 중 참여결정. 1999년 10월 포항지방수산청으로부터 사업승인 취득
5. 기대효과	첨단 해저유물 탐사기술 확보, 유물 발굴을 통한 기업 및 국가재정에 막대한 기여, 선체 인양복원 후 울릉도 관광자원화, 100년 전 고증 사실의 확인을 통한 역사 고찰
6. 연구성과	역사적 사실 기록을 통해 침몰선의 존재함을 확인. 침몰선으로 추정되는 다수의 이상체 확인. 조사해역의 해저지형 및 환경 규명
7. 탐사 추후 계획	온누리호(1,440톤), 이어도호(350톤) 등 연구선 투입. FM1002, Deep tow, 잠수정 등 첨단장비 투입. 1단계 자료를 바탕으로 지구 물리탐사

서를 작성했다. 이 탐사는 2004년 12월까지 4단계로 나눠 진행되는 것으로 정했다.

1단계는 1999년 9월부터 2000년 12월까지로 정했다. 목표는 타당성 검토와 계획수립, 탐사였다. 이 기간에 조사할 내용은 다음과 같다.

- 타당성 조사를 위한 역사적 고증 및 인문조사, 국내·국제법적 문제점 검토, 선진 탐사기업 조사, 외국 수중보물처리 판례 및 사례조사
- 선체 침몰주변해역 해저환경조사
- 온누리호를 이용한 선체확인조사
- 탐사에 의한 침몰선박 축소모델 제작
- 선체 주변의 퇴적환경 정밀 복원 및 퇴적환경의 안정성 파악
- 기타

1단계 작업에는 발굴 타당성 검토에만 30명, 자료분석 요원만 30명이 동원되고 심해저 탐사에는 60명이 투입되는 대규모 탐사작업이다. 이 기간 사업비로 6천만 원이 배정됐다.

2단계 작업은 2001년 1월부터 2002년 12월까지로 잡았다. 목표는 선체확인을 위한 정밀탐사였다.

- 탐사준비 및 개발계획 수립
- 탐사해역 특성분석
- 지구물리 탐사장비 종합 시험
- 해저 시추코아 퇴적물 조사
- 가상현실 기법을 이용한 침몰선 및 해저지형 가시화
- 선체주변의 퇴적환경 정밀복원 및 퇴적환경의 안정성 파악

이를 위해 탐사팀은 2단계 작업에 자료분석 요원 60명, 심해저 탐사에는 무려 120명, 보고서 작성 및 사업관리에 120명 등 300명이 동원되는 프로젝트로 1억 원의 사업비를 배정했다.

3단계(2003년 1월~2003년 12월)는 선체 확인단계로 6천5백만 원의 사업비를 배정했다.

- 정밀 탐사결과 종합검토
- 해저 시추코아 퇴적물 조사
- 선체 정밀촬영
- 선진국 전문가 초청 및 자문
- 선체주변의 퇴적환경 정밀복원 및 퇴적환경의 안정성 확인
- 다큐멘터리 제작 및 기타

4단계는 2004년 1월부터 12월까지로 침몰선을 인양하는 단계라고 할 수 있다. 7천5백만 원의 사업비가 들어가는 것으로 계획했다.

- 정밀탐사 결과 종합검토
- 육상 지원기지 설치방안 및 인양장비 수급방안 수립
- 육상 지원기지 설치(지휘본부)
- 침몰선박 인양기술 개발
- 심해 침몰선박 인양기법 검토 및 인양시스템 개발
- 최적 작업시기 및 작업기간 산출
- 최적 작업시기 및 작업기간, 소요예산 산정

그리고 인양 후 복원계획을 수립하고 국가, 기업의 경제적 이익효과 배분작업을 하기로 했다. 인양작업에 기술팀 120명, 기술지원팀 120명이 투입되고, 인양 후 기술 경제효과 홍보를 위해 홍보, 행정지원팀으로 110명을 배정했다. 물론 이것은 최소한의 비용만 예상한 것이다.

1999년 9월 10일. 동아건설은 포항지방해양수산청장 앞으로 다음과 같은 내용의 공문을 작성했다.

"당사에서는 국유재산에 매장된 물건의 발굴에 관한 규정 제3조 및 제5조에 의거, 귀청의 관장구역인 경상북도 울릉군 저동 앞바다에서 국유재산 매장물 발굴을 위하여 첨부와 같이 승인신청서를 제출하오니 승인하여 주시기 바랍니다.

　- 발굴목적: 러일전쟁 해전사 및 울릉도 주민들의 구전에 따라 침몰선(러시아 군함 드미트리 돈스코이호) 및 다량의 금괴 등 보물이 매몰된 것으로 추정되어 이를 발굴 인양코저 함.

　- 매장물의 추정량: 품명 침몰선(돈스코이호) 1척, 추정가격 0.22억 원, 보물 1개, 49억 원, 계 약 50억 원"

사실 돈스코이호의 영웅적 투쟁 가치는 러시아에게나 의미 있는 것이다. 우리나라에게 중요한 것은 보물, 그것은 500kg짜리 금괴를 의미했다. 동아건설은 일단 1개만 인양하는 것으로 계획을 세웠다. 탐사 장소도 비교적 정확히 명시했다. 작업구역은 N37-30-00 E130-55-40, N37-30-00 E130-58-00, N37-28-15 E130-58-00, N37-28-15 E30-55-40으로 정했다.

동아건설은 승인신청서에 매장물 위치, 작업계획서, 사업자금 조달계획서, 소요경비 지급 보증서, 발굴보상금 세금보증서 등을 첨부했다. 이것은 본격적인 돈스코이호 탐사를 시작하는 공식적인 행정절차였다.

10월 5일 포항지방수산청으로부터 매장물 발굴 승인이 떨어졌다. 발굴 승인이 나는 그날 동아건설은 해양연구원과 정식 탐사용역 계약을 체결했다. 총 사업비는 70억 원, 매년 14억 원씩 나눠 지급하는 조건이었다. 동아건설은 우선 1차로 소요비용 3억 원을 해양연구원에 기탁했다. 해양연구원의 탐사 내용은 정기적으로 동아건설을 비롯한 관계기관에 통보하고 모든 사항은 일단 대외비로 하기로 했다.

이로써 돈스코이호 탐사를 위한 정치, 행정, 재정적 절차는 모두 완료됐다. 비록 워크아웃 상태이지만 국내 굴지의 재벌과 국내 해양분야 최고 국책연구기관, 그리고 정부의 전폭적인 지원을 받는 보물선 탐사는 이렇게 시작됐다.

해양부는 그동안 꺼렸던 다른 지역의 보물선 탐사에 대해 해저 매장물 발굴허가를 내줬다. 이에 인천지방해양수산청은 옹진군 덕적면 울도에 침몰한 고승호(은 375kg), 군산지방해양수산청은 옥도면 말도에 침몰된 731 보물 병원선(금 10kg), 해군은 직접 거제시 장목면 큰동섬 앞에 침몰한 야마시타 보물선을 탐사했다. 가히 보물선 탐사시대라 해도 과언이 아니었다. 이즈음 해양부가 소위 보물선 탐사를 허가한 곳은 다음 쪽의 표와 같다.

이렇게 1998년부터 2001년 사이 집중적으로 해저매장물 발굴 승인이 이뤄진 것은 우연이었을까? 권력의 핵심에서 조직적인 프로젝트가 있지 않고서는 불가능한 일이다.

그 배경에는 존폐의 기로에서 새로운 해양시대의 비전이 절실했던 해양수산부, 기술력을 과시하고 외주 용역이 필요했던 박사급 고급두

승인 기관	발굴 주변 해역	발굴 기간	발굴물 및 추정량
인천지방해양수산청	옹진군 덕적면 울도	01. 2. 1 ~ 03. 1. 31	선박(고승호) 은 375kg
포항지방해양수산청	울릉군 저동	99. 10. 5 ~ 04. 12. 31	선박(돈스코이호) 금괴류 500kg
군산지방해양수산청	군산시 옥도면 말도	99. 9. 15 ~ 02. 8. 27	금 10kg
	군산시 옥도면 선유도	99. 9. 15 ~ 02. 9. 14	금 5kg, 은 15kg
	군산시 옥도면 말도	01. 9. 15 ~ 02. 9. 14	금 6kg, 은 28kg
	군산시 옥도면 말도	01. 9. 7 ~ 02. 9. 14	금 10kg
여수지방해양수산청	여수시 삼산면 거문도	01. 6. 13 ~ 02. 6. 12	금괴 30kg
목포지방해양수산청	진도군 임회면 굴포리 대섬	01. 5. 1 ~ 01. 12. 30	보석(금괴 등) 71kg
	진도군 임회면 굴포리 대섬	01. 5. 1 ~ 01. 10. 30	보석(금괴 등) 15kg
여수지방해양수산청	여수시 삼산면 거문도	00. 7. 11 ~ 01. 5. 16	금괴 10kg
대산지방해양수산청	태안군 근흥면 마도 /서천군 마량리	99. 12. 29 ~ 00. 12. 28	금괴 10kg
해 군	거제시 장목면 외포리 대계 큰동섬	99. 5. 10 ~ 99. 12. 15	금괴 10kg

뇌들, 국민에게 새로운 밀레니엄에 희망을 주는 프로젝트가 필요했던 정부의 핵심부서, 금을 찾으면 국가재정에 막대한 기여를 할 수 있을 것이라는 기대를 가진 정부, 이 프로젝트를 통해 새로운 사업에 진출하고 금괴를 찾아 회사를 되살리겠다는 기업이 있었다. 이들 모두에게 보물선 탐사 프로젝트는 흥미진진하고 기막힌 호재였다.

1　밀레니엄 2000 PROJECT, 동아건설산업(주) 1998.

5장

—

설렘,
울릉도 저동 앞바다로

—

경기도 안산 해양연구원 유해수 박사 전담 탐사팀은 12명으로 구성됐다. 하지만 이외에 해양화학, 해양물리, 해양법 등의 분야는 다른 팀의 지원을 받았다.

해양연구원은 이미 1981년 개략적인 문헌조사와 현지조사를 실시했던 전력이 있다. 또 해양연구원 송원호 박사가 이 분야에 나름 관심을 가지고 자료를 수집했기 때문에 초기 문헌 작업은 수월하게 추진됐다. 게다가 일본이 쓰시마 해협에서 나히모프호를 탐사하면서 많은 자료를 축적해 놓았다. 탐사팀은 과거 자료를 다시 찾아 보완하고 새롭게 추가된 자료를 분석했다.

하지만 탐사팀이 지금까지 자료를 챙겨보니 의외로 문헌조사에서 허점이 많았던 것을 발견했다. 보물선을 탐색할 때, 아니 탐색하기 전 철저한 문헌조사는 필수다. 정확한 침몰 위치를 알기 위해서 뿐만 아니라, 침몰선에 보물이 실려 있는 여부를 확인하기 위해서다. 이를 위해서는 침몰선에서 살아남은 생존자의 각종 증언은 물론, 당시 언론의 보도내용도 빠짐없이 수집해야 했다. 게다가 1905년 돈스코이호의 사진과 설계도, 당시 러시아 군함의 제원과 주포 등 설치된 무기, 전투과정에서 파괴 정도까지 정확히 파악해야 했다. 해저에서 발견한 침몰선이 돈스코이호임을 확인하기 위해선 이런 자료가 필수적이기 때문이다.

무엇보다 이런 탐사에서 가장 중요한 것은 정부기관의 공식적인 문서를 확인하는 것이다. 불필요한 과장이 없고, 또 가장 정확한 기록이기 때문이다. 수십 년, 백년 가까이 된 정부문서는 대부분 공개되지만 특별한 경우는 비밀을 해제하지 않는 경우가 많다.

특히 보물이 실려 있다는 사실은 비밀로 분류돼 공개하지 않는 경우가 대부분이기 때문에 정부 측 비밀기록을 확인하는 것이 중요했다. 민간 선박이 아닌 군함의 경우는 더욱 그랬다. 소문을 진실로 확인하는 것이 중요했다. 하지만 탐사팀은 이 부분에 대해 분명하게 확신할 수 없었다.

"탐사팀은 보다 정밀한 문헌조사를 위해 일본과 러시아에 문헌 탐사팀을 보냈다. 러시아 해군 기록보관소에서 돈스코이호 부함장의 보고서를 찾아냈다. 돈스코이호 함장 레베데프에게 지휘권을 인양받고 돈스코이호를 자침시킨 블로킨 중령의 보고서는 돈스코이호의 최후를 자세하게 기록하고 있었다. 쓰시마 해전에서 참패한 러시아 태평양2함대 지휘관은 그 후 본국에서 군법회의에 회부됐다. 이 보고서는 군법회의 서류에 철해져 있었다.

일본 역시 러일전쟁에 관한 방대한 기록을 가지고 있다. 승전국 입장에서 사실을 과장한 부문도 있었으나, 작전일지를 함정 및 시간대별로 구체적으로 작성해 놓았다. 특히 국회도서관에 보관된 러일전사 자료와 쓰시마 해전사 자료, 요미우리신문과 마이니치신문에 실린 러일전쟁에 관한 기사는 그 상황을 자세히 담고 있었다. 그리고 일본 방위청 방위연구소에 소장된 극비전투 기록인 '명치 37~38년(1904~1905년) 해전사'에서 돈스코이호 침몰위치에 대한 단서를 얻을 수 있었다."[1]

탐사팀이 가장 고민한 것은 역시 정확한 침몰위치를 선정하는 것이다. 이것은 탐사구역, 탐사장비, 탐사일정 등 모든 탐사 계획을 세우는 데 가장 중요한 요소였다. 사실 정확한 침몰위치를 확인하면 탐사의 절반은 성공한 것이나 다름없다. 타이타닉호의 경우 비교적 정확한 침몰좌표가 있었다. 타이타닉호 발견에는 침몰좌표를 가지고도 선체를 발견하기까지 7년이라는 오랜 시간이 걸렸다. 물론 타이타닉호의 경우 3,600m라는 깊은 수심에서 발견됐지만.

러시아 블로킨 중령의 보고서는 돈스코이호의 마지막 모습을 자세하게 기록하고 있지만 침몰위치가 '섬에 접근하여 밤새 승무원들을 상륙시켰다'고만 돼 있었다. 단지 울릉도 동쪽 해변 수심 200~400m에서 자침시켰다는 것이 전부였다. 다행히 일본 측 자료에는 침몰위치가 비교적 상세하게 기록돼 있었다.

"5월 29일 약간 날씨가 좋아졌으나 조금 황량한 모습이었다. 하늘이 점차 개려할 무렵 공격의 결과를 확인하기 위해 전날 밤의 공격위치인 송도(松島) 서망루 부근에 다다르니 적함은 의연히 해안에 접해 있었다. 우리 함정은 점차 적함에 접근하면서 다시 공격을 해야 할 필요를 느끼지 못했다. 선단에 군함기를 걸어 긴 깃발을 올리고 각 장대에 만국 신호법으로 '항복해야 한다'는 신호를 올리고 1,000m 정도 접근하였다. 그러나 어떠한 응답도 없고 또 인기척도 없었다. 그래서 포획을 위해 단주를 내리고 중위 나이토에게 하사 5명을 붙여 무장시킨 후 돈스코

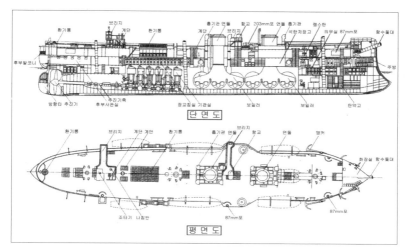

돈스코이호의 단면도와 평면도

이호에 파견하였다. 그러나 이때 오전 6시 40분에 적함이 점차 좌현으로 경사지기 시작하여 6시 46분에 완전히 전복 침몰하기에 이르렀다. 이 위치는 울릉도 동망류의 정동 1해리 반이었다. 때마침 전(電) 함정이 돌아왔다. 보고하기를 송도 망루에서 육상으로 다수의 러시아 수병이 상륙하여 있다하여 다시 중위 나이토를 육상에 파견하여 이어 최고급 장교를 인치하여 와야 한다고 명령하였다. _ 〈룡 함장 해군대위 후지와라(藤原英三郎)의 일본해 해전전투보고서〉

29일 오전 5시 35분 '함정은 망루로 가서 적함의 전날 상태와 지금 상태를 들어라'는 명령에 의하여 망루로 향하는 도중 울릉도 남동각의 동어련 있는 곳에 적함의 좌현 후부가 물에 잠긴 모습이 눈에 들어왔다. 룡과 함께 적함에 가까이 접근하였다. 그 때 6시 40분 적함은 점차 좌현으로 경사지다가 완전히 침몰해 버렸다. _ 〈전(電) 함장 해군소좌 이나즈미(曹暬一郎)가 제출한 일본해 해전전투보고서〉[2]

일본의 자료로 보아 돈스코이호 자침 지점은 울릉도 동마루 동쪽 1.5 해리 해상이다. 그러나 현재 동마루에 대한 지명이 남아 있지 않기 때문에 이에 대한 현장조사가 필요했다."

탐사팀은 일단 이러한 러시아와 일본 전사 기록을 토대로 침몰 추정 위치를 선정했다. 러시아가 돈스코이호를 자침시킨 만큼 러시아 기록이 우선 검토됐다. 위치는 북위 37도 29분 59초, 동경 130도 56분 25초 정도로 저동항 동동북방 2.6km 지점이 유력하게 선정됐다. 일본 해군전사를 토대로 추정한 침몰 위치는 이와 달랐다. 게다가 기록마다 침몰지점이 서로 달랐다. 일본 전사 기록을 통해 선정된 침몰지역은 두 군데였다. 한곳은 북위 37도 29분 08초, 동경 130도 55분 44초 지점으로 저동항 동남쪽 1.9km 지점과, 동경 37도 28분 43초, 동경 130도 55분 43초 지점으로 망향봉 동쪽 1.6km 지점이다.

그러나 여기서 간과한 것이 있었다. 바로 울릉도의 급격한 해류와 급경사 지형으로 배가 침몰하면서 침몰위치 바로 아래에 가라앉지 않았다는 점이다. 해류에 따라 흘러가면서 침몰하기 때문에 해류의 방향과 속도도 감안해야 했다. 게다가 해류는 수심별로 다르고, 계절별로 달라지기 때문에 매우 정교하게 측정해야 한다.

특히 돈스코이호가 침몰한 1905년 5월 29일의 날씨와 조수간만의 차이 등을 종합적으로 감안해 해류를 조사해야 했다. 다행히 한 연구원이 울릉도와 독도에서 13개월 동안 해류계를 이용해 측정한 데이터를 찾아냈다.

하지만 해양연구원이 몇 년 전 실시한 기존 자료는 꼭 돈스코이호 침몰지점과 일치하는 것은 아니었다. 보다 정밀한 데이터를 얻기 위해선 부분적이나마 현지 해류측정을 할 필요가 있다는 결론을 내렸다.

한편으로 국내, 국제법적 문제점 검토 작업에 들어갔다. 이 부분은 연구실 박성욱 박사가 맡았다. 외국 수중보물처리 판례 및 사례조사도 검토했다. 침몰 군함의 소유권에 대한 논란은 학자마다 조금씩 견해는 달랐다. 결국 정해진 원칙은 없고 국력이 센 나라가 이기는 것이 관례였다.

선진 탐사장비에 대한 조사도 아울러 실시했다. 해저 탐사장비는 하루가 멀다 하고 발전했다. 해외 유명 탐사장비회사 홈페이지에서 최신 장비를 확인하는 것도 시간이 많이 걸렸다. 제원과 동해안 지형에 맞는 탐사능력을 갖춘 장비를 찾아야 했기 때문이다. 하지만 탐사장비는 일단 탐사지역에 대한 기초조사를 거쳐 돈스코이호로 추정되는 지점을 확인한 후 해당 지형을 고려해 구입해야 했기 때문에 당장 급한 것은 아니었다. 각 팀별로 맡은 과제를 수행하다보니 몇 달이 훌쩍 지나갔다. 날씨가 추워지기 전에 빨리 현지 기초조사를 해놓아야 했다.

1999년 10월 울릉도 저동 앞바다에 '온누리호'가 등장했다. 온누리호는 길이 63.8m, 너비 12m, 무게 1,422t 크기로 1992년 처음 취역한 우리나라 최초, 최첨단 탐사장비를 갖춘 해양조사선이다.

온누리호가 취역하기 전인 1980년대까지 우리나라 해양탐사는 연근해 탐사가 고작이었다. 수심 수백 수천m에 달하는 동해안이나 태평양 심해 탐사는 불가능했다. 이렇게 깊은 바다를 탐사할 조사선이 없기 때문이다.

심해저탐사를 위해서 가장 중요한 것은 바로 배를 정확한 위치에 계속 고정시켜 두는 시스템이다. 배는 바람, 해류, 파도 등의 변화에 따라 끝없이 움직인다. 이렇게 움직이는 배에서 정확한 위치파악이 안되기 때문에 각종 센서를 통해 데이터를 수집하고 분석할 수 없다. 모선이 움직이면 심해에 케이블로 연결되는 무인잠수정을 운영하기도 불가능하다. 따라서 심해탐사에서는 연구선의 정확한 위치 고정시스템이 필수다.

"심해가 (탐사에) '난공불락의 걸림돌'이 된 이유 중 하나는 배를 수면에서 고정할 방법이 없었기 때문이다. 닻줄은 수심보다 적어도 다섯 배는 길어야 했고, 200피트 길이의 배는 적어도 네 다섯 개의 닻이 필요했다. 즉 배가 2,000피트 수심에서 표류하지 않으려면 닻줄을 5만 피트 길이여야 했다. 또한 닻 5개를 어디에 내려야 배가 작업하려는 지점에 정확히 고정되는 지도 문제였다.

해상위치 고정은 모든 심해 작업의 핵심이었다. 배는 바람, 해류, 파도에도 불구하고 항행 시스템, 인터페이스 컴퓨터, 두 세 개의 대형 추진기의 공조로 정해진 위치로 계속 돌아갔다. 선장들은 해상위치 시스템으로 7만5,000t 이상의 초대형 유조선을 계류시켰다. 심해 업계는 해상위치 시스템을 사용하여 배를 해수면에 고정시켜 두고 작업정으로 수중작업을 했다."[3]

바로 이 해상위치시스템(Dynamic Positioning)이 설치된 연구선은 우리나라에서 온누리호가 유일했다. 위성을 통해 온누리호의 위치를 조정하는 오차는 불과 5m에 불과할 정도로 정확했다.

또 온누리호에서 기대를 걸고 있던 장비가 씨빔(sea beam) 2000이다. 원래 군사용으로 쓰던 것을 연구용으로 개조한 이 장비는 해저지형을 분석해 10m 간격으로 등고선을 만들 수 있다. 이 정도라면 6,200t, 길이 90m, 폭 15.8m 크기의 돈스코이호 영상을 충분히 그려낼 수 있기 때문이다.

게다가 다중채널탄성파탐사장비(SEISMIC)는 바다 밑 지층 10km까지 지질구조를 파악할 수 있다. 만약 돈스코이호가 침몰 후 토사 등으로 매몰돼 있어도 충분히 탐색이 가능한 장비였다.

이런 장비를 모두 갖춘 해양연구선은 우리나라에서 온누리호 뿐이었다. 그 온누리호를 이용하겠다는 연구자들이 줄을 서 있어 온누리호의 연간 운항일정은 동해는 물론, 저 남극해까지 빡빡하게 차 있었다. 그런 온누리호를 탐사 시작부터 이용할 수 있다는 것은 행운이었다. 아니 그

만큼 이 프로젝트가 중요했다는 것을 반증하는 것이라 할 수 있다.

탐사팀은 우선 현지의 해류속도를 체크하는 것이 시급하다고 판단했다. 하지만 장기간 해류속도를 측정할 시간적 여유가 없었다. 그러기 위해선 1년 내내 해류속도를 체크해도 시간이 모자랐기 때문이다.

"온누리호에 장착된 해류측정 장비인 ADCP를 이용하여 수심 17~329m까지 조사선 속도를 약 5노트로 유지하면서 해류속도를 측정했다. … 저동항 남동쪽 2마일 부근에서 4개 층(530m, 730m, 950m, 1,150m)에서 관측된 해류 자료를 이용하였으며 보완자료로 2002년 한국해양연구원에서 울릉도와 독도 사이 해역에 장기 계류한 해류계로부터 13개월 동안 수집한 자료를 발췌해 재분석했다. … 조사해역인 울릉도 동측해역은 조석이 30cm 내외로 해류 속도는 조류에 크게 영향을 받으며 해류방향 역시 시간대에 따라 변했다. 평균 해류의 속도는 28cm/s이며, 최대 속도는 약 68cm/s이다. 800m 심해의 경우 해류속도는 1~2cm로 매우 느렸다."[4]

이런 수치를 컴퓨터에 입력, 몇 번 시뮬레이션을 거듭했다. 유 박사는 4층 함교와, 3층 수석연구실에서 2층 연구실을 수없이 오르락내리락 했다. 하지만 무엇보다 직접 눈으로 확인하는 것만큼 좋은 것은 없었다. 유 박사는 배가 침몰된 새벽 5시 50분 조류를 확인하기 위해 매일 새벽 현장에서 조류의 움직임을 면밀히 살폈다. 유 박사는 그렇게 험하던 조류가 이 새벽 시간대에는 신기하리만치 잠잠해 지는 것을 눈으로 확인했다.

　최대 해류속도와 최소해류 속도를 모두 감한해 정해진 탐사구역은 울릉도 저동항 앞바다 남북 8km, 동서 6km였다. 면적 48km²를 지도에서 보면 매우 작지만 현장에 가면 지평선만 보일 정도로 망망바다다. 그 곳에서 길이 100m도 안되는 돈스코이호를 찾는다는 것은 한강백사장에서 바늘을 찾는 것과 다르지 않았다.

　현장에서 직면한 또 다른 문제는 변화무쌍한 해저 상태였다. 사실 해저탐사에서 가장 기본이 되는 것은 무엇보다 정교한 해저면 지도를 확보하는 것이다. 그러기 위해서는 정확한 해저까지 거리를 다시 말해 바닷속 깊이를 측정하는 것이 기본이다. 과거 러일전쟁시기에는 줄로 바다 깊이를 쟀다. 하지만 1920년대 소나(SONAR, sound navigation and ringing)가 발명되면서 초음파를 사용하여 바다의 깊이를 측정하기 시작했다. 물속에서는 전파가 잘 통하지 않지만 음파는 대기보다 훨씬 빨리 전달된다. 초음파는 바다에서 1초에 약 1,500m를 움직이므로 초음파를 바다 밑으로 발사한 후, 바닥에 반사되어 돌아오기까지의 시간을 측정하는 방법이다.

　동해안은 서해안과 완전히 딴판이다. 특히 용암 분출호로 만들어진 화산섬 울릉도 주변 해저는 매우 복잡하고 가파르다. 꼭 급격한 경사에 평지가 거의 없는 섬 울릉도처럼 울릉도 해저지형도 비슷했다.

　동해분지는 수심이 약 100m되는 곳에서부터 2,000m되는 곳까지 다양했다. 날카로운 준봉이 많아 경사가 급격한 설악산이 동해분지라면 타이타닉이 발견된 해역은 완만한 한라산의 차이라고 할 수 있다.

"사실 1980년대 우리나라 해양과학 수준은 한반도 주변 200m이하인 서해 대륙붕 탐사나 동해 연근해에 대한 연구 수준이었다. 그러던 것이 수심이 2,000m가 되는 동해까지 관심을 가지게 된 것은 일본, 러시아와 200해리 경제수역(EEZ) 설정 문제가 불거지면서 국제 분쟁화되면서부터다. 이때부터 동해의 석유자원 문제와 인산염광물의 부존가능성, 해저케이블 설치, 지진대 연구 등의 문제로 동해에 대한 관심을 두게 됐다.

이후 해양영토의 효율적인 관리 문제가 대두되면서 동해의 지형, 퇴적 및 지구조직적 진화, 제4기 기후 및 고환경변화의 구명을 목적으로 1994년부터 1996년까지 '한국 대수심 해역의 지구적 해저환경 연구'의 3년차 탐사가 수행됐다."[5]

이때 온누리호의 다중빔음향측심기와 다중채널탄성파장비를 동원해 2차원, 3차원 해저지형도가 처음 작성됐다.

"온누리호의 다중빔음향측심기는 111개 음파를 해저 면으로 동시에 발사한다. 그러면 컴퓨터가 되돌아오는 반사파를 받아 자동으로 지형도를 만든다. 95kHz 주파수에서는 수심 약 1,000m까지 해저 면을 삼차원 지형영상으로 나타내며, 퇴적물을 암반, 모래, 점토 등으로 구분할 수 있다. 운이 좋으면 해저면 지도에 난파선이 그대로 나타날 수도 있다.

돈스코이호를 탐사중인 온누리호

　그런데 오래된 침몰선의 경우 퇴적물에 의해 지층에 묻혀있을 가능성이 많다. 이때 실시하는 것이 지구물리탐사다. 이것은 주로 지표와 지층의 성분까지 측정할 수 있다. 원래 석유, 가스, 지하수 등을 확인하기 위한 자원탐사에 주로 사용하지만 침몰선 확인에도 유용하다.

　침몰선을 찾기 위해서는 정확한 해저면 영상이 필요한데, 이를 제공하는 장비로는 앞서 말한 다중빔음향측심기와 측면주사 음파탐지기가 가장 적합하다. 이 장비들은 퇴적물의 분포 파악, 해저터널, 가스관, 케이블 설치 등에도 사용된다.

　철제선박이나 철 성분이 든 침몰선을 찾기 위한 방법으로 해상자력계를 이용하는 자력탐사가 있다. 이 장비는 자성을 띠는 물체에 반응하므로 돈스코이호 같은 철제 침몰선 외에도 매몰된 파이프라인, 전기케이블, 심지어 구운 도자기류, 고대 집터 등 유물을 찾는데 사용된다."[6]

아무리 돈스코이호 탐사 프로젝트가 중요해도 유해수 박사팀만 온누리호를 독점할 수 없었다. 특히 온누리호는 날씨가 추워지면 멀리 남태평양 탐사 일정이 잡혀있다. 한겨울 현지 탐사를 하기에 동해의 날씨는 매서울 정도로 춥기 때문이다. 사실 한겨울과 태풍 시즌 등을 제외하면 바다에서 직접 탐사 할 시간은 많지 않다.

당초 탐사팀은 과거 도진실업 때부터 시행했던 탐사자료와 기존 해양연구원 탐사 기초조사자료 등을 종합하면 빠른 시간에 돈스코이호를 찾을 수 있다고 생각했다. 하지만 의외로 동해 울릉도 앞바다는 돈스코이호를 쉽게 내놓지 않았다.

해가 바뀌어 뉴밀레니엄을 맞았다. 프로젝트의 1단계를 마무리해야 할 시점이 오고 있는데 결정적인 성과물이 나오지 않았다. 설상가상 탐사팀 장비에도 계속 문제가 생겼다. 온누리호에 설치된 다중빔음향측심기는 태평양을 탐사하는 2,000m급 심해용으로 탐사하려는 울릉도 앞바다 수심 400~800m 중천해에 맞질 않았다. 탐사에서 없어서는 안 될 가장 중요한 장비인데 동해안에 맞는 다중빔음향측심기는 국내에 없었다.

결국 탐사팀은 거액을 들여 노르웨이 심라드(Simrad)사가 개발한 EM1002 다중음향측심기를 사왔다. 그런데 또 다른 문제는 이 기계를 배에 설치하고 소프트웨어를 운영할 사람이 없었다. 이 장비로 파악한 데이터를 후처리하는 소프트웨어 기술은 해저지형을 재구성하는 데 절대적으로 필요했다. 할 수 없이 유 박사 일행은 2000년 9월 16일 노르웨이까지 20일간 출장을 가 중천해용장비 EM1002 다중음향측심기에 대한 교육까지 받고 왔다. 유 박사는 이 출장에서 향후 투입할 계획인 무인잠수정에 관한 정보도 수집했다.[7]

다행히 노르웨이에서 구매한 중천해용 다중빔음향측심기는 기대 이상의 성능을 보여줬다. 탐사팀은 침몰 유력지에 새로 도입한 다중빔음향측심기를 집중 투입해 기존에 작성한 해저지형도보다 훨씬 정교한 데이터를 얻는 데 성공했다.

탐사팀은 다중빔음향측심기와 측면주사 음파탐지기에서 잡힌 이상체를 조합, 삼차원 해저지형 음영도를 완성했다. 탐사지역내 음영도에 돈스코이호와 비슷한 크기의 이상 물체 25곳을 선정했다. 이중 한 곳 한 곳을 자력계 등을 통해 자연물인지, 인공물체인지를 정밀 조사해 돈스코이호 여부를 확인하는 작업에 들어갔다.

탐사팀은 가능성을 정밀 분석, 최대한 가능성을 좁혔다. 1번 이상체는 자력계상 이상 징후가 포착됐지만 수심이 100m 지역으로 문헌상 침몰 상황과 많이 달랐다. 2번 이상체에서 11번 이상체는 커다란 이상 징후가 포착된 지역이다. 12번~16번 이상체는 돈스코이호일 가능성이 많은 이상체로 급격한 해저계곡 지역이다. 17번~21번 이상체는 경사면이다. 22번~25번 이상체는 돈스코이호가 해류에 의해 떠내려갔다면 이 지점이 될 가능성이 높은 지역의 이상체였다.

12, 13, 14, 15, 16번 이상체. 돈스코이호는 이 5개중 하나일 가능성이 높았다. 그중에서도 자성체의 크기로 보아 심증이 가는 곳이 있었다.

잠수정을 집어넣거나 최소한 수중카메라를 통해 실물을 확인하는 작업이 필요했다.

하지만 2000년 10월 31일 모든 신문에 '동아건설 부도'라는 큼직한 활자가 찍혔다. 탐사 자금을 대던 동아건설의 부도는 곧 탐사중단을 의미했다. 본격적인 탐사를 시작한지 불과 1년여 만이었다. 전체 4단계 탐사계획 중 1단계도 마무리 짓지 못한 상태였다.

---

1   유해수, 앞의 책, p.57

2   김수정, 유해수, '침몰선 돈스코이호의 탐사해역 설정 과정과 수중 유물 발굴의 방법론' 물리탐사기술 심포지엄, p.96~97

3   Gary Kinder, 앞의 책, p.328~329

4   유해수, 김수정, 박동원, '지구물리 탐사기법을 이용한 돈스코이호 확인' 물리탐사 기술 심포지엄 자료집, p.108~109

5   한상준, 허식, '동해분지의 해양환경 변화와 지구조 진화연구(2차년도) 한국해양연구소 연차보고서, 1998, p.43

6   유해수, 앞의 책, p.67~68

7   국외출장보고서(밀레니엄 2000 프로젝트) 한국해양연구소, 2000. 10. 10

6장

—

음모,
또 다른 보물선 프로젝트

—

1999년 12월 초 김대중 대통령의 처조카 이형택 예금보험공사 전무는 평소 안면이 있던 엄익준 국가정보원 제2차장을 만났다. 사실 예금보험공사는 금융기관이 파산할 경우 예금자 보호를 위해 만들어진 기관으로 그동안 별로 주목받을 일이 없었다. 하지만 IMF로 많은 금융기관이 부실화되자 공적자금을 투입하느냐 여부를 따지고, 부실 금융기관을 정리하는 막강한 기관으로 변신했다. 수백조 원의 공적자금을 실제적으로 관리하는 예금보험공사 전무에 대통령의 처조카, 오히려 엄 2차장이 만남을 황송해야 할 분위기였다.

두 사람은 보물선 프로젝트에 대해 얘기를 나눴다. 이미 지난 5월부터 거제도 장목면 외포리에서는 해군이 금괴 10kg을 찾는 작업을 추진 중이었다. 하지만 이렇다 할 성과가 없어 해군은 이번 12월 중순까지만 탐사하고 탐사를 종료할 것이라는 얘기가 오갔다.[1]

두 사람은 이용호라는 사람에 대해서도 얘기를 나눴다. 고졸 학력에 사업수완이 좋은 젊은이며 고향도 자신의 고향 목포 인근인 영암이라는 사실은 알았다. 어찌 보면 이용호는 IMF가 낳은 긍정적 측면에서 보면 옥동자이고, 부정적 측면에서 보면 사생아라고 할 수 있는 인물이었다.

이용호 사장은 전남 영광 출신으로 신문배달을 하며 광주상고 야간을 다닐 정도로 어려운 환경에서 공부했다. 고등학교를 졸업하고 버스회사 경리로 직장생활을 시작했고, 이 과정에서 버스업계에 눈을 뜬 이씨는 지입버스와 가스충전소 사업으로 돈을 모았다. 자동차 할부금융사도 운영하다가 나중에는 주택건설업체도 운영했다.

한때 주식투자로 돈을 모두 날리기도 했지만 재기에 성공, IMF 이후 M&A 귀재로 통했다. 그는 부실기업을 인수해 구조조정과 새로운 추가 사업으로 가치를 높인 후 되파는 전형적인 벌처 펀드(Vulture Fund)방법으로 큰돈을 벌었다.

삼애실업이 전형적인 그런 방식의 회사였다. 그는 1999년 10월 부실기업인 삼애인더스를 인수, 자원개발사업을 추가하면서 보물선 탐사에 나섰다. 이 과정에서 주가가 폭등, 엄청난 차익을 거둔 것은 물론이다. 1,000억 원대 자산가로 성장한 그는 조흥캐피탈 등 굵직한 기업의 지분을 사들여 재계의 주목을 받고 있던 터였다.

앞서 언급했지만 해양수산부는 전국의 많은 곳에 보물선 탐사를 허가했다. 갑자기 10여건의 보물선 발굴 승인이 떨어지면서 군소 탐사업체는 호황을 구가했다. 특히 해양연구원 정도의 장비와 인력을 갖추고 탐사를 추진할만한 기관을 찾기 어려웠다.

그러자 이 전무는 자신의 배경을 이용, 진도 보물선 탐사에 권력, 즉 해군과 해양경찰을 동원하기로 생각했다. 이 전무는 이 사업을 자기 일처럼 뛰어다녔다. 당시 상황은 다음에 구체적으로 기록돼 있다.

"… 1999. 12. 20 엄익준 차장은 경제 1과장에게 보물발굴사업에 관해 보고할 것을 재촉하고 경제 1과장은 국가정보원 목포출장소장에게 즉시 현장조사를 실시하여 그 결과를 보고할 것을 당부하고, 1999. 12. 24 목포출장소장은 목포해양경찰서장에게 요청하여 해상구조대원 5명, 고무보트 1정과 구조장비를 지원받아 1999. 12. 28 보물발굴사업

현장으로 가 주변탐문조사와 수중탐사작업을 실시한 후, 그 다음날 경제 1과장에게 해저동굴이 인위적으로 만들어진 것으로 보인다는 취지의 긍정적인 보고서를 제출하였고, 경제 1과장은 위 보고서를 내부절차에 따라 엄익준 차장에게 보고했다."[2]

해양경찰만 동원된 것이 아니었다. 엄 2차장은 한편으로 한철용 국정원 국방보좌관을 통해 이수용 해군참모총장에게 지원을 요청했다. 이 전무는 이 자리에도 직접 발 벗고 나섰다. 이 전무는 1월 21일 오승렬 해군 정보작전참모부장과 함께 이수용 해군참모총장을 만나 사정을 설명하고 지원을 요청했다. 하지만 해군은 거제 외포리 대계 큰동섬 탐사에 나섰다가 성과를 거두지 못하고 철수한 상태였다. 탐사팀을 다시 동원하기란 쉽지 않았다. 결국 해군은 이 탐사에서 빠질 수 있었다.

국정원, 해양경찰청은 물론 해군까지 동원하려 했던 이 보물선 프로젝트는 또 무엇인가. 당시 금괴를 건져 국민에게 희망을 주고, 국가재정에 기여한다는 '순박한' 보물선 프로젝트를 악용한 일종의 보물선 프로젝트를 빙자한 권력형 게이트였다. 진도 보물선은 침몰한 배가 아니라 바다에 숨겨진 보물 이야기다. 진도 보물 이야기를 간략하게 정리하면 다음과 같다.

진도 보물의 최초 탐사자는 향토사학자로 '일제 쇠말뚝 뽑기 운동'을 펼치던 소윤하씨(한배달 민족정기 선양위원장)다. 소씨는 일제가 우리의 산과 바다에 우리 민족의 기를 끊기 위해 박은 쇠말뚝을 빼는 일을 하다 이런 정보를 얻었다.

소씨가 1940년 일본 해군장교로부터 들은 이야기에 의하면 포탄 탄피 25개에 약탈한 귀금속을 담아 진도 죽도 앞바다 섬 뻘에 묻었다는 것이다. 소씨는 이 보물을 찾으려 1995년 진도군으로부터 공유수면 점유·사용 허가를 얻어 벌과 바다 밑을 뒤졌다.

하지만 소씨는 상당히 많은 자금을 투자했지만 성과를 거두지 못했다. 자금이 떨어진 소씨는 1998년 9월 최이호, 오홍채, 오세천 등의 새로운 투자자를 모으는 데 성공해 '진도군 임회면 굴포리 대섬앞 해저 매장물 발굴단'을 구성했다. 대표는 소씨로, 출자비율은 소윤하 65%, 최이호 10%, 서원석 5% 등이다. 대략 1억 원을 투자하면 10%의 지분을 주는 조건으로 알려져 있다. 특히 오세천씨는 잠수부 출신이다.

이들은 탐사 끝에 죽도 바다 밑에서 수심 10m쯤 수직 동굴 형태의 구덩이를 발견했다. 게다가 동굴을 밀봉한 물질로 추정되는 백회 성분을 채취하고 녹물 성분도 발견했다. 탐사팀은 일제가 파 묻은 증거를 발견한 것이라고 흥분했지만 탐사자금이 바닥났다. 게다가 당초 투자를 약속했던 투자자들이 약속을 지키지 않는 등의 문제가 발생했다. 결국 탐사도 지지부진한 상태가 계속됐다.

소씨가 지쳐서 포기한 이 사업은 오세천씨가 전권을 위임받아 새로운 투자자를 찾았다. 그는 발견된 녹물과 백회 등 '증거물'들을 들고 백방으로 투자자를 찾았다.

오씨는 1999년 8월 허옥석씨를 통해 이형택 예보감사로 연결됐다.

허씨는 서울경찰청 허남석 총경의 사촌동생으로 이 감사의 광주상고 후배였다. 허씨는 이 감사가 동화은행에 근무할 때 데리고 있던 행원이었다. 이 사업은 그해 11월 고향 사람으로 당시 부상하는 사업가인 이용호 회장에게 연결됐다.

이용호 회장과 이형택 예보감사의 만남으로 이 보물선 탐사 사업은 급속히 진전됐다. 이들은 2000년 1월 진도군으로부터 해당지역 공유수면 점용, 사용허가를 얻었다. 허가기간은 10월 30일까지로 당시 목포지방해양수산청이 승인한 매장물 발굴 승인서[3]를 보면 다음과 같다.

1. 물건의 종류: 굴포리 대섬 앞에 금괴 등 보석류
2. 발굴 기간: 2000. 5. 1 ~ 2000. 10. 30(작업일수 30일간)
3. 발굴 장소: 전라남도 진도군 임회면 굴포리 대섬 앞 해저

국정원, 심지어 해양경찰청이 직접 탐사에 나서 성과를 거뒀다는 소문은 금방 퍼졌다. 진도 보물선 탐사는 2001년 2월 8일 '죽도해저매장물 발굴단'이 구성되면서 절정에 올랐다. 사업단 지분은 삼애실업(20%) 인터피온(10%) (주)지엔지(10%) 오세천(50%) 허옥석(10%)이고, 대표는 (주)삼애실업이 맡기로 했다. 삼애실업과 (주)지엔지는 이용호 사장의 개인회사로 사실상 이 사업권이 이용호 사장에게 넘어간 것이다. 하지만 이형택 전무는 15%의 지분을 받기로 이면계약을 맺고 있었다.[4]

결국 이 전무가 자기 일처럼 뛰어다니며 청와대, 국정원, 해경 심지어 해군까지 동원하려 했던 진도 보물선 프로젝트는 대통령 처조카의 삼

애실업 지분 15% 때문이다. 이용호와 이 전무의 만남으로 삼애실업은 승승장구했다. 여기에 2000년 해양연구원이 돈스코이호로 추정되는 물체를 발견했다는 보도와 함께 보물선 열풍이 분 것도 결정적인 영향을 미쳤다. 당시 돈스코이호 탐사를 추진하는 동아건설은 워크아웃을 중단하고 부도로 가느냐 마느냐는 시점에서 삼애실업이 동아건설로부터 돈스코이호 탐사권을 인수한다는 소문도 번졌다.

이에 삼애실업은 2월 21일 "동아건설로부터 보물선 인양권을 인수한다는 소문은 사실과 다르다"면서 "보물선과 금광 관련 사업을 추진하고 있다"고 밝혔다. 또 다른 보물선 탐사를 추진하고 있다는 것을 시인한 것이다. 삼애실업 주가도 이때 천정부지로 치솟았다.

이 과정에서 우려도 없지 않았다. 신한증권 김동원 에널리스트는 삼애실업의 주가와 발행한 전환사채 등을 검토해 심상치 않다는 경고음을 울렸다.

"삼애실업이 올 들어 동아건설의 보물선 인양권 인수, 금광개발, 인수 후 개발 등 확인되지 않은 시장 루머로 주가가 지난 1월 2일 종가대비 491% 상승했다. … 삼애실업은 건설사업에 대한 구체적인 언급을 회피한 채 단지 건설관련 특수사업을 실시할 계획이라는 원론적인 답변으로만 일관하고 있어 이 사업이 가시화되기 전까지는 신중한 대응이 필요한 것으로 판단된다."[5]

하지만 투자자들은 이런 경고가 귀에 들어오지 않았다. 골드러시, 바로 그것이었다. 투자자들은 마치 서부에서 금광을 발견한 것인 양, 삼애실업 주식을 사기 위해 줄을 섰다. 이 상황에서 삼애실업은 '기발하면서도 모험적'인 시도를 발표했다. 2백만 주 유상증자 계획을 발표한 것이다. 그리고 금감원에 신고한 삼애실업의 유상증자 자금사용 목적이 공개됐다.

- 내용: 해양자원탐사
- 추진일정 및 계획:
  (1) 정관정비 작업 및 사업목적 추가: 해양자원탐사관련 사업목적 추가
  (2) 추진일정: 2001. 3 ~ 2006년 말
  (3) 투자규모: 2001년 25억 원(탐사장비 및 선박 14억 원, 인건비 등 11억 원) 투자 후 경제성 여부에 따라서 투자금액 유동적임
  (4) 기대효과: 해양자원의 개발경제성에 따라서 당사의 매출 및 수익성에 영향을 줄 수 있음

구체적으로 탐사 선박과 탐사 장비 구입가격까지 명시한 삼애실업의 공시내용은 간단히 말해 2001년 25억 원을 들여 해양자원 탐사를 추진한다는 것이다. 그리고 상황에 따라 더 투자할 수도 있으며, 이는 회사의 수익성을 높일 수 있다는 설명도 빠지지 않았다. 이는 삼애실업이 별 수익이 없는 섬유업체에서 보물선 탐사업체로 탈바꿈하는 것을 의미했다. 삼애실업의 주가가 폭등한 것은 불문가지였다.

인터넷 증권사이트 팍스넷에는 삼애건설과 동아건설 주식을 산 모두

는 이제 부자가 됐다는 댓글로 채워졌다.

"섬유주가 느닷없이 해양탐사라, 있을 수 없는 일입니다. 해양탐사는 채산성이 거의 없습니다. 결국 보물선 인양입니다."

"이제 우리에게 대박만 있을 뿐입니다."

"결국 동아와 삼애는 돈방석에 앉았군요."

폭등한 주식을 바탕으로 삼애실업은 2001년 6월 22일 쌍용화재 지분 19.02%를 인수, 제1 대주주가 되는 기염을 토했다. 당시 언론은 '새우가 고래를 먹었다'라는 제목을 뽑았다. 이용호 사장은 M&A의 귀재, 구조조정 전문가라는 별명이 붙었다.

대통령 친인척과 이권의 만남, 여기에 정치적으로 동교동계 실세가 가세한 힘은 놀라웠다. 물론 당시 이런 사실은 일부 소문이 돌았지만 의혹수준이고 철저하게 은폐됐다. 어떻게 그런 일이 가능했을까. 사실 이용호 사장은 여러 차례 관계기관의 조사를 받았으나 무혐의로 풀려났다. 이 사장은 금융감독위원회는 물론, 검찰 내사까지 받았다. 하지만 경찰, 검찰, 국정원, 청와대로 얽히고 얽힌 특유의 연결고리는 무소불위의 힘을 과시했고, 아무도 그를 제지하지 못했다. 거기에는 집권 1년여 만에 경찰, 검찰, 국정원을 장악한 구 동교동계와 친인척이 비리에 대한 견제와 균형 시스템을 무력화 시킨 것이 중요한 요인이었다.

"청와대와 검찰, 국정원은 본연의 임무보다 서로의 이권과 내부 권력투쟁에 몰두했다. 검찰 고위 간부는 돈을 받고 수사정보를 알려주고 청와대는 변호사를 알선하고 거액을 받았다. 심지어 국정원은 검찰 수사를 방해할 목적으로 가짜 리스트를 만들고, 내부 권력투쟁에 몰두했다. 여기에 대통령의 처조카와 아들, 그리고 동교동계 좌장 권노갑 고문 등 정치인이 이권에 개입하는 등 난맥을 노출했다."[6]

적절한 지적이다. 이런 난맥상은 대통령 아들은 물론, 야당 중진 아들까지 이권에 개입했고, 여기에 사직동팀 과장이 이들의 이권 대책회의에 참석하는 믿을 수 없는 사실이 드러나기도 했다.

결국 진도 보물선 프로젝트는 결국 권력형 비리인 소위 '게이트'로 결말이 났다. 이것이 전국을 뒤흔든, 이른바 '이용호 게이트'다. 공식 기록에는 이용호 게이트를 이렇게 설명하고 있다.

"이 사건은 이용호 회장이 1996년 이후 인수한 기업들의 주가가 크게 오르자, 자금 출처 등에 대한 정치권의 연루설 등이 나돌기 시작하면서부터이다. 2000년 4월 금융당국이 이상 기류를 감지하고 이용호에게 경고하기도 하였으나, 이용호는 오히려 금융당국이 건전한 기업인을 죽이고 있다며 반발하고 나섰다.

같은 해 5월 검찰이 영장을 청구했을 당시, 이용호는 '증권거래세법' 위반죄, '부정수표단속법' 위반, 사기 · 횡령 · 배임 등의 혐의로 이미 29회에 걸쳐 수사기관의 조사를 받은 적이 있었다. 그러나 이 사건이 이용호 개인의 단순한 주가조작 및 사기사건으로 그치지 않고, 그의 주가조작과 관련해 검찰 고위층, 국세청과 금융감독원, 국가정보원, 정치권 등 핵심 권력기관의 인사 상당수가 직접 · 간접으로 연루되었다는 의혹이 제기되면서 사건은 크게 확대되었다.

2000년 7월 서울지방검찰청 특수부가 이용호를 불입건한 데 대한 의혹이 제기되었을 당시만 해도 로비의혹은 일부 검찰 간부에만 국한된 것으로 보였다. 그러나 2001년 9월부터 이에 대한 수사가 본격화하면서 로비 범위가 과연 어느 정도일지 모를 만큼 의혹에 의혹이 꼬리를 물었다.

첫째 국가정보원의 보물선 인양사업 정보 유출로 인해 보물선 관련 주가가 급등함으로써 이용호가 막대한 차익을 올렸다는 점, 둘째 여권 실세와 친분 관계를 이용한 정치권의 로비가 있었다는 점, 셋째 이용호 구속 당시 친분 관계를 통한 수사 무마를 청탁하는 과정에서 검찰 고위 인사가 개입했다는 점, 넷째 금융감독원과 국세청이 이용호의 계열사에 대해 편의를 봐주었다는 점, 다섯째 해양수산부가 과대평가된 보물선 인양사업의 사업성을 묵인해준 점, 여섯째 이용호가 인수한 리빙텔레비전이 한국마사회의 경마중계권을 독점하고 있다는 여러 의문이 제기되었다.

- 내용:

이용호는 1999년 5월~2001년 6월 계열사 자금 1,325억 원을 횡령(배임)하였고, 2000년 10월 (주)삼애실업 전환사채 관련 허위공시 및 미공개 정보이용 주가조작을 하였다. 여운환은 2000년 5월 이용호의 서울지검 사건 무마 명목으로 3억 원 취득 및 합의금 17억 원을 횡령하였고, 2000년 7월 전환사채 발행 주간사 알선 명목으로 10억 4,000만 원을 취득하였다.

1. 관련인물:

  이용호(G&G그룹 회장), 여운환((주)정간산업개발 대표이사)

2. 사건결과 :

  결국 이 사건을 해결하기 위해 대검찰청에 특별감찰본부라는 새로운 기관이 등장하였다. 2001년 10월 12일 특별감찰본부는 조사 결과를 발표하였는데, 이 조사 결과 역시 많은 의혹을 해결하지 못한 채 일단락되었다는 비판이 제기되었다. 조사 결과에 따르면, 이용호의 불입건에 관여한 임휘윤 부산고등검찰청장과 임양운 광주고등검찰청 차장이 징계 대상이지만 사표를 제출함으로써 종결되고, 이덕선 군산지청장은 직권 남용 혐의로 불구속 기소되었다. 2001년 9월 21일 이용호는 구속기소 되었고, 2001년 9월 30일에 여운환도 구속기소 되었다.[7]

  이용호 게이트로 대통령의 두 아들과 민주당 권노갑 전 고문, 유종근 전 전북지사, 최기선 전 인천시장, 문희갑 전 대구시장, 심완구 전 울산시장 등 광역자치단체장 4명이 사정의 칼날을 맞았다. 또 수사정보 누설 의혹을 받아온 신건 전 검찰총장과 김대웅 전 광주고검장이 기소돼, 2007년 6월 대법원에서 각각 징역 1년에 집행유예 2년, 징역 8월에 집행유예 2년을 선고받았다.

이용호 게이트는 결국 김대중 정부의 가신인 동교동계, 그리고 호남 세력이 정리되는 계기가 됐다. 국정운영의 전면에 등장한지 채 2년도 안돼 동교동계가 몰락한 것이다. 아울러 김대중 대통령도 2001년 겨울부터 일찌감치 레임덕에 걸려 힘겨운 임기 말을 맞을 수밖에 없었다.

---

1   해양수산부 홈페이지(www.momaf.go.kr) 2002. 9~현재
2   이용호 특검팀, 이형택 공소장, 2002
3   목포지방해양수산청장, 매장물 발굴승인서, 2000
4   시간적으로 이형택 전무가 개입한 것이 2000년 6월이라고 했지만, 국정원이 움직인 것은 1999년 12월인 것으로 보아 이 전무의 개입은 그보다 전이다.
5   연합뉴스, 2001. 2. 19
6   국민의 정부 비화 – 대통령의 사람들 〈25〉게이트의 사슬, 한국일보, 2003. 8. 20
7   2002 대검찰청, 검찰연감

7장

—

반전,
동아건설 부도

—

돈스코이호 탐사 자금을 대던 동아건설의 부도는 이 돈스코이호 탐사 전반에서 중요한 의미를 갖는다. 동아건설은 앞서 '밀레니엄 2000 프로젝트'에서 고백했듯이 이 탐사를 그룹 회생의 전기로 삼으려고 했다. 그러나 동아건설의 이런 의도는 번번이 좌절되고 말았다. 그것은 돈스코이호 탐사는 동아건설 회생과 보이지 않는 함수관계가 있었기 때문이다.

사실 워크아웃 기업 1호인 동아건설은 정권 차원의 관심에도 불구하고 속으로는 병들고 있었다. 우려됐던 워크아웃의 문제점이 고스란히 현실로 나타난 것이다. 신구 경영진은 동아건설이 워크아웃 1호라는 상징성으로 정치적 차원에서 관리되기 때문에 파산에 이르지 않을 것으로 믿었다. 하지만 이것은 오산이었다.

동아건설의 새로운 경영진은 정부 기조에 맞춰 빨리 자산을 매각, 장부상 부채를 줄이는 데 급급했다. 구 경영진은 기업회생보다 경영권 회복에 관심을 더 기울였다. 직원도 고통만 감내할 수 없다며 요구사항을 관철시켰다. 채권은행은 기업을 살리기보다 채권을 회수하기 바빴다. 채권은행은 금리를 유보하거나 내리기는커녕 추가대출금을 이자로 다시 회수했다. 하지만 새로운 경영진은 이를 조정 관리할 능력이 떨어졌다.

"신복영 행장이 나에게 제시한 재무제표에는 동아건설은 총자산이 6.2조 원, 총부채가 4.9조 원으로 부채비율이 370% 수준으로 양호한 회사인데 IMF하에서 일시적인 자금난으로 무너지게 된 것이니 잘 관리만 하면 회생이 가능하다고 설명했다.

그러나 자금투입이 한강투석 식으로 끝이 없어 회계가 제대로 된 것인지 의문이 났다. 주거래은행과 협의하여 특별회계 감사를 실시키로 하고 종전에 회계감사 업무를 맡고 있던 회계법인이 아닌 삼일회계법인에게 이를 위탁했다. 3개월이 걸린 삼일회계법인의 감사보고서에 의하면 동아건설은 그동안 분식회계를 해서 최근 2년간에 7,000억 원 이상을 분식, 실제는 적자가 났는데도 이를 분식하여 흑자결산을 했다는 사실을 밝혀냈다. (중략)

동아건설은 이미 만들어진 분식결산과 1998년의 고금리 정책 때문에 대폭 발생한 손실을 합하니 1998년 결산에서 1.3조 원의 누적적자를 내게 됐다. 그런데 다행히 분식결산을 하면서도 자본적립금이 1.3조 원이 적립되어 있어 이 적립금으로 분식결산 분을 포함한 결손을 모두 정리해 버렸다. 그 결과 자본적립금이 줄어들었기 때문에 부채비율이 370% 수준에서 1,600% 수준으로 높아지게 됐다. 이렇게 해서 동아건설의 1999년은 모든 것을 원점에서 시작하는 입장이 됐다."[1]

동아건설이 스스로 과거의 분식회계 사실을 고백 아닌 폭로하게 된 것은 구 경영진과 신 경영진의 싸움이 빚어낸 상징적 사건이다. 하지만 재벌기업의 분식회계는 비단 동아건설의 문제만 아니었다. 당시만 해도 분식회계는 웬만한 대기업 사이에서 공공연하게 이뤄졌기 때문이다. 회계법인이나 은행도 정확한 규모는 몰랐지만 대략 분식회계가 이뤄지고 있다는 사실을 알았다. IMF 이전까지 재벌기업의 회계를 맡아 회계법인이 정확하게 따져 회계감사를 한다는 것은 구조적으로 불가능했다. 은행도 마찬가지였다. 결국 기업, 은행, 회계법인 사이 부정의 공생관계는 너무 공공연한 사실로 비밀 축에 끼지도 못했다. 특히 기업의 분식회계 문제는 정치자금이라는 정치적 요소까지 가미돼 복잡다단한 문제였다.

엄밀히 말하면 기업의 분식회계는 박정희 정권의 수출 드라이브 정책이 낳은 구조적 문제였다. 1975년 정부는 수출을 늘리기 위해 일본의 소고소샤(綜合商社)제도를 본떠 종합상사제도를 도입했다. 정부는 자본금 10억, 수출실적 5,000만 달러 등의 요건만 갖추면 종합상사를 허가해 주면서 국제입찰 우선지원, 원자재 수입요건 완화, 수출입 금융지원, 보증 신용장 회전사용, 해외지사 외환자금 보유 허용 등 파격적인 지원을 했다.

기업으로서는 당연히 순익여부와 상관없이 외형불리기와 밀어내기 수출에 나섰다. 그렇게 해서 국내는 물론, 해외에서 자금을 들여와 부동산, 프로젝트, 외환 장사를 했다. 회계법인도, 은행도 한 통속으로 공생한 것이다. 이런 구조적 문제가 1997년 IMF로 드러난 것이다.

사실 한 기업의 부실, 부채 규모를 정확하게 파악하기는 쉽지 않다. 특히 IMF라는 비상상황에서 부동산의 가치나, 부채의 규모, 금융비용 등 기업회계 기준이 과거와 180도 달랐다. 따라서 워크아웃 직전, 동아건설의 부채규모와 부실규모에 대해선 실사를 하는 회계법인마다 천차만별이었다.

"동아건설 경영을 금융기관채권단에 넘겨주기 직전 동아건설 재무제표(1997년)에 표시된 자산은 6조2,193억 원이고 부채는 4조9,013억 원이다. 1997년도 자산내역에는 분식금액 약 7,000억 원이 부풀려져 있으나, 시가 3조 원(공시지가 1조 원)에 이른다는 김포매립지가 장부가격으로 1,000억 원만 계상되어 있었으므로 분식과 김포매립지를 서로 상계시키더라도 동아건설의 자산은 부채보다 1조3,180억 원이 많았다.

* 1997년말 기준, 동아건설의 자산대비 부채비율은 한국의 건설업 평균보다 우위에 있었고, 현대 대우 등 10대 대형건설사 중에서 동아건설의 재무구조가 월등히 양호했다."[2]

워크아웃이란 일종의 주 채권은행이 기업을 회생시키는 제도지만, 은행은 기업회생보다 채권 회수에 더 관심이 컸다. 은행 자신이 제 코가 석자이기도 했지만 은행은 철저하게 실리를 챙겼다. 특히 서울은행은 다른 은행에 비해 매우 인색했다. 동아건설 노조는 서울은행에 대해 이렇게 비난했다.

"부채가 4조9,000억 원인 동아건설에 대해 서울은행이 채권단차입금을 출자전환한 금액은 불과 801억 원에 불과하다. 한빛은행은 부채 5조2,000억 원 가까이 되는 (주)고합에 대해 무려 2조3,000여억 원을 출자전환했다. 서울은행은 완전히 날로 먹고 있는 것이다."

게다가 서울은행은 동아건설 차입금에 대한 이자를 꼬박꼬박 챙겼다. 그것도 IMF이후 15% 내외의 고율의 이자였다. 신구 경영진이 경영권 다툼을 벌이고 있을 때 은행은 여전히 고율의 이자장사를 했던 것이다.

"동아건설은 IMF 사태로 1998년 1월 10일부터 같은 해 9월 11일까지 1조1,467억 원의 협조융자를 받아, 계열사 매각, 부동산 매각, 유가증권 매각, 수증자산매각 등 자구노력을 통해 1998년 8월 21일부터 2000년 10월 31일까지(워크아웃기간) 금융기관 차입금 1조7,171억 원을 상환하였습니다.

＊ 1조7,171억 원은 총상환액 1조7,972억 원에서 출자전환금액 801억 원을 차감한 금액입니다.

동아건설은 1997년 12월 IMF 사태이후 고금리로 인하여 재무제표에 표시된 지급이자가 1998년 4,836억 원, 1999년 4,271억 원, 2년간 금융기관에 지급한 이자만 9,107억 원에 이르고 있습니다. 즉 협조융자를 받아 이자를 지급하는 데 사용되었고, 동아건설이 IMF 사태직후 법정관리체제로 경영되었다면 이자지급은 유예되었을 것이므로 재무구조가 더 악화되지는 않았을 것인데 워크아웃으로 금융기관에 고금리의 이자만 지급하였습니다.

＊ 위 지급이자에는 재개발, 재건축사업 차용금관련 이자는 제외된 것이며, 2000년도 분까지 가산하면 더욱 커집니다."[3]

이에 최원석 전 회장은 서울은행에 대해 '사채도 그런 사채가 없다'고 비난했다.

"서울은행이 융자를 해줬다는데, 그거 해주고 무려 1조4,000억 원을 회수해갔소. 사채도 그런 사채가 없소. 그 돈을 회수해 가려니까 형편없이 막 팔아치웠을 것 아닌가. 매각에도 상식이 있는 거요. 왜 그렇게 했는지, 누가 가져갔는지 도무지 알 수 없지만 몇 조 원은 될 거야. 그리고 아무리 피 한 방울 섞이지 않은 전문 경영인이라도 남의 회사를 맡아놓고 그렇게 처리해선 안 되지, 은행도 그렇게 해선 안되는 것이고. 명색이 은행이라는 공적기관이 원금과 이자만 회수해가면 된다는 식으로 서둘러 전부 헐값에 팔아서 챙겨 가면 이 나라에 어떤 기업이 견디고, 살아남을 기업이 몇이나 되겠나. 그게 채권단이 하는 일인가. 그러면 은행하고 사채업자하고 뭐가 다른가."4

이런 와중에서 결정적 문제가 또 터졌다. 바로 어설픈 정치자금 문제였다. 6월 5일 신문 1면에 동아건설 기사가 대문짝만하게 실렸다.

"워크아웃(기업개선작업) 상태의 기업체인 동아건설이 4·13 총선 당시 현역의원 등 100여 명의 후보자들에게 10억 원대의 정치자금을 뿌린 것으로 드러났다. 국회의원 선거운동이 한창이던 4월초 이 회사의 고병우 회장이 로비대상자 168명을 선정, 이 가운데 100여 명에게 2,000만~500만 원의 선거자금을 지원한 것을 본보 취재팀이 확인했다.
본보는 이와 관련해 고회장이 자필로 작성한 로비대상자 명단 가운데 45명의 명단도 단독 입수했다. … 고 회장은 3월 말경 4·13 총선에 출마한 후보자 1,000여 명 가운데 로비대상자 168명을 선정한 뒤 이창복 사장과 유영철 고문, 대한통운 곽영욱 사장에게 10~50명씩 할당해 로비자금을 보내도록 지시했던 것으로 밝혀졌다."5

이 신문은 고 회장이 직접 쓴 로비대상자 명단까지 확보했다고 보도했다. 고 회장은 나름 깨끗한 관료 출신의 전문 경영인이라는 인식을 준 사람이다. 그가 워크아웃 1호 기업의 회장으로 임명된 것도 그 때문이다. 하지만 그가 정치자금을 뿌렸다는 것은 충격이었다.

동아건설의 4·13총선자금 살포 파문은 점점 확산됐다. 결국 여당 주요 인사에게 1억 원이 전달됐다는 주장까지 제기되자 사태는 권력형 게이트로 비화될 조짐까지 보였다. 국민회의 김옥두 사무총장은 "1억 원을 받았다는 후보에게 알아보니 출판기념회 때 100만 원을 받아 후원금으로 처리한 것이 전부라고 하더라"라고 해명했다. 해당 의원도 "고 회장이 고교선배라 그냥 아는 사이일 뿐"이라고 주장했다.

사실 동아건설의 정치자금 제공은 구 동교동계의 전면등장이라는 정치적 토양이 같이 작용했다. 이 역시 기업과 권력의 밀착, 즉 게이트의 시작을 알리는 신호였다. 대통령 임기의 절반인 2년 반이 지나 드러나는 각종 게이트는 곧 레임덕의 시작을 알리는 서곡이기도 했다. 권력형 비리는 권력이 강한 상태에서는 문제가 되지 않지만 분배에 문제가 있으면 그것을 억제하는 장치가 무너지면서 드러난다. 그것은 비리구조를 억제하는 장치의 기능저하, 다시 말해 권력이 이완되는 증표로 레임덕의 신호다.

동아건설이 지탱하고 있던 힘의 원천은 리비아에 대수로 공사를 성사시킨 신화와 김대중 정부 들어 기업회생의 모델로 평가되던 워크아웃 1호라는 점이다. 하나는 국민의 이미지라면 다른 하나는 정치적 필요였다. 물론 이 배경에는 현실적으로 동아를 퇴출시켰을 때 벌어질 국내외 건설업계의 연쇄 파장도 고려됐다.

그러나 동아건설은 내부 경영권 다툼과 정치자금 제공으로 도덕적 이미지에 큰 상처를 입었다. 과거 경영자를 물러나게 한 것도 도덕성이라는 보이지 않는 요인이 작용했다. 따라서 도덕성이 땅에 떨어진 동아건설을 이 상태로 계속 유지 시키는 것은 명분상 맞지 않았다.

정부는 6월 7일 긴급 경제장관회의에서 워크아웃 기업의 도덕적 해이가 발견될 경우 워크아웃을 중단하고 경영진의 경영권을 박탈하기로 결정했다. 물론 이런 결정은 사전 은행권에도 통보됐다. 곧이어 동아건설 주채권은행인 서울은행도 고병우 회장과 이창복 사장 등 상근 등기임원 6명을 전원 퇴진시키기로 결정했다.

최 전 회장은 7월 임시 주주총회를 통해 회장으로 복귀해 경영권을 되찾을 계획을 세웠다. 노조가 그의 복귀를 강력히 요청했고, 건설교통부도 국내외에 벌여놓은 건설사업을 마무리하기 위해선 내심 최 회장의 복귀를 원했다. 마침 국제 분위기도 좋아 리비아도 그의 복귀를 강력히 원했다. 최 전 회장은 이제 분위기가 충분히 무르익어 자연스럽게 회장에 복귀할 수 있을 것이라고 생각했다. 최 전 회장은 채권단의 동아건설 전문경영인 모집에 신청서를 냈다. 은행채권단의 입장에서 이렇게 가느니 책임 있는 최 전 회장의 복귀가 낫다는 주장도 만만치 않았다.

7월 21일 오전 서울 서소문 동아건설 5층 대강당에서 열린 동아건설 임시 주주총회는 최 전 회장의 복귀를 요구하는 노조와 이를 반대하는 이사회의 충돌로 파행으로 얼룩졌다. 그러나 최 전 회장의 경영권 복귀 시도는 무산됐다. 이 임시 주총에서 내정된 임원은 대표이사 회장에 최동섭 전 건설부장관, 국내담당 대표이사 사장에 김봉일 전 대림엔지니어링 사장, 해외담당 대표이사 사장에 차형동 전 쌍용자동차 사장이었다.

최 전 회장의 경영권 복귀를 불허한 것은 누가 뭐래도 정부였다. 최 전 회장의 동아건설은 정부 측으로부터 뭔가 단단히 잘못보인 부분이 있었다. 김대중 정부에서 처음 실시하는 워크아웃 1호인 동아건설 처리 문제는 정부의 기업 구조조정 정책에서 상징성이 컸기 때문이다.

이런 상황에서 벤처업계의 황제로 통하던 정현준 사장의 한국디지탈라인(KDL)이 주가 시세조종 혐의로 3월 금감원 조사, 연이어 검찰 수사까지 받았다. 특히 벤처의 몰락은 사실상 공생했던 금융감독원에 직격탄을 날렸다. 국장급 간부들이 줄줄이 대기발령이 나고 검찰에 소환됐다. 이 과정에서 금감원 국장은 검찰 수사도중 목을 매 자살하는 사건까지 발생했다. 연일 금감원의 도덕성 문제가 거론됐다. 기업구조조정에서 그 누구보다 개혁적이어야 할 금융당국의 도덕성이 시험대에 올랐다.

김대중 정부의 경제개혁 정당성이 위기에 몰린 것이다. 이대로 가면 자칫 개혁반발 세력의 저항에 부딪쳐 연내 마무리 예정인 2차 금융, 기업 구조조정이 통째로 물 건너 갈 수도 있다는 위기의 목소리가 높았다.

금융감독원의 막강한 힘이 무너지자 그동안 금감원 눈치를 보느라

제 목소리를 내지 못하던 금융기관들이 조금씩 자기 목소리를 내기 시작했다. 채권단 실무 관계자 사이에는 "동아건설을 살리려면 신규 자금 지원 등 채권단의 부담이 너무 커진다" "부실기업을 퇴출시키지 않고 강력한 구조조정이 이뤄지겠느냐"는 얘기가 나오기 시작했다.

금감원의 일사분란한 통제력에 대한 반발이었다. 사실 금융권도 시장에 의해 움직이는 것이 맞지만 정부는 이를 통제해 왔다. 결국 금감원 정기홍 부원장은 부실기업 청산에서 정치적 입장 배제를 선언했다.

"동아건설에 대한 채권단 결정은 전적으로 채권단이 내린 것이다. 앞으로 부실 우려 대기업 판정에서도 채권단 결정에 따른다는 게 금감원의 입장이다. 채권단이 지원할 수 없다고 판정한 기업은 법정관리를 선택할 수밖에 없을 것이다."

이젠 동아건설이 김대중 정부의 워크아웃 1호라는 상징성을 강조하는 사람도 없어졌다. 정치권, 청와대도 형식적으로 채권단에 뭐라 할 수 없었다. 그것은 관치논란은 둘째 치고 괜히 권력형 비리, 즉 게이트에 얽이는 것이 두려웠기 때문이다.

10월 27일 주채권은행인 서울은행은 은밀히 이사회를 열어 동아건설 신규 지원 불가 방침을 확정했다. 서울은행이 이미 9월 동아건설 최동섭 회장에게 지원을 약속한 공문까지 보낸 상황에서 180도 뒤바뀐 것이다.

10월 30일 서울은행은 전체 채권단을 모아 제19차 채권금융기관협의회를 열고 동아건설에 신규자금 3,409억 원 지원문제를 표결에 부쳐 모두 부결 처리했다. 이는 동아건설에 더 이상 지원을 않는다는 것, 사실상 부도 처리키로 결정한 것이다.

그날 밤 동아건설 노조원들은 서울은행에서 파견된 경영관리단장을 찾아 격렬히 항의했다. 노조원들은 "회사 회생을 위해 직원 1,500명을 줄이기로 노사합의까지 했다"며 "같은 공적자금을 받고 있는 서울은행이 자기들만 살리려고 워크아웃 중단을 결정한 게 아니냐"고 격렬하게 따졌다. 동아건설은 IMF 직후 국민의 세금으로 지원받은 공적자금을 자산매각 등을 통해 전액 상환한 모범적인 기업이었다.

"1998년도에 동아건설이 받은 협조융자 1조1,000억 원은 2000년 10월까지 자구노력 등을 통해 전액 상환했고 채권금융기관은 1999년 2월 총차입금의 2.4%인 801억 원만 출자 전환하여 대주주가 된 후 워크아웃 기간 동안 동아건설로부터 1조7,000 억원을 가져갔고, 금융기관이 IMF 사태 직후인 1998년 1월부터 2000년 10월 부도 직전까지 동아건설에 고금리로 매긴 이자만 무려 1조3~4,000억 원에 이르며, 금융기관이 동아건설 운영자금도 남겨놓지 않고 모두 빼가는 바람에 다시 유동성 위기에 처해져 2000년 11월 부도가 발생하여 법정관리에 들어가 법원이 선임한 관리인에 의하여 관리하게 됐다."[6]

결국 동아건설은 10월 31일 319억 원의 어음을 결재하지 못해 1차 부도처리 됐다. 11월 1일 아침 조간신문 경제면 톱기사는 '동아건설 부도' 활자가 장식했다. 채권단은 동아건설을 살리는 것보다 죽이는 것이 낫다고 판단해 동아건설에 대한 지원을 중단키로 결정했다고 발표했다.

정부입장에서 동아건설은 말썽꾸러기였다. 왜 그랬을까. 동아건설을 파산으로 몰고 간 또 다른 이유가 있지 않았을까.

1 고병우, 앞의 책, p.301~302

2 송연호 편저, '동아건설은 누가 파산시켰나'(상권) 개인발행, 2005, p.13

3 송연호 편저, 앞의 책, p.14

4 이호, 앞의 책, p.240

5 동아일보, 2000. 6. 5

6 송연호 편저, 앞의 책, p.9

8장

특종,
보물선 신드롬

2000년 8월 7일 소위 쌍끌이 어선으로 국민적 논란이 된 한일어업협정 파문이 가라앉고 이어서 개각이 단행됐다. 새천년민주당 지도위원을 지내던 노무현 전 의원이 해양수산부 장관에 임명됐다.

당시 해양수산부에 출입하던 경향신문 원희복 기자는 귀가 번쩍 뜨이는 한 가지 제보를 받았다. 바로 보물선 이야기였다. 동아건설이 러시아 보물선 돈스코이호 탐사를 국책 해양연구기관인 해양연구소에 맡겨 추진했는데 얼마 전 거의 돈스코이호를 찾았다는 것, 그런데 동아건설이 부도가 나면서 자금지원이 중단돼 더 이상 탐사를 진행할 수 없다는 것, 결국 다 찾은 보물을 건지지 못하고 있다는 것이다. 탐사를 진행했던 해양연구소도 용역비를 받지 못하고 있다는 말도 덧붙였다. 다른 민간탐사업자도 아닌 국책연구 기관이 직접 탐사에 나섰다는 것은 충분히 기삿거리가 될 만한 사안이다.

원 기자는 보물선에 대한 자료를 수집하고, 취재를 시작했다. 물론 러일전쟁 쓰시마 해전사도 다시 챙겨봤다. 구체적으로 취재에 들어가자 해양연구소와 동아건설의 탐사 내용은 사실이고, 이미 상당 수준 진행됐다는 것이 확인됐다. 원 기자는 경기도 안산에 있는 한국해양연구소 유해수 박사와 줄다리기를 계속했다.

마침 유해수 박사는 매우 짜증나는 나날을 보내고 있었다. 동아건설 부도로 자금지원이 중단되면서 돈스코이호 탐사도 중단됐다. 탐사팀도 사실상 해체된 상태였다. 아예 동아건설이 탐사를 포기하고 사업권을 다른 곳으로 넘겨주면 좋으련만 동아건설은 가타부타 말도 없고, 자금

지원도 없으니 답답한 노릇이었다.

12월 1일 경향신문 원 기자와 유 박사가 전화로 연결됐다. 원 기자는 해양부 관계자를 통해 대략 돈스코이호 탐사 내용을 알고 있는 듯했다.

"돈스코이호 탐사 어떻게 됐나요? 얼마 전 찾았다는 것이 해저산(海底山)으로 밝혀졌는데 이번 건은 다르다면서요?"

원 기자는 다 알고 있으니 몇 가지만 확인하는 과정처럼 취재했다. 유 박사는 뜻밖의 기자 전화에 다소 당황했지만 이미 프로젝트 내용을 대충 알고 있는 것 같아 부담 없이 대답했다.

"아이, 그건 18년 전 얘기예요. 지금은 얼마나 기술이 발전했는데, 이미 개략적인 위치를 확인하고 있어요. 그런데 이건 대외비인데. … 참 발표를 못하는 게 답답하지…."

원 기자는 한발 더 나갔다.

"확인된 위치가 어디예요? 저동 앞바다, 탐사한 그곳이죠? 얼마나 깊은 곳에 있죠?"

"울릉도는 수심이 깊고 급경사예요. 발견된 곳은 그래도 그렇게 깊은 곳은 아니예요. 좋은 결과를 얻었는데."

유 박사는 조금 안타깝다는 목소리였다. 원 기자는 다시 재촉했다.

"수심 몇 m에 있는지도 못 알려 줘요? 대략 다 알고 있는 사실을 확인만 하면 되는데."

"천해(낮은 바다)와 심해(깊은 바다)가 있는데 발견된 곳은 중간쯤입니다. 이곳에 맞게 첨단 장비를 만들어 수입까지 했는데, 지금부터 본격적으로 탐사하려고 했는데 동아건설이 부도가 났어요. … 조금만 더 투자하면 내년에 좋은 결과가 나올 텐데…. "

유 박사는 매우 안타까운 투로 얘기했다. 거의 막바지까지 왔는데 여기서 중단하기 억울하다는 목소리였다. 원 기자는 한발 더 나갔다.

"동아건설이 부도가 나 자금을 대지 못하면 계약위반으로 해지하고 다른 투자자를 찾으면 되지 않나요?"

"그런데 동아에서 포기하지 않겠다고 하는데 어떻게 합니까. 아예 동아가 포기하면 후속조치를 할 텐데. … 동아는 최근까지 여건이 좀 나아지면 계속하겠다고 하니 … 목전까지 와 있는데. … 솔직히 밝히긴 어렵지만 이 사업에 관심을 갖고 있는 곳이 많아요. 일본만해도 같이 조사하자며 100억 원을 내겠다고 했다니까요. 그 때 정부에서 전문가들이 모여 검토까지 했어요. 거기에 나도 참석했지요. 그런데 우리 자체 기술로 탐사하자고 결론을 내렸어요. 왜냐하면 일본은 이 프로젝트를 러일전쟁 승리 혹은 군국주의 부활 프로젝트로 활용하는데, 우리가 이용될 수 있었거든요."

원 기자는 최근 민간이 탐색하는 보물선과 관련해 몇몇 잘못된 소문이 나돌고 있다는 얘기를 했다. 하기야 국책연구기관인 해양연구소가 탐사하는 것이라 그럴 리 없겠지만, 이라는 단서를 달았다. 이 말을 들은 유 박사는 펄쩍 뛰었다.

"이건 진도나 거제도 보물선과 달라요. 100% 문헌상에 나오는 것입니다. 확실한 겁니다. 대외비라 자세한 것을 밝힐 수 없고 … 혹시 기사를 쓰려면 동아건설에 허락을 받고 써야 합니다. 담당자가 신○○ 차장이고, 전화번호는 000-000-4260이에요."

유 박사는 이 프로젝트의 동아건설 담당자 전화번호까지 친절하게 알려줬다. 원 기자는 이번에는 동아건설 쪽을 취재했다. 동아건설 신 차장은 해양연구소와 돈스코이호 탐사에 대한 계약을 맺고 진행한 사실은 시인했다. 하지만 신 차장도 더 이상은 알지 못했다. 탐사자금 지원이 중단됐고, 이 프로젝트에 관여한 소수의 동아건설 인사도 회사 내부 사정상 돈스코이호 탐사에 신경을 쓸 겨를이 없었기 때문이다. 심지어 동아건설에서 이 사업을 담당하던 신 차장도 구조조정 대상에 올라 회사에 출근하지 않는 상태였다.

원 기자는 기사를 작성했다. 1면 톱 스트레이트 기사와 사회면에 톱 박스를 쓰기로 했다. 경향신문 1면 톱기사는 이렇게 시작됐다.

"돈스코이호 탐사작업을 벌여왔던 한국해양연구소의 유해수 책임연구원은 4일 '그동안 첨단장비를 동원해 침몰 추정 해역을 샅샅이 뒤진 끝에 최근 돈스코이호로 추정되는 함정의 선체를 발견했다'고 밝혔다. 유 연구원은 '아직 확인해봐야 할 부분이 남았지만 러일 동해해전의 전사 기록 및 당시 해류상황 등 각종 국내외 자료를 종합해 본 결과 이 선체가 돈스코이호임을 100% 확신할 수 있다'고 말했다.

유 연구원은 또 '선체는 바닷속 산악지형에 위치해 있어 접근이 다소 어려움이 예상되지만 다행히 수심은 그리 깊지 않다'면서 '현재 해저 산악지형에 맞는 심해 잠수정과 로봇 등 최신장비를 도입, 본격 탐사를 준비 중'이라고 덧붙였다.

유 연구원은 그러나 '발굴사업자인 동아건설과 프로젝트 계약 시 모든 사안은 대외비로 하기로 했기 때문에 정확한 위치 등은 말할 수 없다'면서 더 이상 자세한 사항은 밝히길 거부했다. 현재 법정관리중인 동아건설측도 이에 대해 언급을 회피했다."[1]

이 기사는 '러일전쟁 때 금괴운반 중 동해서 침몰-러 보물선 찾았다'라는 제목이 달렸다. 기사에서 티라고 한다면 돈코이호에 실린 금괴 추정치를 50조~150조라고 좀 과장되게 표현한 점이다. 원 기자는 액수가 너무 많다고 했지만 부장은 골동품적 가치를 따지면 그 정도 된다고 말했다. 원 기자는 기사 말미에 "돈스코이호의 발굴은 역사연구의 귀중한 자료임에는 틀림없지만 보물에만 너무 초점을 맞추는 것은 잘못"이라는 관련 전문가 멘트를 추가했다.

12월 6일부터 한국의 언론은 보물선 기사로 넘쳤다. 거의 대부분 신문이 가판에 난 경향신문 기사를 밤새 받았다. 얼핏 눈에 들어오는 기사만 해도 이 정도였다.

"동해 침몰 러 보물선 발견-해양연 울릉도 근해서"(동아일보 12월 5일)

"러일전쟁때 울릉도 근해 침몰 러시아 보물선 건져낼까"(한겨레신문 12월 5일)

"동아건설주 보물선 소동"(조선일보 12월 6일)

"보물선만 건지면"(동아일보 12월 6일)

"동아건설 보물선 주가 사흘째 상한가"(중앙일보 12월 8일)

"동아건설 주가 3일째 상한가"(국민일보 12월 9일)

"바다 휘젓는 보물선 소동"(문화일보 12월 9일)

"보물선 주가 소동"(MBC 12월 7일 저녁 9시 뉴스)

원 기자는 사방에서 오는 전화를 받았다. 해양부 관계자는 "어젯 밤 각 신문으로부터 사실여부를 묻는 질문이 밤새 계속 됐는데, 사실 나도 정확한 내용을 몰랐던 것"이라며 "어찌됐던 국민에게 희망을 주는 보도 아니냐?"고 즐거워했다.

한국해양연구소 관계자도 "해양연구소가 설립된 이래 이렇게 언론의 주목을 받기는 처음으로 해양연구소의 존재와 역할을 널리 알린 기사다"라며 "내가 크게 한 턱 내겠다"고 말했다. 이 해양연구소관계자는 또 "유 박사 말로는 발견한 그것에 100% 확신을 갖지 못하는 것 같다"면서 "과학자가 100%가 아니면서 섣불리 얘기할 수는 없어 연구원의 공식 입장은 보수적으로 나가야 할 것 같다"고 말했다. 해양연구소는 "보물선을 눈으로 확인한 것이 아니라 역사적 사실을 발견했다"는 다소 애매하게 해명하는 선에서 그쳤다.

사실 유 박사는 전날 경향신문 가판을 본 해양연구소와 해양부, 그리고 다른 언론사로부터 확인 전화가 빗발쳤다. '약간 겁이 난' 유 박사는 자신은 그 물체가 100% 돈스코이호라고 말하지 않았다는 것이다. 자신이 100% 돈스코이호라고 한 것은 문헌상 100% 보물선이라는 것을 원 기자가 잘못 이해한 것이라고 해명했다고 말했다.

그래서 유 박사는 "아직 눈으로 정확히 확인한 것이 아니기 때문에 보물선을 찾았다고 발표할 수는 없다"고 해명하며 "현재 보물선에 대한 조사가 진행 중이며 정밀탐사를 계획하고 있다"고 말했다. 유 박사는 특히 "이번 보물선 탐사작업은 국제 외교문제 등이 발생할 수 있기 때문에 사업자체가 대외비"라고 물러났다.

솔직히 이때까지 유 박사는 자신이 찾은 이상 물체가 돈스코이호로 100% 확신하지 못했다. 그럴 가능성이 매우 높다는 정도였다. 하지만 유 박사는 중단된 사업을 하루라도 빨리 재개하고 싶은 생각에서 원 기자에게 확신에 찬 분위기로 말한 것도 사실이다.

어찌 됐든 2000년 12월 썰렁했던 한 겨울 분위기는 보물선 이야기로 뜨겁게 달아올랐다. 그리고 기사는 동아건설 주가가 오르면서 점점 더 크게 굴러갔다. 해외에서도 보물선에 대한 비상한 관심을 나타냈다.

영국의 파이낸셜타임스는 12월 8일 '한국의 보물선 신드롬'이라는 제목으로 보도했고, 미국 뉴욕타임스도 8일 "색다른 골드러시가 금주의 한국 증시를 휘젓고 있다"고 보도했다. 경제 전문 통신인 블룸버그는 7일 밤 "문제의 돈스코이호에 금괴가 실렸다는 것을 입증할 만한 과학적인 근거가 없으며 정말 금괴가 발견된다면 그 금괴는 러시아 정부 재산"이라고 주장했다. 홍콩유력지 사우스차이나모닝포스트지는 로이터 통신 보도를 자신의 회사 인터넷사이트에 올려 "한국에서 보물선으로 동아건설 주가가 폭등하고 있다"고 보도했다.

일부 외신은 경향신문의 미심쩍은 부분을 날카롭게 지적했다. 로이터 통신은 "보물선에 들어 있다는 150조 원 상당의 금은 현 시가로 따지면 1만4,400t으로 이는 지금까지 채굴된 금의 13%에 해당한다"고 지적했다. 영국 BBC 방송과 인디펜던트지도 '침몰선의 금이 한국을 뜨겁게 달구다'라는 기사에서 러시아 상트페테르부르크 중앙해군박물관 세르게이 클리모브스키의 말을 인용, "극동에 금을 보낼 때는 특수 철도차량을 이용하는 연습을 했다"면서 "설사 금을 발견했다고 하더라도 그것은 장교들의 월급을 위한 상자 정도일 것"이라고 보도했다.[2]

서방 언론이 공통적으로 지적한 것이 바로 150조 원을 금의 가치로 환산하면 전 세계에서 채굴된 모든 금의 13%라는 대목이었다. 하지만 경향신문이 표기한 50조 원이니 150조 원이라는 대목은 골동품적 가치를 감안한 것이고, 또 엄청난 가치를 가졌다는 표현이었다. 따라서 외신의 이런 지적은 기사의 본질과 약간 다른 차원의 이야기라고 할 수 있다. 실제 소버린 금화나 귀금속에 대한 골동품적 가치도 따질 수 없는 일이다.

또 극동으로 금괴를 운반할 때, 위험한 배로 운반했을 리 없다는 점도 논란거리였다. 하지만 50척에 이르는 발틱함대에서 필수적 연료인 석탄과, 거의 8,000명에 이르는 병사와 장교의 식량과 식수 등 보급품을 중간에 구매하기 위해선 상당량의 군자금을 가지고 갈 수 밖에 없다는 주장도 많았다. 서방언론은 이 문제는 1993년 초 일본이 나히모프호를 발견했을 때 러시아와 사이에서 벌어진 논란의 재연이라고 평가했다. 당시에도 금괴가 있었느냐, 없었느냐는 똑같은 논란이 일었기 때문이다.

서울은 온통 보물선 신드롬이 불었다. 그 신드롬은 동아건설 주가 폭등으로 나타났다. 전혀 생각하지도 않은 의외의 결과였다. 사실 5일 아침 주식시장이 열리기 직전, 이미 어젯밤 가판을 본 여의도에는 동아건설의 보물선 발견으로 매수량이 엄청나게 몰리고 있다는 소문이 돌았다. 그리고 주식시장이 열리자마자 동아건설 주가는 일찌감치 상한가를 기록했다.

6일 대우증권에서 분석 리포트가 나왔다. 이 리포트는 다음 네 가지 불확실성을 제기했다.

(1) 돈스코이호 발견이 사실인가?

(2) 전사에 기록된 대로 돈스코이호에 50조~150조 원의 금괴가 있는가?

(3) 러시아와의 소유권 분쟁 가능성은 없는가?

(4) 동아건설이 얼마의 이익금을 배분받을 수 있는가?

그리고 이 리포트는 (1)~(2)번 문제인 보물의 존재 및 발견 여부는 시간이 지나면서 밝혀질 것이고 가장 민감한 문제는 (3)번의 소유권에 대한 것이라고 지적했다. 아울러 리포트는 경제적 효과를 다음과 같이 분석했다.

"동아건설은 9월말 현재 자본잠식인 회사이기 때문에 현재 주가 360

원도 비싼 주가이다. ⋯ 만약 돈스코이호에서 50조 원 상당의 군자금이 발견된다면 동아건설이 이중 10%만 소유권을 인정받는다 하더라도 주당순자산가치가 8만4,360원으로 상승, 부실기업에서 우량 자산주로 변모하는 계기가 되고 적정주가는 신규유입 자산이 대부분 현금성 자산으로 자산의 질이 매우 높음을 고려하면 주당 순자산 가치의 90% 수준인 7만 원대가 될 것이다. 동아건설의 수익금 배분비율이 '국유재산에 매장된 물건의 발굴에 대한 규정'대로 80%까지 이뤄진다면 적정 주가는 68만 원까지 올라갈 것이다. ⋯"[3]

동아건설 주가는 미친 듯이 폭등했다. 동아건설 주가가 이틀연속 상한가를 기록하자 3일째인 7일 오전 8시 23분 증권거래소는 매매중단 조치를 내렸다. 그리고 동아건설 측에 돈스코이호 관련 조회공시를 요구했다. 부도나 법정관리설이 아닌 일반 공시요구로 상장기업의 주식거래를 중단시킨 것은 매우 이례적인 조치였다. 증권거래소는 "일반적으로 풍문에 의해 주가가 상승할 경우 하루 이틀이면 진위가 판명 나 주가가 수그러들지만 동아건설의 경우 이상 급등 양상을 보여 선의의 피해자를 보호하기 위한 조치"라고 말했다.

동아건설은 7일 일단 현재까지 사실을 공시했다.

"1999년 10월 한국해양연구소와 해양기술개발을 목적으로 탐사연구에 대한 계약을 체결한 사실이 있다. ⋯ 한국해양연구소가 기초적인 탐사활동을 전개 중에 있으며 추후 해양연구소로부터 탐사결과를 통보받는 즉시 재공시하겠다."

하지만 동아건설 주가는 수그러들 줄 모르고 폭등했다. 최원석 전 회장이 보물선 탐사작업을 위해 복귀한다는 얘기까지 돌면서 동아건설 주가는 계속 뛰었다. 경제전문지 이코노미스트는 돈스코이호 보물선 신드롬을 경제적으로 설명하는 다음과 같은 장문의 기사를 실었다.

[보물선, 사실이면 경제에 무슨 일이…]
믿거나 말거나 … 보물선 경제학

러일전쟁 때 일본군 군함에 의해 울릉도 근해에서 침몰한 러시아 전함 돈스코이호에 금괴가 실려 있다 하여 화제가 되고 있다. 돈스코이호는 제정러시아 때 발틱함대 소속의 6,200t급 수송용 군함. 러일전쟁 당시 다른 발틱함대와 함께 니콜라이 2세의 명을 받고 남아공 희망봉을 돌아 동해로 진격하다 일본함대의 포격을 받고 울릉도 근해에서 침몰했다. 이 돈스코이호에 발틱함대의 회계함 나히모프호에서 옮겨실은 금괴가 적재돼 있다는 것이 소문의 요지다.

그간의 신문보도를 종합해보면 일단 돈스코이호의 존재와 운명은 사실인 것 같다. 그리고 전비조달 차원에서 금괴를 탑재했을 가능성도 무시할 수 없다. 다만 금괴가 얼마나 실려 있는가, 라는 것인데 그것이 무려 50조~150조 원이나 된다고 해서 논란이 되고 있다. 작년 동아건설이 해저유물 발굴 신청을 할 때 관계자가 50억 달러(6조원)될 것이라고 언급한 바 있는데 어떻게 해서 25배가량 뻥튀기가 됐는지 모르겠다.

그리고 보물선에 들어 있다고 얘기되는 50조~150조 원 어치의 금을 현 시가로 환산할 경우 그 무게가 무려 4,800t~1만4,400t에 달한다. 금괴를 실었던 돈스코이호 중량의 최고 두 배에 해당하는 양이고 지금까지 채굴된 금 무게의 4~13%에 해당되니 확실히 신빙성은 떨어진다. 러시아의 한 해양학자도 일단 금괴는 "말이 안된다"고 부인하고 있다.

그러나 소문은 역시 믿거나 말거나다. 맞고 틀리고를 떠나 그것이 사실이라고 가정했을 때 우리 경제나 증시에 어떤 일들이 벌어질 것인가를 상상해보는 것도 나쁘지는 않을 것 같다.

보물선 발굴은 경제학에서 말하는 '화폐 우(돈비: money rain)' 혹은 '헬리콥터 머니(helicopter money)' 효과에 해당한다. 정부가 현찰을 헬리콥터에 가득 담아 하늘에 올라가서 뿌리면 사람들이 그 돈으로 옷도 사 입고 외식도 하는 등 소비를 하게 돼서 경기가 살아난다는 논리다. 정부가 '산타클로스'가 돼 국민에게 1인당 얼마씩 돈을 집어준다고 생각해도 좋다.

헬리콥터 머니이론은 원래 경제학의 대가, 밀튼 프리드만(Milton Freedman)이 돈을 늘리는 것이 경기를 살리는 특효약이 될 수 있음을 쉽게 이해시키기 위해 만든 우스꽝스러운 예이나 실제 사용된 적은 없다.

러시아 보물선 발굴이 가져올 경제적 효과를 추정하기에 앞서 몇 가지를 가정해보자. 먼저 돈스코이호의 보물을 러시아와 우리나라가 반반씩 나누어 가진다고 가정한다. 보통 해저유물은 탐사국 소유로 인식되고 있으나, 러시아가 보물은 물론 선박에 대해서도 소유권을 주장하고 있어 우리나라가 독식할 경우 외교적 분쟁이 생길 소지가 많다.

묻혀있는 보물의 현재가치는 50조 원이라고 생각해보자. 돈스코이호의 중량이나, 당시 러시아의 경제상태를 감안할 경우 50조 원 이상의 보물이 적재돼 있었다는 것은 아무리 상상이라고 해도 지나치다. 정부도 보물에 대해 소유권을 주장할 수 있지만 일단 금괴는 동아건설 특별수입으로 잡힌 후 법인세의 형태로 정부에 귀속된다고 가정한다. 법인세는 40%로 현물로 징수한다고 하자.

동아건설에는 총 50조 원(1,200원 환율로 417억 달러)의 금괴 중 러시아 귀속분 25조 원, 법인세 10조 원을 제외한 15조 원의 순이익이 생긴다. 수취한 금괴를 금시장에 바로 매각할 경우 금값이 폭락할 수 있음을 감안하여 일단 동아건설이 금괴를 현재의 시세대로 중앙은행인 한국은행에 매각하여 화폐로 교환한다고 하자.

그러면 한국은행은 금을 매입하는 대가로 15조 원의 현금(본원)통화를 발권한 뒤 이를 동아건설의 주거래은행의 예금계좌에 입금해준다. 말하자면 현금통화, 은행예금이 15조 원 점프하게 되는 것이다. 15조 원은 중앙은행의 발행한 화폐(본원통화)의 55%이고, 개인이 보유한 전체 현금통화와 맞먹는 엄청난 금액이다. 현금통화 1원이 은행에 있으면 그것의 15배의 예금통화가 만들어질 수 있으므로 15조 원은 총통화를 최대 225조 원까지 만들어낼 수 있는 위력을 갖고 있다.

그러므로 이 현금통화 세례를 그냥 둔다면 은행간 자금과부족 시장인 콜시장에 자금이 넘쳐나 현재 5.25%수준인 콜금리가 0%로 폭락하고,

주식가격과 채권가격이 덩달아 폭등할 것이다. 금리 1% 변동은 종합주가지수를 100포인트 움직일 수 있으므로 0% 금리는 종합주가지수를 최고 1,000포인트까지 밀어 올릴 수 있다. 따라서 금융시장이 과열되는 것을 막으려면 한국은행이 금괴매입대금을 은행에게 현금으로 지급하지 말고 통화안정증권이나 국채와 같은 현물로 지급해주어야 한다.

은행입장에서는 부채인 동아건설 예금 15조 원과 우량 국공채 자산 15조 원이 같이 늘어난다. 이는 동아건설은 물론 서울, 외환, 한빛은행 등 동아건설에 대한 여신이 많은 대형 은행의 '팔자'까지 고치게 만들어 줄 것이다. 무엇보다 중앙은행이 15조 원의 금괴매입대금을 통안증권으로 교부할 경우 한은은 이자로 연간 1조 원 이상을 동아건설 주거래 은행에게 지급해야 하기 때문이다. 그리고 동아건설 주거래은행은 자산 구성면에서도 국공채와 같은 안전자산 비중이 대폭 늘어나 BIS 비율이 점프한다. 덤으로 종전 동아건설에 대해 쌓아놓았던 대손충당금까지 원상복구 시킬 수 있으니 은행도 '대박'이 아니고 무엇인가.

중앙은행인 한국은행의 외환보유고도 껑충 뛴다. 동아건설로부터 매입한 금괴 15조 원과 정부 세금으로 국고에 들어오는 10조 원을 합친 25조 원(약 208억 달러)이 모두 외환보유고에 추가된다. 그렇게 되면 외환보유고는 올 11월말 현재 933억 달러에서 1,141억 달러로 점프한다.

그러면 실물경기는 어떤 영향을 받을까? 한은이 금괴매입대금을 현물로 주었다고 하더라도 예금통화 15조 원은 늘어난 채로 존재하고 있으므로 경제에 큰 영향을 줄 수 있다. 동아건설이 그 예금을 빚 갚는데 먼저 사용하더라도 예금과 상계되는 은행대출 이외의 채무는 예금주만 바뀌게 되므로 15조 원에서 은행 대출 2조 원을 제외한 13조 원이 금융권을 떠돌게 된다.

국민소득이 변함없는 상태에서 졸지에 생긴 공돈 15조 원을 이자가 낮은 예금통화로 마냥 보유할 사람은 별로 없을 것이다. 주식이나 채권에 투자하여 재산을 불리든가, 필요한 상품이나 서비스를 소비하는데 사용하는 사람이 많을 것이다. 돈벼락이 증시와 실물경제에 어느 정도나 영향을 주는가는 사람들이 15조 원을 소비와 증권투자 중 어디다 많이 배분하는가에 따라 다를 것이다.

케인지언 이코노미스트들은 사람들이 공돈으로 증권투자를 많이 할 것이라고 주장하고 있고, 통화주의적(monetarist) 이코노미스트들은 사람들이 소비를 우선적으로 할 것이라고 주장하고 있다. 현실은 양극단의 중간 어딘가에 위치할 가능성이 크지만 일단 통화주의적 접근을 따라 사람들이 공짜로 생긴 15조 원을 몽땅 소비하는데 쓴다고 보자. 그러면 국민소득은 최대 22.5조 원까지 팽창하여 경제성장률을 4.1% 포인트 끌어올리게 된다. 이는 향후 돈(총통화)이 도는 속도가 1999~2000년의 평균치 1.5에서 변함없다는 것을 기준으로 한 것이다.

반대로 사람들이 늘어난 돈 15조 원을 모조리 주식이나 채권에 투자해버린다면 주식가격이나 채권가격은 급등하게 되겠지만 통화유통속도도 동시에 뚝 떨어져 국민소득이 처음부터 곧바로 늘어나지 않는다. 국민소득은 주가가 오르고 금리가 낮아진 결과로서만 증가된다.

좀 더 현실적으로 접근하여 사람들이 15조 원의 일부만 주식, 채권에 투자한다고 보자. 외환위기 이후 통화유통속도가 평균 15%정도 하락하고 있음을 고려하면 내년 통화유통속도는 1.2 정도될 가능성이 크다. 이를 기초로 하면 총통화 15조 원의 증가는 18조 원 내외의 소득증가를 가져올 것으로 추정할 수 있다. 경제성장률을 3.3%가량 높이는 효과가 있는 것이다. 추석 때 통화가 대체로 5~6조 원 정도 방출되었음을 고려할 때 우리나라에 추석 대목경기가 세 번 연거푸 찾아온다고 보면 이해가 쉽겠다.

그러면 주식시장이나 채권시장은 어떤 영향을 받을까? 만약 경제에 공급능력이 충분하여 경기가 부양돼도 인플레이션이 생기지 않을 수 있다면 증시로 직접 자금이 유입되건 아니건 주가가 상승세를 탈 수 있다. 소비 진작에 의한 경기회복 기대감이 작용할 것이기 때문이다.

15조 원 중 일부가 주식 및 채권시장으로 직접 유입될 경우 경기가 직접 부양되는 효과는 반감된다고 해도 대신 유동성(고객예탁금, 뮤추얼펀드 등) 증가, 금리 하락이라는 새로운 호재가 생기므로 주가가 오르는 것은 동일하다 하겠다. 환율은 외국인 투자자금 유입 증가로 절상압력을 받을 것이다.

물론 경제의 공급능력이 뒷받침되지 못한다면 인플레이션만 생길 것이므로 돈벼락이 경제적으로 좋은 벼락이 못될 것이다. 다른 각도에서 말하자면 지나친 보물은 우리 경제에 행복이 아닌 불행이 될 수 있다는 것이다.[4]

동아건설 주가는 22일 종가기준으로 13일 동안 상한가를 치면서 현대건설, 코오롱건설 주가를 추월했다. 무려 500% 급등한 것이다. 부도나 법정관리 중인 회사 주가가 멀쩡한 건설회사 주가를 초월한 것이다. 이즈음 대신경제연구소 한태욱 애널리스트의 경고 메시지가 나왔다.

"동아건설은 11월 3일 부실기업 퇴출 해당사로서 워크아웃에서 정리를 위한 법정관리로 전환된 기업"이라며 "아무리 주가가 미확인 사실에 상승하다가 확인 후 하락하는 특성을 갖고 있지만 향후 생존여부가 불투명한 회사의 주가가 이렇게 급등하는 것은 이해되지 않는다. … 현 주가는 현대건설 등 다른 상장건설사보다 더 높은 수준에 있으며, 퇴출 대상에 포함될지 모른다는 우려로 주가가 하락하기 전인 1,600원대도 이미 넘어선 상태. 현대건설의 22일 종가는 1,215원, 두산건설 1,690원, 코오롱건설 1,590원이며 동아건설은 1,870원이다.

동아건설은 현재 자본잠식 상태이며 올해에도 1조 원 이상의 적자가 불가피한 것으로 전망된다. 향후 법정관리 진행일정은 12월 29일 정리채권 등을 신고하고, 2001년 2월 16일 채권단집회가 예정돼 있으며 2002년 11월 24일 상장폐지심사를 하도록 돼있다. 향후 법정관리 진행일정과 다른 정황들을 종합해 볼 때 투자유의가 요망된다. 투자의견은 '매도'."

하지만 이러한 경고에도 불구하고 동아건설 주가의 상한가 행진은 멈출 줄 몰랐다. 그것은 앞뒤 안 가리고 금을 향해 뛰어드는 골드러시, 바로 그것이었다. 2000년 크리스마스 모임에서도 송년회 자리에도 사람들의 화젯거리는 단연 돈스코이호 보물선이었다.

---

1 경향신문, 2000. 12. 5

2 The Independent, 2000. 12. 8 / BBC 인터넷판, 2000. 12. 8

3 박용환, '보물선 발견보도로 투기적 상승예상', 대우증권 모닝 리포트, 2000. 12. 6

4 강호병, '보물선, 사실이면 경제에 무슨 일이…' 〈이코노미스트〉 2000. 12. 11

9장

—

긴박,
돈스코이호 국제 커넥션

—

12월 7일 경향신문 보도에 동아건설은 긴급 임원회의를 소집했다. 사실 새로 선임된 최동섭 회장 등 동아건설의 새로운 경영진은 회사가 돈스코이호 탐사를 추진하는지도 몰랐다.

자금지원을 못해 탐사가 중단된 최원석 전 회장을 비롯한 구 경영진도 갑자기 왜 돈스코이호가 언론의 주목을 받게 됐는지 처음에는 잘 몰랐다. 구 경영진은 처음에 동아건설 주식을 많이 가진 세력이 주가를 올리기 위해 작전을 하고 있는 것인지 의심했다. 또 다른 가능성은 용역비를 받지 못하고 탐사도 중단돼 있던 해양연구원이 무언가 돌파구를 마련하기 위해 이 정보를 흘렸을 가능성이 있다고 생각했다.

다음 날인 12월 8일 서소문 동아건설 회장실에서 긴급 임원회의가 열렸다. 모처럼 돈스코이호 탐사 프로젝트에 참여한 과거 경영진들도 참석했다. 유해수 박사는 전문용어를 써가며 열성적으로 그동안 탐사과정을 설명했다.

이날 임원회의는 몇 가지 사항을 결정했다. 그것은 돈스코이호 탐사를 계속한다. 따라서 사내에서 이 사업과 관련한 팀을 계속 유지하고 법정 관리인에게 탐사재개를 공식 요청한다. 또 이 탐사권을 다른 기업에게 양도할 수 없다. 동아건설에 부여된 허가기간은 반드시 준수돼야 한다. 이 두 가지였다.

마침 2000년은 1990년 맺은 한·러 수교 10주년 되는 해였다. 하지만 1998년 7월 모스크바의 한국대사관에서 근무하는 조성우 참사관이 추방되는 사건이 발생했다. 국정원 직원인 조 참사관은 외교관 신분으

로 무리한 정보를 수집하다 러시아 연방보안국에 적발된 것이다. 한·
러 관계가 급속도로 냉각된 것은 물론이다.

하지만 남북 정상회담을 추진 중인 김대중 대통령은 러시아와 실질
적 관계개선이 절실했다. 매우 적극적으로 관계개선을 추진한 결과, 김
대통령은 1999년 5월 러시아를 국빈방문해 한·러 형사사법 공조조약
과 나호트카 한러공단설립협정을 서명했다. 러시아 푸틴 대통령과 김
대통령은 2000년 9월 뉴욕 새천년 정상회의와 2000년 브루나이에서
정상회담을 가졌다. 2000년 12월 경향신문 보도가 발표된지 바로 두
달 전인 2000년 10월에는 이한동 총리가 러시아를 공식 방문했고, 두
달 후인 2001년 2월에는 러시아 푸틴 대통령의 방한이 준비됐다.

이런 정상회담 말고도 양국 간에는 정치, 경제, 평화 문제에 대해 정
부부처 간 기업 간 접촉이 활발하게 이뤄졌다. 남북정상회담과 러시아
가스 등 김대중 정부의 북방정책에서도 러시아는 매우 중요한 대상이
었다. 한·러 관계가 겨우 정상화 단계에 접어든 것이다.

하지만 이런 우호적 한·러 분위기에서 돌발적으로 튀어나온 돈스코
이호 발견 소식은 당혹스러운 소재였다. 양국의 분위기로 보아 협조적
관계를 유지해야 하지만 보물선은 막대한 재화가 걸려있는 문제라 이
해다툼의 여지가 많았기 때문이다. 한마디로 돈스코이호 발견 소식은
어찌할 줄 모르는 뜨거운 감자였다. 무엇보다 러시아의 자존심을 강조
하는 푸틴 대통령이 바로 이 돈스코이호에 관심이 높았다.

자연히 돈스코이호 문제는 러시아 언론에도 즉각 반영됐고, 러시아

정부 측 입장이 즉시 튀어 나왔다.

"동아건설이 1905년 동해상에 침몰한 제정 러시아 시절 순양함 드미트리 돈스코이호를 인양할 것이라고 밝힌 것과 관련, 러시아 일간 시보드냐지가 7일 러시아가 이에 대한 일부 청구권을 주장해야 한다고 지적하고 나섰다. 신문은 '드미트리 돈스코이호가 1885년에 건조됐으며 1905년 대마도 해협에서 일본 해군과 교전 중 울릉도 부근에서 침몰했다'고 소개한 뒤, 이 선박이 당시 해군 예산의 일부인 황금을 선적하고 있었던 것으로 추정된다고 밝혔다.

겐나디 멜코프 퇴역 해군 중령 겸 법학박사는 신문을 통해 '러시아가 돈스코이호의 보물에 대한 청구권을 가지고 있다'면서 '러시아는 제정 러시아의 적법한 계승자로서 인양에 따른 보상비를 제외한 나머지 보물을 차지할 권리를 가지고 있다'고 지적했다.

신문은 특히 지난 80년대 초 영국의 탐험가 키스 제소프가 바렌츠해에서 2차대전 당시 독일 잠수함에 의해 침몰됐던 러시아 선박 에딘부르그호를 인양함으로써 이 선박에 선적돼 있던 1억 달러 상당의 '스탈린 금'을 취득했었다고 전한 뒤, 당시 소련은 이 가운데 5천만 달러 이상을 보상받았다고 지적했다.

신문은 이어 돈스코이호가 역사적인 의미를 갖는 것일 뿐만 아니라 각종 유물도 얻을 수 있기 때문에 돈스코이호 자체가 인양된다면 러시아가 공식 감시단을 파견할 권리도 가지고 있다고 전했다."[1]

한국에서와 마찬가지로 러시아에서도 돈스코이호에 얼마만큼의 보물이 실려 있는지에 대한 논란이 이어졌다. 러시아에서 발행되는 영자신문 상트페테르부르크포스트는 '해군 장교 침몰 보물선 보도 일축'이라는 제목의 기사에서 돈스코이호의 금괴는 넌센스라고 보도했다.

모스크바 - 러시아의 한 해군 장교는 20세기 초 대량의 금을 운반하는 것으로 알려진 러시아 군함이 한국의 한 해안에서 침몰한 것으로 목요일 보도된 것은 완전한 넌센스라고 일축했다.

상트페테르부르크 중앙해군박물관 세르게이 클리모브스키는 1905년 5월 28일 러일전쟁시 드미트리 돈스코이호에 금괴를 실었다는 것은 상식 밖이라고 말했다. 부도난 한국의 동아건설은 귀중품을 실은 배를 발견했다는 언론 보도 후 이틀만에 주가가 30%나 폭등했다.

클리모브스키는 실제 러시아가 극동에 금을 보낼 필요가 있을 때 특수 열차를 이용하는 훈련을 했다면서 설사 발견한다면 장교들의 월급 지급 상자 정도일 것이라고 말했다.

서울의 시장보고서에 따르면 그 배의 전리품 가치는 125억 달러에 해당된다고 하는데, 이를 현재 가치로 환산하면 대략 1만4,000t에 해당, 이는 지금까지 채굴된 모든 금의 약 13%에 해당되는 양이다.

부채에 대한 이자를 갚지 못해 지난달 부도난 동아건설은 주가 폭등에 대해 설명할 것을 요구받았고, 동아건설은 한국의 해양연구원과 협약, 돈스코이호에 대한 탐사를 하고 있다고 발표했다.

클리모브스키는 이 보물선 이슈는 1993년 일본이 동해에서 또다른 러시아 침몰선 에드미럴 나히모프호를 탐사하면서 비롯됐다고 말했다. 클리모브스키는 당시 일본 다이버는 거기서 아무것도 찾지 못했다고 말했다.[2]

하지만 러시아는 만에 하나 보물이 있다면 그 소유권은 러시아에 있다는 점을 분명히 하는 등 매우 예민하게 반응했다.

"러시아 중앙해양박물관 리서치 책임자인 세르게이 클리모브스키(Sergel Klimovsk)는 '군함은 많아야 몇 톤의 화물만 실을 수 있다'며 '이 군함이 금을 싣고 있었다는 과학적 또는 유형의 근거는 없다'고 강조했다. 또 이 인사는 '러시아 군함에 실린 금에 대한 의문은 종종 제기됐지만 실제는 그렇지 않으며 한국인들은 돈을 낭비하고 있다'며 '내가 아는 한 (그 군함은) 월급 지급용으로 고작 약간의 금 동전을 실었을 수 있다'고 밝혔다.

하지만 이들은 말미에 항상 '돈스코이호에 대한 소유권은 러시아 정부에 있다'며 '러시아 정부의 허가 없이 작업할 수 없다'고 말했다."[3]

보물의 유무를 떠나 러시아가 돈스코이호에 대해 이렇게 예민한 반응을 보인 것은 돈스코이호에 대한 푸틴 대통령의 각별한 관심 때문이다. 내각 부총리이며 푸틴 대통령의 측근인 이타르타스 통신사 비탈리 이그나텐코 회장에 따르면 푸틴 대통령은 러일전쟁에서 항복하지 않고 끝까지 저항한 바리야크호와 돈스코이호 두 배의 분투 정신을 자주 강조했다. 실제 푸틴 대통령은 두 배에 대한 애정, 특히 러시아 해군에 극진한 애정을 나타냈다.

푸틴 대통령은 인천시로부터 돌려받은 바리야크호 함기를 러시아 전국 순회 전시하도록 지시했다. 또 이 깃발을 돌려준 송영길 인천시장에게 2013년 2월 드루쥐비 훈장을 수여했다. 이 드루쥐비 훈장은 외국인에게 주는 최고 등급 훈장이다.

실제 푸틴 대통령은 2012년 11월 상트페테르부르크에서 열린 이명박 대통령과 한러 정상회담에 앞서 열린 양국 조정회의에서 바로 이 돈스코이호 문제를 한러 정상회담 관심사항으로 논의하기도 했다.[4]

심지어 푸틴 대통령은 2013년 7월 15일 상트페테르부르크 서쪽 180km 떨어진 고글란드섬 인근 해상에서 심해탐사용 잠수정 '씨 익스플로러 5호'를 직접 타고 수심 60m까지 잠수해 1969년 침몰한 러시아 소형 구축함을 수색하는 모습을 연출하기도 했다. 144년 전 침몰한 러시아 구축함을 찾으러 잠수정을 타고 바다로 들어가는 이 장면은 전 세계에 타전됐다.[5]

여러 논란이 벌어졌지만 러시아의 일관된 입장은 분명했다. 돈스코이호에 금괴가 실려 있는지 여부는 정확하게 알 수 없지만 돈스코이호는 군함으로 분명 러시아가 그 소유권을 승계하고 있다는 점이다. 따라서 탐사에는 러시아의 동의가 분명 있어야 하며 만약 금괴가 있다면 당연히 소유권도 뒤따른다. 러시아는 우리 정부에 이 같은 입장을 강력하게 표시했다.

이런 상황에서 일본까지 한 몫 끼겠다고 나섰다. 사실 일본은 돈스코이 호로 옮겨 실었다는 경리함 나히모프호 탐사 경험을 가지고 있어 이 문제에 대한 반응이 어디보다 빨랐다. 일본이 돈스코이호 대한 지분을 주장하는 논리는 간단했다.

"당시 러시아 함대는 사령관 이하 모두가 항복을 했고, 함대의 일원인 돈스코이호는 전쟁에서 승리한 전리품이기 때문에 일본이 소유권을 행사할 근거가 있다."

하지만 이는 국제법적 근거가 약했다. 돈스코이호는 항복을 하지 않고 스스로 침몰한 자침이기 때문에 전리품으로 볼 수 없기 때문이다. 또 러일전쟁도 러시아가 전쟁 패전국 입장에서 일본에 배상을 한 것이 없다는 점을 들어 '패배한 전쟁이 아니다'는 것이 러시아측의 주장이다. 러일전쟁이 패배한 전쟁이 아니라는 법적 근거가 되는 것이 바로 끝까지 항전하다 자침한 돈스코이호였다.

굳이 따지자면 프랑스도 소유권을 주장할 근거가 있다. 일본에서 나히모프호 탐사 과정에서 논란이 됐던 것인데, 당시 이 발틱함대 군자금은 제정 러시아가 프랑스로부터 차관을 얻은 것인데, 러시아 혁명이후 소련이 이를 상환하지 않았기 때문이다. 1980년 일본에서 나히모프호를 찾은 사사카와씨가 이런 발언을 했다.

갑자기 러시아 대사관과 일본 대사관의 사실 확인요구와 소유권 주장, 심지어 프랑스까지 걸쳐있는 이 사태를 접한 우리 외교통상부는 제대로 대응하지 못했다. 사실 외교부는 돈스코이호 탐사 자체를 잘 몰랐

다. 그리고 이 문제를 다루던 사령탑도 해체된 상태여서 일사분란하게
대응할 수 없었다.

사태 파악이 늦어진 정부는 곤혹스러움에 빠졌다. 정부는 일단 주무
부처인 해양수산부를 주축으로 긴급 전문가 회의를 소집했다.

2000년 12월 12일 오전 11시. 서대문 충정로 해양수산부 10층 소회
의실에서는 긴박하고도 은밀한 회의가 소집됐다. 참석자는 김찬규 경
희대 교수, 이석용 한남대 교수, 국방대학교 김병렬 교수, 해군대 김현
수 교수와 해양연구원 주문배, 정갑용 박사 등 해양법, 국제법 관련 전
문가가 참석했다. 해양수산부에서는 김형남 국장(국제협력관), 유상정
과장, 유재만 과장, 채진규 서기관, 김현종 사무관 등이 참석했다.

이날 참석자들의 논의 사항은 바로 엊그제 경향신문에 보도된 돈스
코이호 보물에 대한 국제법적 대응책을 마련하는 자리였다. 우리 영해
내 침몰 선박의 인양 관련 문제점을 검토하고 해저 인양물의 소유권 여
부문제, 침몰 군함의 인양에 있어서 관련 국제법과 판례검토, 러시아에
서 권리를 주장할 때 우리의 대응 방안을 논의했다. 당시 발언록을 통
해 참석자의 발언을 정리하면 다음과 같다.

－ 이석용 교수: 침몰 문화재에 대해 국제법상 협약문이 있는 것은 아
   니다. 영해 내에는 연안국이 권리를 행사하면 된다. 대륙붕이나 경

제수역에 경우는 문제가 복잡하고 … 국제법상 여러 설이 있는데 첫 번째 설은 수몰 군함이 영해 내에 있다면 연안국 권리가 우선된다. 하지만 지금 러시아가 제정 러시아를 승계한다는 것에 이론이 없다. 두 번째 설은 군함이기 때문에 100년 시효문제가 있다. 세 번째 설은 소유권 주장에 있어서 해양법상 돈스코이호는 수몰군함에 해당하느냐는 것이다. 여기에 충족한다면 러시아가 소유권을 주장할 수 있고 합의가 필요하다.

- 김찬규 교수: 국제법상 정확한 룰은 없다. 러시아는 군함이기 때문에 자신의 것이라고 주장할 것이고 일본은 가라앉은 것은 군함이 아닐뿐더러 러일전쟁의 승자인 일본 측이 돈스코이호를 전리품으로 간주해야 한다고 주장할 수 있다.

이날 회의에서 전문가들은 다양한 의견을 제시했다. 그중 주목할 만한 의견은 다음과 같다.

"미국 알라바마호 사례가 있다. 남북전쟁 당시 남군의 함정인데 프랑스 해역에서 침몰했다. 프랑스 정부에서 인양하자 미국이 이의를 제기, 프랑스는 영해 소유를 주장했고, 서로 옥신각신 하다가 인양하지 말고 밀리터리그래브(군사묘역)로 규정해 인양을 하지 않았다."

"1850년경 영국 군함이 24만 파운드 금화를 싣고 남아공 케이프타운에서 침몰했다. 1989년 인양이 추진되자 영국이 이의를 제기했다. 그때 금화는 탐사업체에게 분할하고 남는 것(현금 이외)은 영국과 남아공

이 나누어 가진 전례도 있다."

"침몰된 배가 돈스코이호가 틀림이 없다면 러시아가 소유권을 주장할 것이다. 그렇게 되면 동아건설은 실비나 수고비를 청구할 수 있을 것이다."

"국제법상 시효로 볼 때 한국의 것이고 또 군함으로 볼 수도 없을 것이다."

"러시아가 소유권을 주장하면서 국제소송을 제기할 가능성이 있다."

"영해내 문제로 연안국 재량으로 판단해야 한다. 돈스코이호 발굴은 규정상 허가했지만 국익을 위해서는 취소도 가능하다."

"우리가 신안에서 원나라 도자기를 발굴했지만 지금 중국이 돌려달라고 하지 않았다."[6]

이날 간담회에서 전문가들은 다양한 의견을 냈다. 그리고 이 배의 소유권 문제에 대해 대략 다음과 같이 결론을 내렸다.

"아국 영해 내에서 침몰한 돈스코이호는 외국 군함이므로 국제법상 국가면제가 인정되나, 시효제도에 의하여 러시아의 소유권이 소멸되고 아국의 소유권이 생성됐다고 보아짐."

또 러시아가 소유권을 주장할 때를 염두에 두고 우리의 대응방안에 대해서도 다음과 같이 정리했다.

- 러시아가 돈스코이호에 대한 소유권 주장 시 외교 분쟁이 발생할 여지가 있으므로 양국 간 인양협정을 체결, 공동위원회를 구성하여 공동 인양하는 것이 바람직함.

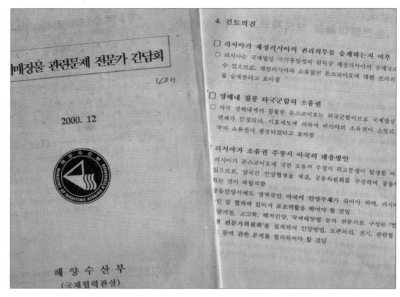

2000년 12월 12일 해양수산부에서 열린 돈스코이호 관련 전문가 회의 내부문건

- 공동 인양 시에도 영역국인 아국이 인양 주체가 되어야 하며 러시아는 확인 및 협력에 있어서 보조역할을 하여야 할 것임.
- 해양 지질, 고고학, 해저인양, 국제해양법 등의 전문가로 구성된 '인양관련 전문가 위원회'를 설치하여 인양방법, 보존처리, 전시, 관련법 및 제도 등에 관한 문제를 협의하여야 할 것임.[7]

하지만 워낙 긴박하게 소집된 회의라서 참석자들은 일단 이 정도로 정리하고 보다 정교한 논의는 관련 전문가위원회를 구성해 협의하는 것으로 일단락 지었다. 경향신문 원희복 기자는 이 전문가 좌담회 내용을 취재, 속보로 다음과 같이 보도했다.

"러일 전쟁 때 울릉도 근해에 침몰된 러시아 보물선 돈스코이호의 탐사 및 인양 유물 처리문제와 관련, 정부가 본격 대책마련에 나섰다. 해양수산부 관계자는 14일 '러시아가 돈스코이호에 대한 소유권을 주장할 경우 외교분쟁이 발생할 여지가 있는 만큼 양국 간 협정을 맺고 인양작업을 공동으로 벌이는 방안을 검토하고 있다'고 밝혔다.

이 관계자는 그러나 '돈스코이호를 러시아와 공동 인양하더라도 우리가 주체가 돼야 하며 러시아는 확인, 협력 보조역할에 머물러야 할 것'이라고 강조했다. 이에 따라 해양부는 금명간 해양지질, 고고학, 해저인양, 국제해양법 등 전문가들로 구성된 '돈스코이호 인양 관련 전문가 위원회'를 설치, 인양 및 보존, 전시 대책을 수립하는 한편 관련법과 제도도 정비할 방침이다.

한편 해양부는 지난 12일 해양부가 주최한 '해저매장물 관련 문제 전문가 간담회'에서 참석자들은 돈스코이호는 시효 제도에 의해 러시아 소유권이 소멸되고 우리에게 소유권이 생성됐다는 데 의견을 모았다."[8]

해양수산부에서 열린 전문가 회의 단독 보도는 돈스코이호 발견 소식에 기름을 부은 기사였다. 겉으로 태연한 해양부가 무엇 때문에 긴급하게 전문가 회의를 열었겠느냐는 것이다. 주식시장은 계속 요동치며 동아건설 주가는 연일 상한가를 쳤다.

무엇보다 해양부의 비공개 회의 문건이 불과 하루 만에 고스란히 신문기자의 손에 들어가 기사화가 된 것에 대해 해양부는 비상이 걸렸다. 해양부는 그동안 공식 입장을 한 번도 밝히지 않았다. 하지만 정부차원에서 인양협정을 검토하고 있다는 경향신문 보도에 정부도 어떤 형태로든 입장을 표명하지 않을 수 없었다.

이튿날인 15일 해양부 홍승용 차관이 기자회견을 자청했다. 해양부는 '돈스코이호 보도관련 해양수산부 입장'이라는 보도 자료를 배포했다. 이 보도 자료의 요지는 다음과 같다.

- 1905년 러일전쟁 당시 울릉도 근해에서 침몰된 것으로 알려진 러시아 군함 돈스코이호에 관하여 2000. 12. 5 경향신문 등 일간지에서 보도한 바 있음.

- 특히 2000. 12. 14 경향신문에서는 해양수산부가 러시아와 동 군함의 인양협정 체결을 검토하고 있다는 사실과 다른 기사를 보도함에 따라 이로 인한 예기치 못한 부작용이 우려되고 있음.

해양부의 이번 입장표명은 비공개 회의 문건이 공개됐기 때문임을 스스로 시인하는 대목이다. 그만큼 비공개 회의 내용은 충격이 컸다. 하지만 해양부는 속시원히 진실을 밝힐 수 없는 어려움이 있었다. 그래서 다음과 같은 나머지 설명은 지금까지 내용과 큰 차이가 없었다.

- 첫째, 돈스코이호는 제정러시아 발틱 함대 소속 철갑 순양함으로 러일전쟁 시 패퇴하던 중 울릉도 근해에서 자침된 것으로 일본 전사에 기록돼 있음.

- 둘째, 1999. 10. 5 포항지방수산청은 '국유재산에 매장 물건의 발굴에 관한 규정'에 따라 동아건설(주)이 제출한 매장물 발굴신청을 승인한 바 있으며, 1999. 10. 15 동아건설(주)은 한국해양연구소와 용역계약을 체결하였음.
- 셋째, 한국해양연구소는 그동안의 용역기간 중 해저지형 및 지질조사와 자력탐사기 등을 이용한 해양학적 조사결과 금속성 대형 이상체의 징후가 탐지되었다고 밝히고 있으나, 이 물체가 선박인지 여부는 아직 밝혀지지 않았으며, 이를 확인하는 데에는 상당한 시일이 소요된다고 함.
- 넷째, 돈스코이호에 금괴 등 보물이 적재되었는지 여부나 그 가액에 관한 어떠한 공식적인 자료도 확인되고 있지 않음.
- 이상과 같은 여러 가지 정황을 종합하여 볼 때 한국해양연구소가 탐지한 물체가 돈스코이호일 가능성은 불투명하며, 예단하기는 어려우나 금괴 등 보물적재 가능성도 불투명한 것으로 파악되고 있음.⁹

이어서 홍 차관과 기자들과 일문일답이 이어졌다.

- 그동안 정부의 태도가 애매모호했다.

  "기본적으로 용역사업이라는 점을 이해해 달라. 이건은 계약자(동아건설)와 수행자(해양연구소)의 문제로 정부가 관여하기에 한계가 있다."

- 돈스코이호를 발견했는가.

"해양연구소가 돈스코이호를 발견했다는 것은 과학적 초기 단계다. 돈스코이호 예단은 너무 빠르다, 돈스코이호가 보물선인지 여부도 좀 더 두고 봐야 한다."

– 정부에서 대책을 세우고 있지 않는가.

"없다."

– 전문가 회의는 무엇인가.

"언론에서 돈스코이호가 문제되니까, 정부로선 어떤 가능성에 대해 국제법적 현황과 외교적 가능성, 중장기적 검토 사항에 대해 관계자들이 검토해 본 수준이다."

– 탐사 재개 여부는.

"그것은 해양연구소와 동아건설 사이의 문제다."

이날 기자회견은 이 정도로 마무리됐다. 하지만 돈스코이호 문제는 수그러들지 않았다. 겉으로는 잠잠해 진 듯 했지만 속으로는 오히려 걷잡을 수 없이 커지고 있었다. 특히 이해 당사자들은 수면 아래에서 긴박하게 움직였다.

---

1   연합뉴스, 2000. 12. 7

2   The st. Petersburg Times, 2000. 12. 8

3   블룸버그, 2000. 12. 7

4   푸틴 러시아 대통령은 바리야크호 깃발을 돌려 받고 2004년 인천에 추모비

를 세웠다. 당시 푸틴 대통령의 강력한 요청에 의해 이 추모비가 만들어졌고, 푸틴 대통령이 제막식 때 직접 참석하려 할 정도로 관심이 많았다고 증언했다. 2004년 이명박-푸틴 정상회담에서 이 문제는 관심사항으로 채택됐지만 직접 부각되지는 않았다. (정태익 주 러시아 대사 증언)

5   뉴스1, 로이터, 2013. 7. 17

6   해양수산부(국제협력관실), '해저매장물 관련문제 전문가 간담회', 2000. 12. 이 문건은 정부가 해양 매장물에 대한 관련전문가 간담회를 열고 돈스코이호에 대한 문제를 심도 있게 논의한 최초의 보고서다.

7   해양수산부, 위의 자료, p.6

8   경향신문, 2000. 12. 14

9   해양수산부, 돈스코이호 보도관련 해양수산부 입장, 2000. 12. 15

10장

—

밀약,
한국판 제니퍼 프로젝트

—

1999년 12월, 정부는 응급 처방식이었지만 벤처와 카드로 죽은 경제에 온기를 불어넣었다. 경기가 웬만큼 살아나 보물선 같은 심리적 부양 프로젝트는 필요치 않았다. 권력형 보물선 프로젝트에 적극 개입했던 천용택 국정원장이 경질됐고, 엄익준 2차장 역시 건강상 이유로 사표를 냈다. 자연히 보물선에 대한 필요성은 줄어들었고 관심은 잊혀지는 듯했다.

그런데 돈스코이호 인양 문제가 갑자기 해양연구소와 경향신문에 의해 다시 불거져버렸다. 처음 정부 측에서는 이 문제에 대해 일관성 있는 대응을 하지 못했다. 외교통상부 입장에서 이 프로젝트는 골칫거리였다. 불과 두달 후인 2001년 2월 한·러 정상회담을 앞둔 상태였기 때문이다.

실제 일본도 일본 영해에서 경리함 나히모프호를 발견하자 러시아와 심각한 외교적 분쟁이 발생했다. 일본은 나히모프호를 돌려주는 대신 2차 세계대전 이후 러시아가 장악한 북방 4개 섬과 맞교환하자는 주장을 하기도 했다. 나중에 일본은 발견한 것이 나히모프호인지 아닌지 모른다고 둘러댔다. 결국 일본은 나히모프호 발견을 묻어버린 것이었다.

미국과 프랑스 사이의 알라바마호 사례도 있다. 알라바마호는 남북전쟁 시 남군의 함정인데 프랑스 해역에서 침몰했다. 프랑스 정부에서 인양하려 하자 미국이 이의를 제기했다. 프랑스는 영해 소유를 주장했고, 서로 옥신각신 하다가 결국 프랑스는 인양하지 말고 밀리터리그래브(군사 무덤)로 만들었다. 한·러정상회담을 앞두고 있던 우리 외교당국자들은 이런 전례를 들어 돈스코이호의 탐사를 중단할 것을 요구했다.

그러나 해양수산부와 해양연구소측은 어떤 형태로든 계속 탐사를 원했다. 심해저 탐사기술을 축적하는 좋은 기회였기 때문이다. 또 해양연구소와 동아건설의 탐사 용역계약은 아직 유효기간이 남아 있어 일방적으로 탐사허가를 취소할 수도 없었다.

부도가 난 동아건설 역시 탐사계약을 포기할 생각은 없었다. 단지 회사의 부도로 자금지원을 못하고, 자연스레 탐사가 중단된 상태였는데 경향신문 보도로 상황이 급변한 것이다. 동아건설은 이 프로젝트의 재가동, 즉 돈스코이호 탐사를 강력히 요구했다. 국민여론도 보물선 신드롬을 일으킬 정도로 환호하는 상태였다.

이러지도 저러지도 못한 상황에서 나온 아이디어가 바로 미국의 제니퍼 프로젝트이다. 1968년 미국 CIA는 프로젝트 제니퍼(Project Jennifer)라는 암호명으로 1급 비밀작전을 추진했다. 하와이 서북쪽 공해에 침몰한 소련 잠수함 트레셔호의 암호해독기를 수거하기 위해 심해저 잠수정을 개발하는 프로젝트였다. 결국 미국은 1974년 특수 제작한 글로머익스플로어(Glomar Explorer)라는 심해저 샐비지선을 개발, 암호해독기를 수거했다.

물론 나중에 이것이 폭로되면서 소련은 물론 국내의 극렬한 항의를 받았다. 침몰 군함에 대한 국제법적 문제를 무시했기 때문이다. 이 아이디어는 해양수산부 홍승용 차관에게서 나온 것으로 알려졌다.

당시 미국은 소련잠수함 암호기를 인양한 제니퍼 프로젝트를 심해저

망간단괴 탐사사업으로 위장했다. 마침 우리나라는 1994년 세계에서 7
번째로 태평양 공해상 15만km²에 대한 심해저 망간단괴 광구권을 인
정받은 상태였다.

더구나 유네스코에서는 침몰된 지 100년 이상 된 오래된 침몰 선박
은 군함이라도 일종의 유물로 보아 해당국의 소유권을 인정하지 않는
것도 논의되고 있었다. 1994년 부에노스아이레스 총회에서 합의한 해
저유물보호협약 초안에는 100년이 지나면 해양강국의 선박이라도 자
국의 영해에 빠져 있으면 접근 관할권을 인정하는 바로 문화유산구역
(Cultual haritage zone)을 두자는 내용이 들어있었다.

군함도 침몰한지 100년이 지나면 유물로 보아 연안국이 보호할 수
있는 법적 자격을 얻게 되는 것이다. 100년이 지나면 돈스코이호에 대
해 한국이 권리주장을 할 수 있는 근거가 생기는 셈이다.

2001년 7월 유네스코 정부 전문가 회의가 예정돼 있는데 러시아 등
과거 해양강국이 여전히 반대하고 있지만 초안대로 갈 가능성이 더 높
았다. 돈스코이호가 침몰한 1905년 이후 100년, 그러니까 2005년까지
시간을 끌면 돈스코이호에 대한 소유권을 주장할 국제법적 근거가 생
기는 것이다.

1968년 미국 CIA의 제니퍼 프로젝트의 한국판, 시의 적절하고 안성
맞춤 아이디어였다. 해양부는 내부적으로 돈스코이호의 소유권에 대한
법적 이론을 종합하는 논리를 개발하기 위한 용역을 발주했다. 특히 해
양부는 돈스코이호 문제를 군함에 실린 보물의 소유권 문제로 접근하

지 말고, 돈스코이호를 유엔해양법협약상 해저 유물이라는 관점에서 접근할 것을 요구했다.

아울러 해양부는 숙원 사업인 심해저 무인잠수정 개발과 지지부진하던 심해저 망간채굴 프로젝트도 명분과 탄력을 받을 수 있었다. 돈스코이호 탐사로 부수적 프로젝트도 함께 진행할 수 있게 된 것이다.

우연의 일치인지 모르지만 이 두 가지 프로젝트는 돈스코이호 인양 프로젝트와 맞닿아 있다. 심해저 물체를 확인하는 무인잠수정을 개발하고 심해저에 있는 망간을 채굴, 바다 밖으로 끌어 올리는 기술을 축적하는 것, 이 두 프로젝트를 결합하면 해저에서 확인된 돈스코이호 선체에서 그 무엇을 건져 올릴 수 있는 기술이기 때문이다. 여기에 돈스코이호를 해저유물로 보는 국제법적 근거까지 무장하면 완벽한 조치가 이뤄지는 것이다.

사실 심해저 잠수정 사업은 해저탐사에서 가장 기초적인 프로젝트다. 심해저 탐사에서 무인 혹은 유인잠수정은 필수적이기 때문이다. 잠수정에서 얼마나 깊은 바다에 잠수할 수 있느냐는 잠수가능 깊이가 매우 중요하고 잠수정에 달린 로봇팔 기능 또한 잠수정의 성능에서 매우 중요한 요소다.

하지만 심해저 잠수정 기술은 유사시 즉각 군사용으로 쓰일 수 있기 때문에 수입하기도 어렵고 이미 기술을 개발한 나라는 심해저 탐사 기술을 매우 중요한 국가보안기술로 분류하고 있다. 따라서 세계 각국은 직접 심해저 기술 개발에 매달렸다.

마침 해양연구소 해양개발시스템연구본부는 지금까지 무인잠수정 개발을 위한 사전 조사사업을 꾸준히 추진했다. 민간과 전문가가 합동으로 참여하는 '차세대 무인잠수정 기획조사사업'이 그것이다. 차세대 무인잠수정의 기능설정, 개발의 타당성 사업은 '해미래 사업'으로 명명됐다.

2000년 12월 26일 해양수산부는 다음과 같은 짤막한 참고자료를 발표했다.

"해양수산부에서는 심해저자원개발사업의 효율적인 추진을 위하여 동 사업에 관한 정부의 정책을 심의 · 조정하게 될 '심해저자원개발위원회'를 구성하고 12월 27일(수) 11:00 창립회의를 개최한다. 심해저자원개발위원회는 해양수산부 차관을 위원장으로 하여 해양수산부, 외교통산부, 과학기술부, 산업자원부, 기획예산처 등 관련부처의 국장급 공무원과 한국해양연구소, 대한광업진흥공사, 현대중공업, 삼성중공업, 대우조선공업 등 관련단체 및 업체 대표를 포함한 15명의 위원으로 구성된다."[1]

하지만 어떤 언론도 이를 관심 있게 보도하지 않았다. 깊은 바닷 속에 있는 망간을 채굴한다는 발표는 누구도 관심을 가질만한 사안이 아니었기 때문이다. 러시아나 일본, 미국도 이 프로젝트에 관심을 갖지 않았다.

정부 차원에서 러시아와 은밀한 외교전쟁을 벌이고, 일본과 신경전을 벌이고 있는 가운데 다른 한쪽에서도 치열한 전선이 형성됐다. 이쪽은 오히려 외교전보다 더 치열했다. 그 이유는 한 기업, 아니 대재벌의 생사, 흥망을 건 대결이었다. 최원석 전 동아건설 회장은 선대로부터 물려받은 기업의 경영권을 되찾기 위해 막바지 뒤집기를 시도 중이었다.

　사실 그 때까지만 해도 최 전 회장은 재기를 포기한 상태였다. 1998년 워크아웃에 들어갈 때만해도 재기를 도모할 수 있었고 또 자신도 가졌다. 실제 노조를 통해 그의 복귀 작업도 잘 진행됐다. 그런데 2000년 11월 동아건설이 최종 부도처리 되면서 그의 재기 몸부림은 물거품이 됐다.

　하지만 동아건설이 돈스코이호 보물을 발견했다는 기사와 함께 동아건설 주가가 폭등하자 최 전 회장은 다시 한번 자세를 추스르고 있던 상태였다.

　최 전 회장은 2000년 12월 돈스코이호에 대한 첫 보도를 한 경향신문 원희복 기자를 자신의 장충동 집에 초대했다. 그리고 자신이 돈스코이호를 탐사하게 된 배경을 얘기했다. 460여 평에 이르는 장충동 집은 방이 9개, 욕실 6개, 수영장과 헬스장까지 갖춘 말 그대로 재벌가 저택이었다. 하지만 오래된 집이어서 그런지 가구는 의외로 소박했다.

　간편한 복장으로 거실에 앉은 최 전 회장은 하고 싶은 얘기가 많은 듯 했다. 최 전 회장은 "재산 다 넘겨주고 이 집 하나밖에 남은 게 없다"면서 "그런데 이 집도 압류한다나 어쩐다나"하며 웃었다.

원 기자는 단도직입적으로 물었다.

– 돈스코이호에 대해 어떻게 관심을 가졌나요.

"아, 그거요, 어떤 도사가 알려줬나. 허허. … 내가 돈스코이호에 대해 처음 관심을 갖고 탐사를 지시했지요. 그것도 비밀리에. 허허 …."

최 전 회장은 에둘러 도사 얘기를 하면서 웃었다. 하지만 그의 말을 액면 그대로 믿을 분위기가 아니었다. 최 전 회장의 말의 뉘앙스는 이 자리에서 말할 수 없는 곳으로부터 돈스코이호 정보를 들었고, 분명 확신이 있어 투자를 결심했다는 것이다.

– 돈스코이호가 경영권을 돌려받을 수 있는 계기가 될 수 있을까요?

"허허… 그렇게야 뭐… 그건 채권단이 하는 것이고."(옆에 있던 한 인사는 이 질문에 "회사 임직원도 원하고 국익을 위해서라도 회장님이 당연히 경영에 복귀할 것"이라고 거들었다)

이날 최 전 회장이 하려는 얘기는 분명했다. 돈스코이호는 곧 최원석 자신이 추진한 것으로 자신이 매듭을 지어야 하는 문제다, 비록 자신이 경영권에서 밀려나 사업이 중단됐지만 사업의 끝을 자신이 보고 싶다, 이 최원석이 죽지 않았다, 조금만 더 지켜보면 좋은 소식 있을 것이다.

12월 19일 동아건설 김시웅 사장은 서울지법 파산4부(이형하 부장판사)에 러시아 보물선 돈스코이호의 탐사·발굴프로젝트 진행을 허가해 달라고 정식으로 요청했다. 해양연구소도 "자금을 지원하던 회사가 부도났지만 계약이 유효한 만큼 계약기간 만이라도 탐사를 계속하는 것이 옳다"는 의견을 파산법원에 냈다. 유해수 박사도 법원에 그동안 탐사 결과인 중간 보고서를 제시하며 "조금만 탐사를 계속하면 좋은 결과를 볼 수 있다"고 설득했다.

동아건설과 해양연구소의 요구에 파산법원 이형하 부장판사도 곤혹스러웠다. 특히 이 부장판사는 부도로 정리절차에 들어간 동아건설이 무려 70억 원의 사업비를 쓰면서 돈스코이호 발굴을 계속할 필요가 있느냐를 판단하기 어려웠다. 게다가 추가 탐사를 허용하면 시장은 '막대한 양의 금괴 때문'이라고 금방 알아차릴 것이 자명했다. 그것이 아니면 어떻게 빚잔치를 하는 회사가 보물선 탐사에 수십억 원의 자금을 투입할 수 있을까 설명이 안 됐다. 이 부장판사는 심각한 고민에 빠졌다.

이 부장판사는 소신 있는 원칙론자였다. 그는 김대중 정부가 기업구조조정특별법을 제정해 동아건설에 적용하는 워크아웃 방식의 기업구조조정에 문제점이 많다고 판단했다. 그는 경제위기라는 이유로 개인의 재산권을 침범하는 워크아웃 제도에 거의 유일하게 문제를 제기했던 인물이다. 그의 이러한 원칙은 돈스코이호 탐사에서도 중요하게 작용했다.

당시 부실기업의 운명은 법원의 판단보다 정부의 태도에 따라 결정된다는 것은 공공연한 비밀이었다. 그런데 기업구조조정특별법은 행정당국이 법원에 최소한 '국익을 고려해 달라'는 아쉬운 소리를 할 필요도 없이 마구잡이로 기업의 운명을 좌우할 수 있었다. 특히 이 법은 기본적으로 기업을 살리는 것이 아니라 기업을 빨리 정리하는 데 중점을 두고 있다고 이 부장판사는 판단했다. 무엇보다 채권자의 75%만 동의하면 과거 은행관리 비슷한 워크아웃에 들어갈 수 있도록 했는데 이것은 나머지 25% 채권자의 기본적 권한을 훼손하는 위헌적 요소가 컸다. 또 부실기업 정리가 은행관리에 넘어가면 기업 정리가 정치논리에 따르게 될 수밖에 없는데 이는 결국 관치금융으로 후퇴하는 것을 의미했다. 무엇보다 이 법은 법원 파산부의 존재를 유명무실하게 만드는 위헌적 법률이라는 것이 양식 있는 법조계 인사들의 판단이었다.

이 부장판사는 고민 끝에 서울지방법원 법관 통신망에 '위기에 처한 파산부'라는 제목으로 글을 써 정부와 정치권을 다시 비판하고 여기에 대응하지 못하는 사법부에 대해 경고했다. 그는 이 글에서 "정부가 과거의 법정관리에 대한 왜곡된 선입견을 버리지 못한 일부 관료들에 의해 법정관리가 기업회생절차가 아닌 퇴출절차로 이해되고 있는 것 같다"고 비판했다. 이 부장판사는 또 "기업구조조정특별법의 '채권금융기관이 협의회 소집을 통보받은 날로부터 1개월 또는 3개월(자산 실사 시) 동안 모든 채권행사를 유예해야 한다'는 규정은 재산권에 대한 제한으로서 지나치다"며 "헌법을 위반할 소지가 있는 것으로 우려된다"고 지적했다. 이 부장판사는 이런 지적은 당시 신속한 기업구조조정이 지고지선이라는 정부 경제정책에 정면으로 문제를 제기한 것이다.

사실 사법부라도 이제 막 새로 출범한 정부가 경제위기를 극복한다며 야심차게 추진하는 정책을 공개적으로 반박하기란 쉽지 않았다.

이 부장판사는 세미나에 참석해 자신의 의견을 확실히 밝혔다.

"이 법은 오히려 구조조정을 지연시키고 도덕적 해이를 낳을 수 있습니다. 부실기업이 정상화 할 가능성이 있다면 처음부터 은행관리절차를 개시하거나 법정관리절차개시를 신청할 수 있는 길을 열어주는 것이 바람직합니다."

이 부장판사가 정부의 졸속 구조조정 문제를 지적한 것은 세 가지였다. 첫째는 경제 현실이 급박하다는 이유로 금융기관의 구조조정을 법으로 강제, 채권자들의 재산권 행사를 방해하는 조항을 둔 것은 관치금융을 강화하고, 헌법에 위반될 소지가 있다. 두 번째는 채권금융기관 임직원이 공적자금이나 신탁재산을 방만하게 운영하더라도 책임을 물을 수 없어 도덕적 해이현상을 부추길 우려가 있다. 세 번째는 이미 실패작으로 평가되는 은행관리제도를 법정관리의 전치절차로 규정함으로써 은행관리절차에서 실패한 기업이 다시 법정관리절차를 밟게 돼 도리어 구조조정을 지연시킬 우려가 있다.

이런 지적에 대한변협 등 법조계도 공감했지만 법안의 국회통과를 막기에는 역부족이었다. 하지만 이 부장판사는 끝까지 문제점을 지적했다. 그는 직권으로 공적자금관리특별법에 대해 헌법재판소에 위헌심판을 제청했다. 해당법안이 위헌적 요소가 있으니 헌재에서 그 여부를 심판해 달라는 요구였다.

"법원이 지난해 말 공포된 공적자금관리특별법에 대해 직권으로 헌법재판소에 위헌심판을 제청, 헌재의 결정이 주목된다. 공적자금관리특별법에는 '파산한 금융기관에서 이미 투입된 공적자금을 효율적으로 회수키 위해 필요한 경우 예금보험공사를 파산관재인으로 선임'토록 규정하고 있다.

서울지법 파산2부(재판장 이형하 부장판사)는 7일 "파산법상 파산관재인의 선임은 법원의 재판사항인데도 특별법은 법원이 다른 행정기관의 지시를 받아 파산관재인을 임명토록 규정, 부적격자를 배제할 수 있는 법원의 권한을 박탈했다"고 밝혔다. 재판부는 "이는 권력분립을 정한 헌법정신에 어긋나며 법원의 재판권 내지 사법권을 침해하는 것으로 위헌의 소지가 있다"고 강조했다.

그간 법원은 금융기관의 파산관재인을 금융감독위원회 추천을 받아 적격 유무를 심사한 뒤 선임해왔다. 재판부는 이어 "파산관재인은 파산자 파산채권자 등 이해관계인의 이해를 떠난 중립적이고 독자적인 입장에서 그 권한을 행사해야 한다"며 "그 자신이 직접적인 이해관계를 갖고 있는 예보가 다른 채권자와 이해가 상충되는 상황에서 관재업무를 중립적으로 처리할 것으로 기대하기 어렵다"고 덧붙였다.

이와 함께 법원은 예보만을 파산관재인으로 임명하는 것은 다른 채권자, 특히 예보보다 금액이 많은 채권자가 있을 경우 헌법상 평등의 원칙에 위배된다는 점도 위헌제청 사유로 꼽았다."[2]

이 부장판사는 집요하게 개인의 재산권 보호라는 원칙을 주장했다.

이런 원론적인 주장에 정부는 곤혹스러웠다. 하지만 막 출범한 정부는 신속한 기업구조조정 정책을 포기할 수 없었다.

헌재는 3월 15일 매우 신속하게 합헌결정을 내렸다. 하지만 이 부장판사는 여기서 포기하지 않았다. 그는 예금보험공사가 요청한 파산관재인 선임요청을 보류하는 등 끝까지 정부의 졸속 구조조정에 문제를 제기했다. 헌재 결정에 순순히 따르지 않겠다는 의지의 표시였다. 결론적으로 이 부장판사의 이런 주장은 동아건설 처리 과정에서 고스란히 그 문제점이 드러났다. 이 부장판사의 지적이 정확했던 것이다. 이 점은 나중에라도 분명히 평가돼야 할 대목이다.

이 부장판사는 또 동아건설에서 돈스코이호 탐사 발굴 프로젝트 진행 요청을 받자 이를 승인했다. 이 부장판사는 이를 대외적으로 공개하지 않았지만 신속하게 이를 승인했다.

1   해양수산부 참고자료, '심해저자원개발위원회 창립회의 개최', 2000. 12. 26

2   한국경제, 2001. 1. 8

11장

—

막후,
재벌 · 은행 · 법원 그리고 권력

—

2001년 1월 3일 증시가 개장하자마자 주가는 16.33% 포인트 뛰어 520선을 회복했다. 일주일 내내 주가가 내리다가 외국인과 개인의 매수세에 힘입어 크게 상승한 것이다. 그러나 주가 폭등의 진짜 이유는 바로 법원의 동아건설 돈스코이호 탐사 비용 승인 소식이었다.

"동아건설은 법원으로부터 지난해 말 해양기술개발을 목적으로 한 탐사연구와 관련 추가 작업 비용에 대해 승인을 받았다고 2일 밝혔다. 동아건설 관계자는 이날 '법원에 정밀 탐사 비용에 대한 승인을 요청한 결과 법원이 지난해 말 이에 대한 승인을 해 줬다'고 말했다.

이 관계자는 '회사의 자체 운영자금으로 추가 작업을 진행할 것이며 탐사 활동은 비공개로 진행된다'고 말했다. 그는 그러나 '정확한 추가 탐사 비용에 대해서는 밝힐 수 없다' 고 덧붙였다."[1]

탐사 비용을 승인한 서울지법 파산부 이형하 부장판사는 이렇게 그 배경을 설명했다.

– 추가 탐사비용을 승인한 이유는 무엇인가.

"해양연구원 설명도 듣고, 이것저것 따져 봐도 해 볼만 가치가 있다고 판단해 계약을 체결했다. 보증금을 예치한 것도 있고, 사업을 포기했을 때 발생하는 손해와 계속했을 때 손해를 따져봐 금년까지는 해보는 것이 좋겠다는 경영적 판단을 한 것이다. 동아건설과 해양연구원의 설명을 법원이 수긍한 것이라고 할 수 있다."

– 승인한 탐사비용은 얼마인가.

"금년치만 승인했다. 해마다 약간씩 다르지만 얼추 14억 원 정도이다. 전체적으로 70억 원이다."

- 해양연구원이 못받은 작년 용역비 12억 원을 채권으로 신고했다고 하는데… (이 말은 동아건설 부도 후 채권자 신고에서 동아건설이 주지 못한 탐사 용역비를 동아건설로부터 받아야 할 빚으로 신고했다는 것이다)

"그렇게 했다. 이는 일반 정리채권과 같이 취급돼 파산선고를 내리면 파산채권으로 간다. 마지막 빚잔치 때 찾아갈 수도 있다."

- 그렇다면 이번에 승인한 14억 원은 파산이 되면 어떻게 되는 것인가.

"14억 원은 공익채권 성격으로 재단채권이다. 동아가 지급하지 않았다면 재단채권으로 기존채권과 다르게 취급된다. 수시 변제되고."

- 동아건설이 파산하면 인양권이 회수된다고 일부 언론이 보도했는데 가능한 일인가.

"왜 그런 기사가 나갔는지 잘 모르겠다. 파산선고를 하더라도 첫번째 쌍무계약으로 계속 유지되는 것이고, 둘째 해지해야 할 사유가 되면 모르겠지만 파산선고가 내린다고 계약이 해지되는 것은 아니다. 예를 들어 물건을 팔고, 회사가 파산했을 때 관계인이 그 물건이 필요하다고 판단하면 계약은 계속되는 것과 마찬가지다."

- 일각에서는 탐사권을 팔 수 있다는 견해가 나온다. 그렇게 할 수 있

는 것인가.

"탐사권을 권리로 보면 사고팔 수도 있겠지만 행정절차가 있어 임의로 할 수 있는 것은 아니라고 본다. 이것은 개인적인 내 법적 판단이다."

– 앞으로 파산절차는 어떻게 되는가.

"파산선고를 하면 파산관제인이 선임돼 파산절차를 진행한다. 사업이 마무리 되면 돈을 배당하고 줄 것이 없으면 끝나는 소위 빚잔치를 하고, 그 때 가서 없어진다."[2]

법원의 탐사비용 추가 승인 사실이 알려지자 동아건설 주가는 다시 미친 듯이 상승했다. 무려 17일 연속 상한가를 기록한 동아건설 주가는 4일 3,265원으로 마감됐다. 300원도 안 됐던 주식이 한 달 만에 10배 이상 폭등한 것이다. 돈스코이호는 국민에게 희망을 주는 최상의 벤처였다. 부도가 난 동아건설은 다시 회생의 희망에 부풀었다.

그러나 문제는 한국판 제니퍼 프로젝트는 은밀히 추진해야 하는 것인데, 법원의 탐사비용 승인으로 완전히 공개돼 버렸다. 한러 정상회담을 불과 한 달 앞둔 러시아와 외교관계를 생각해야 하는 외교안보적 차원에서 곤혹스런 존재였다. 실제 외교가에는 러시아 푸틴 대통령이 이 문제를 정상회담 의제로 삼을 수도 있다는 분위기가 팽배했다. 당시 외교당국은 한러 정상회담에서 러시아 푸틴 대통령이 북한편을 드는 주한미군 철수 발언을 하겠다고 해 그것을 막느라 크게 고생했다.

게다가 동아건설 주가의 과다폭등은 정상적인 경제 질서를 넘어선 것이었다. 멀쩡한 현대건설 주식이 2,500원선인데 부도난 건설회사의 주가가 이보다 훨씬 높다는 것은 정부 경제당국으로서 곤혹스런 일이었다.

　원래 정부의 경제 당국은 동아건설의 정리를 반대하는 입장이었다. 정부 입장에서 외교부보다 해양부 입장편이었던 것이다. 그것은 바로 동아건설이 리비아에 건설 중인 대수로 사업 때문이다. 리비아 대수로 공사는 우리 건설업의 성가를 세계에 알리는 중요한 프로젝트였다. 그렇지 않아도 리비아는 동아건설 부도에 대해 손해배상을 신청하느냐 마느냐를 검토했다.

　게다가 리비아 대수로 공사는 정부가 입회보증을 선 상태였다. 동아건설이 아니더라도 대수로 공사는 계속된다고 리비아를 설득 중이었지만 최원석 전 회장과 가다피 리비아 국가원수는 워낙 각별한 관계여서 매우 힘들었다.

　그러나 동아건설쪽에 우호적이었던 경제당국도 동아건설의 '비이성적' 주가폭등을 그대로 둘 수 없었다. 정부의 정책결정은 추가 탐사를 중단시키는 쪽, 즉 외교통상부 입장으로 선회할 수밖에 없는 분위기가 된 것은 당연했다.

정부가 돈스코이호 탐사에 대해 손을 떼는 이른바 출구전략이 시작
됐다는 신호는 각 부분에서 감지됐다. 그것은 정부의 돈스코이호 탐사
저지가 다각적으로 이뤄졌다는 것을 의미한다.

　제일 먼저 거론된 것이 바로 탐사권 이양이다. 어차피 동아건설은 빚
잔치를 하는 중이니, 보물선 탐사권을 다른 기업에 넘기면 간단하게 해
결된다는 발상이다. 마침 보물선을 탐사하는 '자금도 넉넉하고 믿을 만
한' 기업이 있었다. 바로 막강한 정치적 배경을 가지고 보물선을 탐사
중이던 삼애실업이다. 청와대와 국정원의 영향력 하에서 보물선을 탐
사중인 삼애실업이 돈스코이호 탐사를 하면 보안도 철저하게 유지되
고, 또 1,000억 원대 재산을 가진 이용호 사장이 자금을 대면 동아건설
보다 훨씬 빠르게 탐사가 진행될 수 있다고 판단했다.

　해양부나 탐사를 진행하는 해양연구원(2001년부터 한국해양연구원으
로 바뀜)도 청와대나 국정원에서 전폭적으로 지원하는 삼애실업이 탐사
비용을 지불한다면 훨씬 탐사가 수월할 것이라고 생각했다. 해양연구
원 유해수 박사는 죄인도 아닌 자신이 법원에 가서 막내 동생같은 판사
앞에서 탐사 진행사항을 설명하는 것이 영 마음에 내키지 않았다고 고
백했다.

　하지만 보물선 탐사에 마지막 기대를 걸고 있는 동아건설이 이를 포
기할 리 없었다. 동아건설은 인양권 양도에 강력 반발했다. 사실 비록 1

년여 탐사용역비가 밀리기는 했지만 계약을 파기할 요인은 아니었다.

또 법적으로 기업과 용역계약을 맺은 사안의 경우 기업이 부도가 나더라도 용역계약까지 취소할 수는 없었다. 법적으로 정부가 돈스코이호 탐사권을 회수해 다른 기업에 재허가 할 수 있는 것이 아니고, 게다가 동아건설이 행정행위인 탐사권을 다른 기업에게 양도할 수 있는 것도 아니었다.

무엇보다 동아건설을 사실상 경영하는 서울지법 파산부 이형하 부장판사는 탐사권을 양도할 수 없다고 못 박았다. 그는 사사건건 정부의 기업구조조정에 문제점을 지적했지만 동아건설을 살려보겠다는 의지가 강했던 인물이다. 이런 생각은 파산부 4부 두 배석판사도 마찬가지였다. 신속하게 추가 탐사비용 14억 원을 승인한 것도 이런 배경이다.

결국 동아건설로부터 돈스코이호 탐사권을 회수하는 작업은 무위로 돌아가고 말았다. 삼애실업은 2월 8일 기자회견을 통해 이를 부인했다.

"삼애실업은 8일 동아건설로부터 보물선(돈스코이호) 인양권을 인수했다는 루머는 사실무근이라고 밝혔다. 삼애실업 관계자는 '최근 동아건설로부터 보물선 인양권을 넘겨받지 않았느냐는 문의가 잇따르고 있으나 이는 사실이 아니다'라고 말했다.

삼애실업은 그러나 동아건설로부터 보물선 인양권을 인수했다는 루머는 사실무근이라고 밝히면서도 삼애실업 자체적으로 보물선 인양 사업을 추진하는지에 대해서는 구체적인 답변을 피했다.

삼애실업 관계자는 '삼애실업이 최근 추진하고 있는 건설관련 특수

사업 가운데 보물선 인양 등 관련 사업이 포함됐는지의 여부에 대해 아직 확정된 것이 없어 밝힐만한 내용이 없다'고 설명했다. 이 관계자는 '추후 밝힐만한 내용이 나올 경우 공시나 언론보도를 통해 공개할 계획'이라고 덧붙였다."[3]

돈스코이호 탐사권 양도 기도는 이렇게 무산됐다. 결과론적이지만 만약 그 때 삼애실업이 탐사권을 넘겨받았다면 돈스코이호의 존재확인도 불가능했을 것이다.

그렇다고 동아건설의 돈스코이호 탐사도 순탄하게 이뤄지지 않았다. 동아건설의 목줄을 죄는 시도는 집요하고도 또 거침없이 이어졌다. 그것은 상상을 초월하는 분야까지 전방위적으로 이뤄졌다.

그해 1월 말 법원은 인사설로 술렁거렸다. 2월 6일 서울지법 파산부에 대한 인사가 단행됐다. 매우 파격적이고 이례적인 인사였다. 서울지법 파산부에 변동걸 수석부장판사가 기용됐다. 이후부터 동아건설 파산문제는 막힘없이 신속히 진행됐다. 파산부는 1월 29일 삼일회계법인이 작성하고 있는 보고서 중간보고를 받았다.

"이 중간보고 자리에서 삼일회계법인은 2가지 안을 제안했다. 하나는 동아건설 국내공사의 매출채권 회수기일(공사대금 회수일)은 1999년도 대기업 건설업 평균회수기일인 87일로 잡고, 현재 가치할인율은 서울지방법원 관리위원회 기준범위 12.5%~15.5% 중에서 13.5%로 정하여 동아건설의 계속 기업가치를 계산하는 경우, 동아건설의 계속 기업

가치는 청산가치보다 크게 나와 법정관리를 존속하는 방안이 있었다.

한편 국내공사 매출채권회수기일을 동아건설이 국내공사 과거 9년 간(1991~1999) 실적을 기준으로 산출한 121일로 잡고, 현재가치 할인 율을 15.5%로 하여 동아건설의 계속 기업가치를 계산하는 경우 계속 기업가치가 청산가치보다 작게 나와 법정관리를 폐지하는 방안이 있 다. 위 2가지 방안 중 즉 동아건설을 법정관리로 가는 방안과, 파산시키 는 방안을 조사보고했다."[4]

삼일회계법인의 중간보고서는 가치기준을 어디에 두느냐에 따라 동 아건설을 살릴 수도, 죽일 수도 있으니 입맛에 맞는 방안을 선택해 달 라는 것이나 다름 아니다. 이후 동아건설 처리는 마치 잘 짜여진 각본 처럼 막힘없이 처리됐다. 마치 사망선고를 내린 사람을 행정적으로 마 무리하듯 일사천리로 진행됐다.

주가가 폭등하며 활기차게 새해를 맞던 동아건설은 이제 급격히 추 락하면서 마지막 임종을 기다리는 신세로 전락했다. 2001년 2월 3일 서울지방법원 파산 4부로 다음과 같은 한 편의 조사보고서가 제출됐 다.

동아건설의 운명을 좌우하는 실사 보고서였다. 보고서의 결론은 간 단했다.

"동아건설을 청산할 경우 자산가치는 1조6,693억 원으로 계속 유지 시킬 경우에 예상되는 가치 1조4,750억 원보다 높다. 따라서 동아건설

조 사 보 고 서

사　　건	2000회 9 회사정리
신청인 겸 사건본인	동아건설 산업주식회사 서울특별시 중구 서소문동 120-23 대표이사 최 동 섭
관 리 인	김 동 윤

위 사건에 대하여 2000년 11월 24일 귀원으로부터 조사위원으로 선임되어 회사정리법 제 177조 내지 제 180조의 사항에 대하여 조사하고 회사정리절차의 타당성 여부에 대한 의견과 함께 그 조사결과를 다음과 같이 보고합니다.

조사위원　　　서울특별시 용산구 한강로 2가 191 삼일회계법인

을 파산시켜야 한다."

앞서 삼일회계법인이 제안한 2가지 안 중에서 후자를 택한 것이다. 담당 판사를 이례적으로 승진시켜 업무에서 배제시키자마자 서울지법 파산부의 태도는 180도 달라졌다. 여기서 바로 그 시간 서울지방법원에 있던 협력업체 채권단대표인 이정열 회장이 삼일회계법인 회계사와 통화한 내용은 그런 심증을 더해주고 있다.

- 이정열 협력업체 채권단대표: 그러면 법원에서 (동아건설에) 불리한 쪽으로 보고서를 다시 올리라고 그랬단 말인가?

"제가 '처음 조사할 때 사실은 (동아가 유리한 쪽으로) 잘 안 나오고 불리하게 나오는데 이렇게 이렇게 하면 유리하게 될 수 있다, 그러니까 그거를 수용을 하시든가 말든가 결정을 해라' 제가 (법원에) 제시를 했다. 그랬더니만 불리한 쪽으로 봐 갖고 불리한 쪽으로 하다보니까 그런 식으로 바뀌게 된 거다."

- 그러면 양○○ 판사가 그랬단 말인가.

"재판하는 사람들이 결정하는 거니까. 그건 재판부에서…."

- 그러니까 지금 다시 불리한 쪽으로 올렸단 얘기 아닌가, 결론적으로.

"지시에 의해서 지시대로 가는 것이다."[5]

동아건설을 청산하는 것이 훨씬 낫다는 법원의 발표는 많은 사람을 의아하게 만들었다. 누가 봐도 납득하기 어려운 대목이 많았기 때문이다. 음모와 외압에 의한 것이라는 소문이 들끓은 것은 당연했다. 한 신문은 아예 '음모와 외압 속에서 동아건설의 법정관리 폐지결정이 내려졌다'는 제목으로 다음과 같은 기사를 썼다.

"법원의 파산 선고를 앞둔 동아건설 소액주주들이 인터넷을 통해 '음모론'과 '외압설'을 확산시키고 있다. 이들의 주장은 동아건설의 실사를 맡았던 삼일회계법인이 외부의 압력으로 청산가치를 계속 기업가치보다 높게 계산, 법원이 법정관리 폐지 결정을 내리도록 했다는 것. 특히 이들은 '법원에서 (동아건설에게) 불리한 쪽으로 (실사보고서를) 작성하라고 지시했다'는 삼일회계법인 회계사의 발언을 녹취, 증거로 제시하고 있다. 소액주주들은 이런 주장을 청와대·국회의원 홈페이지, 증권 동호회의 인터넷 사이트 게시판에 올리고 있다. 기자들에게도 이메일 공세를 펴고 있다.

또 일부는 '최원석 전 회장이 경영일선에 복귀할 경우, 리비아 대수로 3단계공사(51억 달러), 대수로 4·5단계공사(121억 달러), 벵가지~트리폴리 철도공사(51억 달러) 등의 천문학적 공사수주도 가능하다'고 주장하고 있다. 서울지방법원 판사들이 만든 홈페이지(www.comtech.or.kr)는 동아건설 소액주주들의 주장이 홍수를 이루자 게시판을 폐쇄했다.

외압설의 배경에 대해서는 의견이 분분하다. 동아건설의 러시아 보물선 발견설을 믿고 주식에 투자했던 소액주주들은 '정부가 동아건설을 파산시켜 보물선의 엄청난 수익금을 독차지하려 한다'고 주장하고 있다.

일부 소액 채권단은 '현대건설을 살리기 위해 동아건설을 희생양으로 삼았다'는 '음모설'을 제시하고 있다. 이에 대해 문제의 서류를 작성한 삼일회계법인 김영식 전무는 '20~30명의 채권단이 둘러싼 강압적 분위기에 회계사가 말실수를 한 것을 불법적으로 녹음, 악용하고 있다'고 주장했다. 또 서울지법 관계자는 '일고의 가치도 없는 터무니없는

주장'이라며 외압설을 일축했다.[6]

당사자들의 부인에도 불구하고 음모설의 근거는 나름 일리가 있다. 동아건설은 보물선 보도이후 소액주주들이 많이 주식을 사들였다. 나중에 이들 소액주주들이 독자적으로 주총을 열어 대표이사를 바꿀 정도로 소액주주들의 지분도 적지 않았다.

우선 동아건설을 파산시키기로 결정한 2월 8일쯤에는 이미 동아건설 주가 폭등이 안정기에 접어 들었다는 것이다. 동아건설 주가도 3,000원대에서 800원대로 내려왔고, 대주주인 금융권은 이미 주식을 매각한 상태였다. 게다가 리비아의 클레임 제기 공언으로 건교부도 동아건설의 파산을 원치 않은 상태였다. 주주, 채권단, 정부 등이 모두 법정관리를 얘기했고, 파산을 원하지 않았다. 파산결정 바로 전날 법원 분위기도 마찬가지였다. 그런데 하루아침에 파산으로 바뀌었다. 특별한 목적을 갖지 않고서는 파산을 시킬 이유가 없었다는 것이다. 소액주주 활동을 했던 한 인사는 이렇게 말했다.

"당시 모두 법정관리 95%, 파산 5% 가능성을 얘기했다. 그런데 그것을 하룻밤 사이 180도 바꾼 것이다. 오로지 삼일회계법인의 잘못된 서류 하나로 극약처방인 파산으로 몰고 갔다. 그럴 수 있는 힘을 가진 기관은 어디일까. 여기서 미스터리한 것은 당시 주식을 팔지 않은 금융권이 있다는 것이다. 금융기관은 사내 규정상 파산한 주식은 모두 팔게 돼 있다. 그런데 팔지 않았다. 그것은 파산을 통해 소액주주들이 떨어져 나갈 것으로 예상한 것이다."

파산이라는 처방을 통해 소액주주가 가진 주식을 사들였을 것이라는 주장이다. 당시 소액주주 사이에는 돈스코이호에 보물이 있다면 파산으로 간다는 얘기가 많았다. 이것은 앞서 삼애실업의 돈스코이호 인양권 양도설로 이어진다. 동아건설을 파산시켜 동아건설의 실질적 주인을 바꾸려는 시도이다. 당시 삼애실업은 청와대와 자산관리공사 등 권력의 핵심과 직접 거래하고 있었다는 것도 이를 반증한다. 이것은 동아건설을 둘러싸고 제기되고 있는 당시 권력자들의 '머니게임'의 하나의 단서라고 할 수 있다.

논란이 계속 확산되자 동아건설 업무를 다룬 서울지법 양승태 부장판사는 2월 8일 직접 해명에 나섰다.

"실사를 맡은 삼일회계법인이 동아건설의 청산가치가 존속가치보다 높다고 조사보고서를 제출한 상황에서 선택의 폭이 없다. 과거 기업의 법정관리 유지 여부를 결정하는데 이전에는 공익적 요소와 경제적 요소를 고려토록 했으나 1998년 대법원 규칙 개정 이후 공익적 요소를 고려치 않고 오직 경제적 요소에 따라 결정토록 돼 있다."

서울지방법원의 해명은 조사기관인 삼일회계법인에서 그렇게 보고서를 제출했고, 아무런 실권이 없는 법원은 이에 따랐을 뿐이라는 것이다. 서울지법은 모든 것을 '법대로' 처리했을 뿐으로 아무런 법적하자가 없다는 주장을 되풀이 했다.

정부차원의 조치도 신속하게 이뤄졌다. 2월 8일 동아건설이 파산하더라도 공사에 문제가 없다는 건설교통부 장관의 서한이 리비아 정부에 발송됐다. 다음날인 2월 9일 진념 부총리 겸 재정경제부 장관도 한 라디오 프로그램에 나와 "동아건설은 리비아 대수로 공사를 제외하고는 파산으로 갈 수밖에 없다"고 말했다.

같은 날 2월 9일 동아건설 주식의 매매정지 조치를 내렸다. 2월 첫 주 불과 1주일 사이에 동아건설의 법적, 행정적 사망절차가 일사분란하게 처리된 것이다. 누가 손을 써 볼 틈을 주지 않은 정말 놀라운 속도였다. 이젠 동아건설은 법적으로, 행정적으로 그리고 금융적으로 사망선고를 받은 것이나 마찬가지였다.

2월 9일에는 마지막 확인조치까지 내려졌다. 동아건설 관리인이 동아건설이 리비아 공사대금을 국내로 들여오면서 장부조작을 통해 이익 4천755억 원을 과다 계상하는 등 총 7천500여 억 원의 분식결산을 했다는 증빙자료와 관련자 진술서 등을 법원에 제출한 것이다.

이것은 최원석 전 회장에 대해 "계속 동아건설로 분란을 일으키면 구속시킬 것이니 자중하라"는 의미였다. 동아건설에 대한 마지막 경고이며, 일종의 확인사살이나 다름없었다. 성급한 일부 언론에서는 '최 전 회장의 사법처리 가능성'에 대한 기사가 나오기 시작했다.

"[최원석씨 사법처리 가능성] --- 동아건설을 법정관리 중인 서울지법 파산부가 동아건설측에 분식회계 책임자 규명을 요구해 최원석 전 회장 등 구 경영진의 사법처리 가능성이 높아지고 있다. 서울지법 파산부(재판장 양승태 부장판사)는 11일 '분식회계와 관련 자료가 부족하니 사실 여부를 가릴 수 있는 구체적인 자료를 제출하라'는 공문을 동아건설측에 전달했다. 재판부는 또 이 공문에서 분식회계가 사실로 드러날 경우 책임소재를 가리기 위해 이를 주도한 책임자가 누구인지도 함께 규명하라고 지시했다."[7]

3월 9일 드디어 서울지법 파산부는 동아건설 회사정리절차 직권 폐지 결정을 내렸다. 회사 파산을 선언한 것이다. 변동걸 수석 부장판사는 동아건설의 파산을 결정하고 가진 기자회견에서 이렇게 말했다.

- 리비아 대수로 공사 때문에 결정이 어려울 것으로 관측됐는데.

"많은 이해관계자들이 국익 차원에서 동아건설의 파산은 안 된다는 뜻을 전해 왔다. 그러나 눈에 보이지 않는 이해관계자인 국민들의 이익을 침해할 수 있다는 점을 우선 고려했다."

- 국가 신인도에 문제가 되지 않나.

"외국에도 동아건설 문제가 널리 알려져 있어 처리를 늦출수록 오히려 신인도에 문제를 줄 수 있다."

- 대수로 공사는 진행되나.

"가능하다. 파산 재단이 만들어지면 공사 수행이 훨씬 수월한 측면이 있다. 정부의 의지만 있으면 국가 신인도와 관련된 것은 충분히 가능하다고 생각한다."

- 리비아측이 동아건설의 근로자 등에 대해 불이익을 줄 수도 있다

고 밝혔는데.

"정부가 외교적 협상을 통해 풀어나갈 문제다. 리비아도 대수로 공
사를 조기에 마무리해야 해 동아건설과 시공 계약을 맺을 수밖에
없을 것이다."

－ 토목분야처럼 우량한 사업부문은 구제할 수 없는지.

"가능하다. 파산절차에 접어들면 사업의 수익성을 기준으로 따로
회사를 설립, 기존의 사업을 추진할 수 있다."[8]

이젠 동아건설을 처리하는 앞길에는 거침이 없었다. 미리 정해진 운
명처럼 그렇게 흘러갔다. 모두 동아건설의 사망을 기정사실로 받아들
였다. 그 골치덩어리 돈스코이호도 이제는 영영 햇볕보기 어려울 것이
라는 것에 이의를 제기하는 사람도 없었다.

"동아건설에 대한 법원의 회사정리절차(법정관리) 폐지 결정으로 이
회사가 인양을 추진 중이던 울릉도 앞바다 러시아 보물선과 보물도 당
분간 물 밖에 모습을 드러내기 어렵게 됐다. 해양수산부가 동아건설에
대한 울릉도 앞바다의 보물선 인양권 승인을 취소하고 외교문제 등을
고려, 다른 업체나 개인이 발굴신청을 하더라도 승인 여부를 신중하게
결정했기 때문이다. 해양부는 이와 함께 그동안 바닷속에서 보물을 찾
아 인양한 사례는 단 1건도 없었다고 강조했다.

「동아건설 보물선 인양권 취소키로」 --- 해양수산부 산하 포항지방
해양수산청은 12일 "동아건설에 대해 러시아 보물선 돈스코이호에 대

한 인양 사업권 승인을 스스로 취소하도록 요청할 방침"이라고 밝혔다.

해양수산부 관계자는 "동아건설이 이를 거부하더라도 최종적으로 파산 결정이 내려지면 회사의 실체가 없어지게 돼 행정당국이 사업 승인을 일방적으로 직권 취소할 수 있다"고 밝혔다.

그는 "동아건설에 오는 2004년까지 기한으로 인양작업 승인을 내줬지만 중도에 그만두더라도 권리를 매각하거나 양도할 수는 없다"며 "발굴 작업에 따른 해양오염이나 환경파괴 등에 대비, 보증금 형태로 받았던 5억 원짜리 지급보증서도 되돌려줄 예정"이라고 말했다.

해양당국은 또 다른 업체가 보물선 인양신청을 내더라도 행정적 법률적 문제를 떠나 최근 보물선 소동과 같은 사회적인 파장과 러시아와의 대외적인 문제 등을 고려, 외교통상부 등 관계부처와 협의를 거쳐 승인 여부를 신중하게 처리하기로 했다.

이에 따라 지난해 말 동아건설 주가를 17일 연속 상한가로 이끌었던 보물선 소동은 수많은 투자가들에게 엄청난 손해를 입힌 채 해프닝으로 끝나게 됐으며 보물선을 인양하는 작업도 당분간 어려울 전망이다."⁹

이즈음 4월 22일 KBS는 일요스페셜을 방영했다. 나히모프호와 돈스코이호에 대해 러시아 현지 취재, 울릉도 취재 등을 통해 나름 밀착 취재한 것으로 주목을 끌었다. 하지만 결론은 "일본이 나히모프호에서 발견한 백금봉, 은봉은 주괴로 판명됐다. 나히모프호에 약간의 금화가 있을 수 있지만 수조 원에 이르는 엄청난 보물은 없다"는 것으로 끝을 맺었다.

하지만 이 프로그램은 몇 가지 부분에서 논리가 결여됐다. 1980년초 일본이 나히모프호에서 발견한 것이 주철괴로 밝혀졌다면, 그동안 일본까지 가서 자료조사를 하며 보물선 탐사를 주장했던 해양연구원 송원호 박사도 당연히 그 결과를 알았을 것이다. 송 박사는 해양연구원의 돈스코이호 탐사 문헌조사 부분에서 사실상 가장 중요한 역할을 했다. 그랬다면 송 박사는 뻔히 보물선이 아니라는 것을 알면서 그동안 거짓 논문을 썼거나, 이를 바탕으로 용역을 수주했다는 얘기가 된다.

또 방송에서 금괴가 아닌 주철괴는 배 바닥에 설치해 배의 균형을 잡기 위해 사용하는 밸러스트라고 지적했는데 나히모프호에서 인양된 금괴를 상당기간 공개적으로 전시했고, 이를 뻔히 알 수 있는 러시아가 일본과 그렇게 치열한 외교적 분쟁까지 벌였다는 것도 납득하기 어려운 일이었다.

하지만 대부분의 우리나라 국민은 이런 전문성과 논리적 연관성에 대해 알지 못했다. 이 프로그램을 본 많은 국민은 실망했다. 특히 동아건설 소액주주들의 실망은 컸다. 그리고 돈스코이호 보물선은 기억의 저편으로 사라지는 듯 보였다. 하지만 동아건설과 돈스코이호는 무슨 질긴 인연이라도 맺은 것처럼 떨어질 줄 몰랐다.

1   머니투데이, 2001. 1. 2

2   이형하 판사 증언, 2001. 3. 13

3   머니투데이, 2001. 2. 9

4   송연호, 앞의 책, p.20

5   송연호, 앞의 책, p.19

6   조선일보, 2001. 2. 7

7   경향신문, 2001. 2. 12

8   대한매일, 2001. 3. 10

9   연합뉴스, 2001. 3. 12

12장

진실,
진실을 찾는 사람들

사실상 파산선고가 내려진 3월 9일 서울 서소문 동아건설 빌딩 주변은 하루 종일 무거운 분위기였다. 일부 사무실에는 직원들이 마지막 서류정리를 했지만 일이 손에 잡히지 않았다.

동아건설 협력업체 채권단 이정렬 회장은 이날 신문에 '우리나라 회계 지침은 고무줄인가'라는 성명광고를 냈다. 이 회장은 이 성명에서 "삼일회계법인이 매출채권 회수기간 지연을 이유로 동아건설의 계속기업가치를 3천183억 원이나 낮게 평가했다"며 삼일회계법인을 맹렬히 비난했다. 특히 숫자로 분명히 말해야 하는 회계사가 이런 무책임한 행동을 할 수 있느냐고 통박했다.

동아건설 노조와 협력업체 관계자들은 이 상황에서 강제화의가 회사 회생에 유일한 방법이라는 것에 의견을 모았다. 하지만 이 방법도 채권자의 75%가 동의할 경우에 가능했다. 채권자마다 이해관계가 다른데다 무엇보다 법원이 이를 받아들일지가 의문이었다. 영업권을 매각하거나 동아건설 사업부문 중 비교적 수익성이 높은 해외사업, 토목 사업 등을 따로 분리해 회생시키는 방안도 있었다. 하지만 그 어떤 방식도 추진하기는 쉽지 않았다. 칼자루를 쥐고 있는 사람은 노조도, 구 경영진도 아니고 정부였기 때문이다.

격앙된 직원들에게 둘러싸인 김동윤 관리인도 2주내에 항고하겠다고 말했다. 회사 실무자들도 채권 금융단과 법률고문과 협의하며 항고를 준비했다. 법무법인 태평양에 삼일회계법인 조사보고서의 문제점을 분석하는 업무를 맡겼다.

노조와 회사간부들은 3월 15일 법무법인 태평양을 통해 삼일회계법인 보고서를 면밀히 검토한 의견서를 서울지법 파산부에 제출했다. 의견서의 요지는 삼일회계법인의 조사가 잘못됐고, 동아건설의 회생가치가 훨씬 높다는 것이다. 의견서는 특히 기업가치산정에 대해 "삼일회계법인이 이미 결론을 도출하고 그것을 위해서 종전의 산정기준을 변경했다는 의문을 들게 하지 않을 수 없고 결론을 꿰어 맞추었다는 이해관계인들의 비난도 그리 크게 지나친 것이라고 볼 수 없다"고 비난했다. 특히 계속 기업가치를 산정함에 있어 동아건설에 대하여 15.5%(기본할인율 9.5% + 위험프리미엄 6%)의 할인율 적용이 타당하다고 판단하고 있지만, 현재 기본할인율이 6~7%로 떨어졌다는 점을 고려하지 않은 점을 지적했다.

　특히 채권자들의 입장에서는 회사를 살리는 것이 훨씬 유리해 채권금융기관협의회 대표채권자인 외환은행도 파산 또는 청산을 반대하고 있다는 것을 분명히 했다. 이밖에 정부가 입회 보증한 리비아 대수로공사 보증액은 최악의 경우 약 26억 달러까지 늘어날 수 있고, 이는 막대한 국가부채로 순수 국민의 부담으로 전가될 것이라는 점을 분명히 했다. 아울러 거대한 리비아 건설시장의 상실, 리비아와의 외교적 마찰 가능성, 국내 협력업체의 연쇄도산, 대규모 실업발생 등 국가 경제적인 관점이나 경제성이라는 관점에서 회사를 존속시키는 것이 청산하는 것보다는 훨씬 바람직한 선택이라는 점을 강조했다. 이 자료는 삼일회계법인 조사의 문제점을 꼼꼼히 지적한 것으로 항고했을 때 매우 유용하게 쓰일 자료였다.

이런 가운데 불행중 다행인 것은 청산절차에 들어간다고 해도 동아건설의 돈스코이호 탐사권은 계속 유지된다는 것이다. 그것은 앞서 서울지법 파산부 이형하 부장판사의 사법적 해석이었다.

"[동아건설 파산선고 내려져도 러 보물선 탐사권 효력 유지] --- 동아건설이 갖고 있는 울릉도 앞바다 보물선 탐사, 인양권은 어떻게 될까. 최근 법원의 동아건설 법정관리 폐지 결정 이후 동아건설이 보유한 러시아 보물선 돈스코이호 탐사권의 향배에 관심이 쏠리고 있다. 서울지법 파산부 이형하 부장판사는 12일 '파산절차를 집행할 파산법인이 설립돼 활동하기 때문에 탐사권이 효력을 잃는 것은 아니다'라고 밝혔다. 해양수산부도 '파산법인이 보물선 탐사를 계속 추진할 의지가 있다면 승인한 탐사권을 취소시킬 수 없다'고 설명했다. 또 탐사권을 권리로 보아 제3자에게 팔 수 있다는 이론도 있지만 행정절차가 있어 제약이 따를 것으로 보인다.

동아건설은 2004년 12월 31일까지 돈스코이호 탐사권을 확보, 한국해양연구원을 통해 탐사작업을 벌이고 있다. 동아건설은 법원의 파산선고 전 해양연구원과 올해분 탐사 재계약을 맺고 이미 일부 자금을 지급했으며, 해양연구원도 3억 원 상당의 탐사장비를 도입한 것으로 알려졌다."[1]

하지만 즉시 항고일이 며칠 남지 않은 3월 17일 동아건설 김동윤 관리인은 간부회의 석상에서 "동아건설 항고 문제를 가지고 그간 법원을 접촉하며 협의했다. 하지만 나는 법원에서 선임된 사람으로 동아건설의 항고를 허용하지 않겠다는 법원의 강경한 방침에 맞서 항고할 입장이 못된다"는 폭탄발언을 했다.

동아건설 직원들은 물론, 노조도 깜짝 놀랐다. 논란이 많은 회계보고서와 이를 바탕으로 한 단 한 번의 법원 판결로 55년 된 굴지의 건설회사가 청산된다는 것은 상식적으로 납득할 수 없기 때문이다. 법조계에서도 당연히 항고할 것으로 생각했고 동아건설 법률고문인 법무법인 태평양도 '동아건설 항고의 필요성에 관한 검토'라는 의견서를 통해 항고의 필요성을 조언했던 터였다.

동아건설 노조는 "그런 사람이 동아건설 경영책임을 맡았다는 것부터가 잘못이다"는 입장을 정리하고 즉각 총파업 찬반투표에 돌입했다. 투표 결과 95%의 찬성으로 21일부터 총파업에 들어가기로 결의했다. 이 총파업에는 본사는 물론 리비아 현장 해외사업장도 파업에 동참했다. 해외 건설현장 근로자까지 파업에 참가하는 것은 극히 이례적인 일이었다.

3월 20일 소액주주들이 동아건설로 몰려들었다. 이들은 김동윤 관리인 면담을 요구했지만 성사되지 않았다. 노조와 소액주주, 협력업체 채권자들은 즉시 항고하기로 결정했다. 하지만 소액주주들은 변호사를 선임할 형편이 되지 않았다. 동아건설 직원이 대신 항고장을 작성해 항고기간 종료일을 불과 3일 남겨둔 23일 금요일 오후 6시 겨우 법원에 제출했다. 항고장에는 삼일회계 법인의 착오를 지적하는 문건과 리비아 2차 공사 계약서, 동아건설 적정할인율 등의 새로운 서류가 첨부됐다.

하지만 월요일인 26일 법원은 항고인인 협력업체 채권자와 소액주주 111명에게 400억 원이라는 거액을 공탁할 것을 요구했다. 금요일 저녁 항고장을 접수했으니 이를 검토하는데 하루 이틀 걸리는 점을 감안하면 사실상 항고장도 검토하지 않고 거액의 공탁금을 결정한 것이란 의문이 들 수밖에 없었다. 변호사도 선임하지 못한 소액주주들에게 갑작스럽게 400억 원이라는 거액이 있을 리 없었다.

이들은 공탁금면제를 요청하는 탄원서를 제출하고, 4월 7일 다시 대법원에 공탁금 결정을 취소해 달라는 특별항고장을 제출했다. 법이 허용하는 모든 제도를 동원해 맞섰지만 법원을 상대로 법적 싸움에서 이길 수는 없었다.

여기에 마지막으로 동아건설 직원들과 소액 주주들은 서울지법은 물론, 청와대 등에 인터넷 민원을 제기했다. 법절차 이외에 정서적으로 호소한 것이다. 서울지법 인터넷 게시판인 컴텍위원회(www.comtech.or.kr)에는 동아건설에 대한 사실상 파산 결정(법정관리 폐지)이 내려진 뒤부터 "동아건설파산에 외압이 작용했다" "보물선 사업을 계속 지원해야 한다" 등 재판부를 상대로 선처를 호소하는 '읍소'부터 '협박성 항의'에 이르기까지 수백 건의 글이 올라왔다.

네티즌들은 "삼일회계법인의 조사보고서에서 동아건설의 청산가치가 계속가치보다 1천943억 원 높게 평가된 것은 기일 계산방식에 문제가 있기 때문"이라며 "실제 재판부가 회계법인 관계자에게 청산 방향으로 보고서를 내놓으라는 주문을 했다는 녹취록도 소액주주 사이에 공공연하게 퍼지고 있다"고 항의했다.

그러나 서울지법은 4월 4일 아예 자유게시판을 폐쇄해 버렸다. 서울지법은 "최근 동아건설 처리문제와 관련, 일부 이해관계인들이 자유게시판의 성격에 어울리지 않는 타인을 비방하거나 욕설이 포함된 글을 반복해 올리고 있다"며 "자율적 질서유지가 곤란한 지경에 이르렀다"고 폐쇄이유를 밝혔다.

하지만 홈페이지를 방문한 일반인들은 자유게시판 폐쇄이유를 납득할 수 없었다. 동아건설 소액주주 및 회사 직원들은 "재판부가 동아건설의 회사정리절차를 폐지 결정할 때 근거로 삼은 회계법인의 청산가치 평가에 문제가 많아 이를 간과한 재판부에 항의성 글을 올린 것"이라며 "법원은 우리의 지적을 검토했어야 했다"고 주장했다. 청와대도 마찬가지였다. 청와대 민원게시판에는 동아건설을 살려달라는 글이 빽빽하게 올라왔지만 관심을 가지는 사람은 아무도 없었다.

마지막으로 동아건설노조 위원장 장원윤씨를 비롯, 협력업체 대표, 소액주주들은 4월 7일 400억 공탁금을 취소해 달라고 대법원에 특별항고하고 위헌법률심판을 제청했다. 마지막까지 법적으로 할 수 있는 방법을 다 동원했다.

이들은 "400억 원이라는 거액의 공탁금을 내걸어 3심을 받을 수 있는 재판청구권이라는 국민적 권리를 무시하고 있는 재판부의 결정에 더 이상 간과할 수 없다"며 서울지법 파산부에 위헌법률심판제청신청서를 제출했다. 이들은 신청서에서 이렇게 주장했다.

"폐지결정에 대한 항고가 있는 경우, 정리법원은 일정 기간에 항고 공탁보증금을 내도록 하고, 납부하지 않으면 항고신청을 각하한다는 회사정리법은 헌법에 위배된다. 보증금을 납부할 수 없는 자에게 공탁금을 납부하도록 한 것은 헌법상 평등권에 위배되고, 재판청구권을 침해한 것이며, 채권자들의 권리면에서 재산권을 침해한 행위다."

그리고 마지막으로 국민에게 호소했다. 4월 18일 동아건설 임직원은 "동아건설 '말살' 음모와 외압의 실체를 밝혀라! - 국익을 저버리면서까지 동아를 말살하려는 자는 누구인가?"라는 다음과 같은 성명서를 발표했다.

"지난 3월 9일 서울지법 파산부(변동걸 부장판사)는 법정관리 중인 저희 동아건설에 대해 회사정리절차를 폐지한다는 결정을 내렸습니다. 이는 회사 존속이라는 실낱같은 희망에 기대어 55년의 지난한 건설역사를 이어가는 한편, 리비아 대수로 공사의 원만한 계속 수행을 통해 국익에 기여하려던 동아건설의 마지막 의지를 무참히 짓밟는 것이었습니다.

더욱이 그 같은 결정이 오로지 일개 조사위원(삼일회계법인)의 잘못된 조사보고서에만 의존하여 내려졌다는 사실에 대해 저희 동아건설은 물론, 협력업체 채권단과 소액주주 등 모든 이해 당사자들은 허탈함과 함께 의혹의 시선을 저버릴 수 없습니다.

예컨대, 조사위원인 삼일회계법인은 기업가치 판단에 가장 중요한 요소인 해외 매출채권 회수기일을 잘못 계산하여 이에 따른 기업 계속가치 차액이 3,839억 원에 이르며, 적정할인율이 99년 11월 당시의 시중 정기예금의 고금리 이자율을 근거로 책정되었고, 1차 보고서와 2차 보고서의 평가기준이 바뀌는가 하면, 1년 전에 채권금융기관(서울은행)에 의해 행해진 안진회계법인의 기업개선작업 보고서와 기업 계속가치 면에서 3배나 차이가 나기 때문에 그 신빙성과 정확성에 많은 의문이 제기되는 것입니다.

대기업의 운명을 좌우하는 기업가치 산정은 회계법인의 실사기준, 평가방법 등에 따라 자유재량이 작용할 소지가 있기 때문에 단독 조사보고서가 판단의 자료가 될지언정 판결의 절대 기준이 될 수 없다는 게 상식입니다.

따라서 저희는 최종 파산선고 이전에 신뢰할 수 있는 다른 조사위원을 선정하여 재조사가 이뤄지기를 강력하게 희망하는 바입니다.

이와 함께 저희 동아건설은 이미 여러 차례 언론과 청와대 인터넷 게시판 등 매체를 통해 제기된 회계법인의 외압설의 명확한 진상과 그 배후에 대한 규명이 철저히 이뤄질 때까지 모든 노력을 기울일 것입니다.

특히 올해에만 이미 3억5천만 원의 연구비를 출연하는 등 한국해양연구원에 의해 발굴에 따른 제반 탐사용역이 진행 중인 보물선 사업과 관련하여 끊임없이 시중에 유포되고 있는 사업 중단 음모설의 실체와 배경에 대해서도 우리는 결코 간과하지 않을 것입니다.

최근 리비아 정부가 파산 선고가 임박한 시점임에도 불구하고 차후 대수로 시공을 위한 관생산 적격업체로 선정한 것에서 볼 수 있는 것처럼 동아건설은 리비아 정부의 절대적인 신뢰 속에 향후 3차, 4차, 5차 대수로 공사의 수주를 목전에 두고 있습니다.

그러한 국익을 저버리면서까지 동아건설을 '학살'함으로써 이익을 얻는 집단, 혹은 세력이 누구인가. 우리는 반드시 밝혀낼 것이며 형평성을 잃은 정부의 대기업 정책의 부당성에 대해서도 경제 정의 실현 차원에서 모든 수단을 강구해 대응할 것임을 아울러 밝히는 바입니다."[2]

하지만 동아건설의 이러한 마지막 외침은 동아건설의 유서가 됐다. 서울지법은 4월 23일 노조와 소액주주가 제기한 즉시 항고를 각하하고, 위헌법률 심판제청도 기각했다. 그리고 2001년 5월 11일 동아건설은 법적으로 파산이 선고됐다.

마지막 빚잔치를 할 파산관재인으로 권광중 변호사가 선임됐다. 파산관재인은 신속하게 동아건설 노조간부와 동아건설 회생을 주장했던 직원, 그리고 회사 재건에 앞장섰던 간부사원 등 32명에게 해고를 통보했다. 이들의 해고 사유는 '동아살리기 100만인 서명운동'을 벌이고, 삼일회계법인의 실사 문제점을 지적했거나, 법정관리 폐지에 항의하는 옥외집회를 가졌다는 것이다. 동아건설 주식도 마지막 정리, 말 그대로 떨이 절차만 남았다. 이젠 아무도 동아건설이 되살아날 것으로 생각하지 않았다.

　주식을 투자라고 생각하는 사람이 얼마나 될까. 그것은 경제학 교과
서에서만 잠깐 등장하는 말이고 주식은 사실 투기에 가깝다. 소득이익
이 있으면 투자이고, 자본이득만 있으면 투기라고 경제학에서야 구분해
가르치고 있지만 사실 투기와 투자의 차이를 분명히 구별할 수는 없다.

　끊임없이 사고파는 주식시장은 돈이 돈과 만나 돈을 따느냐, 잃느냐
만 있을 뿐이다. 여기에 정보를 많이 가진 사람은 돈을 따는 것이고, 정
보에 둔감한 사람은 돈을 잃는 것이다. 특히 동아건설 소액주주 중에는
보물선 소식에 동아건설 주식을 산 사람이 적지 않았다. 이들은 동아건
설 주식의 25%를 소유한 것으로 추산됐다.

　"동아건설 전체 주식은 약 4,000만 주이며 파산선고 이후 금융기관
등 기관투자가가 전부 내다 팔아버려 전량 개인이 보유하고 있었는데
2001년 7월 파악된 동아건설 주식보유자는 동아건설 회생을 채권단과
보조를 맞출 수 있는 온건파 주주가 약 1,500만 주, 울릉도 보물선에 기
대를 걸고 회사의 조기회생과 다소 거리를 가지고 있던 강경파 주주 약
1,000만 주, 배후가 누가인지 전혀 모르는 오리무중 주식 1,500만 주로
분류됐다."[3]

이들 중에는 주식이 폭등하는 상황에서 한 몫 보려는 순진한 투기꾼도 있고, 폭락하는 장세에서도 한 몫 챙기려는 작전세력도 있었다. 보물선 호재로 17일 연속 상한가, 300원짜리 주식이 한 달도 안돼 3,265원으로 10배 이상 폭등하는 상황이 벌어졌다. 또다시 한 달 만에 회사가 파산에 이르렀다며 청천벽력 같은 매매정지 조치가 내려졌다. 그리고 동아건설 주식은 2001년 6월 7일 공식적으로 상장 폐지됐다. 마지막 종가는 불과 30원이었다.

바로 이 주식 정리매매 과정에서도 미스터리가 있다. 5일간의 정리매매 기간은 어차피 5원짜리 휴지가 될 주식을 놓고 벌이는 마지막 도박이다. 정리매매는 5일이라는 제한된 시점에는 휴지가 되기 때문에 지금 매수했을 경우, 주변에서 따라 매수하면 가격이 올라 돈을 버는 것이고, 주변이 매도하면 손해를 보는 것이다. 제한된 시간과 돈이 결합된 고도의 게임이다. 이 정리매매에만 전문적으로 뛰어드는 사람들을 보통 '상폐꾼'(상장폐지꾼)으로 부른다.

보통 주식은 실시간 매도자와 매수자의 가격이 일치되면 거래가 이뤄지지만 정리매매는 30분 단위로 모아 거래된다. 정리매매는 보통 몇 십 원 단위로 시작해 가격이 오르다 2~3일 사이 최고 정점에 오르게 된다. 그리고 마감시간인 5일이 가까워 오며 서서히 매도하는 사람이 늘어나면서 결국 5원으로 마무리하는 것이다.

그런데 동아건설 정리매매 상황은 많이 달랐다. 첫날부터 100원으로 시작한 것이다. 이렇게 고액으로 정리매매가 시작된 경우는 거의 없었다. 상폐꾼은 물론 일반인이 개입할 수 있는 여지가 없던 것이다. 그리고 가격은 점차 300원, 400원대로 높아졌다. 그리고 서서히 가격이 내려오다 25원대에서 다시 5원이 올라 30원으로 끝났다.

당시 소액주주의 한 관계자는 "휴지가 될 것이 뻔한 주식을 100원에 사는 사람이 어디 있겠는가. 당시 상황을 보면 30분 사이 무려 동아건설 주식이 2천만 주나 거래됐다. 이는 상폐꾼이 할 수 없는 누군가 큰 손이 거래한 것"이라고 말했다. 2천만 주는 동아건설 전체 주식 4천189만1,700주의 거의 절반에 이르는 엄청난 양이다. 이는 보물선의 존재를 끝까지 확신한 세력 아니면 할 수 없는 것이다.

이 관계자는 또 "특히 마지막 거래에서 휴지가 될 것이 뻔한 주식을 25원에서 5원을 높여 산 것은 다른 사람들이 주식을 갖지 못하도록 한 작전"이라며 "어떤 세력이 무언가 확신을 가지지 않았다면 이런 식의 거래를 하지 않았을 것"이라고 주장했다.

물론 보물선의 존재를 끝까지 확신한 소액주주들이 주식을 살 수는 있지만, 한번에 이런 대규모 거래는 단일한 특정 세력밖에 없다는 것이다. 막판에 동아건설 주식을 대량으로 산 세력은 누구일까. 여기에서 또 다른 음모설이 제기된다. 특히 당시 모씨가 동아건설 정리매매 최저가 25원의 근사치를 정확히 예측했다는 것이다. 이는 특정 세력과 관련돼 있지 않으면 알 수 없는 것이라는 것이다.

소액주주의 한 관계자는 "당시 모씨가 주식 상당액을 가지고 있는 것으로 확인됐고, 권력자 모씨도 동아건설 주식을 보유하고 있다는 소문이 파다했다"라며 "특히 시장에 영향을 줄 큰 손이 아니면 정리매매 종가 20원을 예측하기 어렵다"고 말했다.

30원으로 정리매매가 끝난 동아건설 주가는 장외에서 다시 폭등했다. 150원, 200원까지 넘어섰다. 일반 투자상식으로는 도저히 생각할 수 없는 상황이 벌어진 것이다. 여기에 최 전 회장의 복귀설까지 더해져 동아건설 주가는 상장폐지 이후에도 장외거래에서 1,000~1,400원까지 거래되기도 했다.

"지난 5월 파산선고를 받은 후 지난달 7일 상장 폐지된 동아건설주식이 최원석 전 회장의 복귀와 리비아 대수로공사 추가 수주설 등을 재료로 해 장외에서 급등세를 보이고 있다.

11일 명동일대의 장외주식중개업계 등에 따르면 파산선고와 상장폐지로 '휴지조각'이 됐던 동아건설 주식은 최근 들어 주당 최소 200원 이상을 호가하거나 거래가 이뤄지고 최고 500~1,000원대의 호가도 있는 것으로 나타났다.

동아건설주가 다시 주목받는 것은 지난달 초 동아건설 노조가 강제화의신청을 낸 데 이어 리비아정부가 최 전 회장의 복귀와 동아건설 회생을 전제로 최고 260억 달러규모의 공사를 맡기려 한다는 풍문에 주로 기인하고 있다.

폭락장세로 기력을 잃은 투자자들에게 이 같은 '재료'는 곧 효력을 발휘해 상장폐지 당시 30원에 마감한 동아건설의 주가는 불과 한 달여 사이에 장외에서 최소 7배 가량 급등했다. 동아건설주가 장외에서 다시 폭등세를 보이자 주요 증권정보사이트 게시판에는 상장폐지직전 '폭탄 돌리기'에서 마지막으로 남았던 일부 보유자들의 매매의사 타진도 잇따르고 있다.

동아건설주 매매를 중개하고 있는 사설중개업체 H투자 관계자는 '매도희망자와 매수희망자로부터 주문을 받아 서로 가격이 일치하면 거래를 성사시켜 주고 있으며 매수호가 주당 최소 200원 이상에 1만주 단위로 주문을 받고 있다'며 '1만주 거래성사시 3만~4만 원 가량의 수수료를 받는다'고 밝혔다. 또 다른 중개업체 관계자는 '최근 들어서는 재료가시화 여부를 지켜보자는 분위기여서 매도, 매수물량이 그다지 많지 않다'고 말했다.

그러나 증시전문가들은 '이 같은 상황은 올해 초 동아건설의 보물선 발굴이나 마찬가지 성격의 재료'라며 '너무 위험성이 높은데다 실현성 여부가 불투명한 만큼 무리한 투자를 자제하는 것이 바람직하다'고 지적했다."[4]

동아건설 정리매매에서 30원에 주식을 산 세력이 이때 매도했다면 엄청난 수익을 남겼을 것이다. 그렇다면 그 특정 세력이 장외거래에서 높은 가격을 받을 것을 예상해 정리매매 기간 중 주식을 대량 매입했을까. 증권 전문가들은 이를 예측하기는 매우 어렵다고 말했다.

과연 누가 어떤 세력이 동아건설 머니게임의 배후에 있었는가. 이와 관련해 몇 가지 설과 가능성이 있지만 확인하기 어렵다. 하지만 10여 년이 지난 지금도 동아건설 주식은 장외에서 꾸준히 거래되고 있다고 한다.

무엇보다 소액주주들이 공통으로 당면한 과제는 자신이 투자한 주식이 휴지가 되지 않기 위해선 동아건설을 살려야 한다는 공감대였다. 동아건설이 돈스코이호 인양 프로젝트를 계속 할 수 있던 또 하나 동력은 바로 이 소액주주들이다.

이들은 '동아건설의 진실을 찾는 사람들(00280.com)'이라는 인터넷 사이트를 통해 동아건설의 소액주주운동과 처절한 법정 다툼, 그리고 동아건설의 마지막 운명을 전했다. 이 인터넷사이트는 동아건설 임직원과 이해관계인이 운영했던 '동아(edongah.co.kr)'와 함께 동아건설의 상황을 자세히 전달했다.

소액주주들은 2001년 10월 11일 강제화의를 추진키로 의결했으나 이후 파산폐지로 가야 한다는 주장이 제기됐다. 뚜렷한 구심점이 없는 소액주주들은 서로 주총을 통한 법정싸움으로 내홍을 겪기 시작했다. 하지만 이런 내홍에도 불구하고 하나의 공통점이 있었다. 바로 최 전 회장의 복귀였다. 이런 위기상황에서 누구도 최 회장의 경영복귀가 필수적이라는 것에 이의를 제기하지 않았다.

특히 소액주주 모임인 '진실을 찾는 사람들'(진찾사, 대표 최준영)은 활동을 돈스코이호 탐사에 초점을 맞췄다. 처음에는 사이버 상에서 움직였지만 나중에는 본격적으로 실제 활동에 나섰다. 이들은 파산재단의 돈스코이호 탐사작업이 지지부진하자 2001년 11월 15일 이창복 사장과 함께 탐사권과 업무를 파산재단으로부터 반환 받기로 하는 등 돈스코이호 탐사 작업을 계속 압박했다. 이들은 매우 조직적으로 움직였다.

"[주요현안에 대한 최근 동향과 각자의 할 일들] --- 돈스코이호 탐사는 의욕을 가지고 진행되고 있는 걸로 알고 있습니다. 아직 보물선이 발견되었다는 객관적인 증거는 아무데도 없습니다. 다만 많은 가능성의 지점들을 분석하고 가능성이 농후한 부문은 정밀탐사를 하고 있는 것으로 알고 있습니다. 7월 말 정도가 지나야 어느 정도 윤곽이 잡힐 걸로 예상됩니다. 동아건설에서 무언가 발표할 것이란 소문이 도는데 구체적인 사실이 들어난 것이 없으므로 발표는 없습니다. 돈스코이호가 발견될 것 같으면 동아건설과 정부의 조율을 거처 외교상의 문제를 다시 점검하고 7월 유네스코의 결정들을 감안하고 동아건설 회생의 전기가 될 수 있는 시점을 고려하여 동아건설에서 발표하지 않을까 생각됩니다.

… e동아 홈페이지는 개인이 운영하는 것도 아니요 모두가 정보를 제공하고 공유하자는 취지에서 만들어진 것입니다. 따라서 스스로가 하나의 정보원이 되고 손발이 되어야 합니다. … 모든 것을 혼자서 할 수 없으므로 매주 화요일 오후 6시 이후 운영위원회를 열려고 합니다. 시간이 나시는 분들은 모두 참여하여 뒤에서 들리는 소문들을 종합하고 분석하고 또 소액주주모임이 잘 운영되도록 좋은 제안을 내놓도록 힘을 합치길 바랍니다. 그런 연후 중요한 결정사항은 사이버 총회를 개최하여 사이버상에서 결정하는 체제로 나아갔으면 합니다."[5]

부도로 파산절차가 진행 중인 회사의 과거 오너가 소액주주들에 의해 복귀할 것이라고는 상상할 수 없는 일이다. 물론 그런 전례도 없었다. 하지만 개미에 불과한 이들 소액주주들은 실제 최 전 회장을 대표이사로 복귀시키는 작업을 진행했다.

결국 이들 소액주주들은 동아건설 전체 주식의 4분의 1 가량인 1천20만 주의 위임장을 모아 서울지법으로부터 주주총회 허가를 받아낸 것이다. 이 정도 주주모임은 이사선임을 위한 주주 의결정족수를 충족시키는 규모다.

당시 주총을 추진했던 한 소액주주 대표는 "전체 4천180만 주중 주주명부에 등재된 주식은 불과 1천450만 주에 불과하고 나머지 2천500만 주는 명부가 없는 주식"이라며 "이들 주주들은 증권예탁원에서 주식을 직접 수령해 보관하던 사람들로 노출되기 싫은 대주주"라고 말했다. 노출되기 싫은 이 2천500만 주의 주인은 누구일까.

2002년 4월 19일 오전 10시 대한상공회의소 1층 국제회의장에서 동아건설 소액주주모임(대표 최준영)이 소집한 동아건설 임시 주주총회가 열렸다. 단상에는 최원석 전 회장과 이창복 전 사장, 이용업 삼용종건 대표이사, 박광빈 변호사 등 4명이 참석했다.

소액주주들은 만장일치로 이들을 등재이사로 선임했고, 첫 이사회에서는 최 전 회장을 대표이사 회장으로, 이 전 사장을 대표이사 사장으로 각각 추대했다. 이날 주총에서 소액주주들이 모은 주식은 예상치의 두 배 이상인 의결권이 있는 주식 4천164만4,620만 주의 52% 가량인

2천158만6,944주가 결의에 참여했다. 주총장은 예상외로 소액주주들이 많이 참여해 수백석의 자리가 모자랄 정도였다.

파산절차가 진행 중인 동아건설 소액주주들이 소집한 임시 주총에서 회장에 선임된 최원석 전 동아건설 회장은 취임사에서 "우리가 갈 길은 선례를 찾기 힘들고, 그런 만큼 상당한 어려움이 있겠지만, 회사 회생을 위해 할 수 있는 일이 있다면 이 한 몸 사리지 않고 다하겠다"고 말했다.

법원에 의한 합법, 소액주주에 의한 또 다른 합법이라는 매우 특이한 현상이 벌어진 것이다. 특히 많은 언론이 소액주주들이 경영권을 회복한 전례 없는 이 사실에 흥분했다.

"최 회장은 지난 98년 5월 경영실패의 책임을 지고 물러난 이후 4년여 만에 동아건설 대표이사 회장이라는 직함을 다시 갖게 됐다. 경영부실에 대한 책임을 지고 물러난 오너 경영자를 소액주주들이 힘을 모아 복귀시킨 것도 그렇고, 법원에서 파산선고를 내려 곧 파산할 회사의 주주들이 새롭게 경영진을 뽑은 것도 매우 이례적인 일이다."

물론 그는 실권이 없는 회장이 될 가능성이 컸다. 동아건설의 실제 경영은 법원이 임명한 파산관재인에 의해 이뤄지고 있기 때문이다. 하지만 그의 회장 복귀가 상징적으로 의미하는 것은 적지 않았다. 최 회장은 복귀 후 기자들과 일문일답을 가졌다.

– 4년만의 복귀 소감은.

"회사를 떠나면서 본인이 있을 때 보다 회사가 더 좋아지기를 바랐는데 파산절차를 밟고 있는 것을 보니 마음이 아프다. 최선을 다해

옛 영광을 재현하겠다."

- 회생을 위해서는 중국 대수로공사의 수주여부가 중요하다. 수주가 가능할 것으로 보는가.

"계약서에 사인을 하기 전까지 확답하기는 어렵다. 최선을 다하고 있다."

- 중국 대수로공사는 올 하반기 시작한다고 들었다. 채권단의 동의 등이 필요한데 시간상 여유가 있겠는가.

"물론 시일이 촉박하다. 하지만 좋은 조건으로 수주한다면 채권단도 파산폐지 등에 동의해 줄 것으로 본다."

- 중국 수리부와 서신교환 내용은 무엇인가.

"동아건설의 수로공사에 대한 실적과 파이프 기술 등에 대한 노하우에 대해 주로 얘기했다."

- 강제화의를 못하면 중국 대수로공사 수주는 못하게 되는가.

"그렇다."

- 강제화의에 대해 채권단과 합의가 잘 되겠는가.

"채권단이 수긍할 수 있는 회생방안을 제시하면 가능하지 않겠는가. 서로의 이해가 맞아떨어진다면 가능할 것이다."

- 그동안 동아건설 복귀를 준비했나.

"아니다. 한 달 전 추대제의를 받고 고민하기 시작했다."

- 복귀를 결심하게 된 동기는.

"동아건설이라는 브랜드는 국내뿐 아니라 외국에서도 인지도가 높다. 이 브랜드를 그대로 사장시킬 수는 없다고 생각했다. 수십 년 간 쌓아온 동아건설의 브랜드를 살리기 위해서 결심했다."

– 채권단의 구성을 보면 한빛은행, 자산관리공사, 예금보험공사 등 공적 자금을 받은 은행과 정부출자기관 등 정부 입김이 강한 곳들이 주를 이루고 있다. 복귀에 대해 정부와 상의했나.

"정부 어디와 상의를 한단 말인가. 상의하지 않았다."

– 대표이사에 취임했는데 회사에는 출근할 것인가. 또 파산관재인과의 관계는 어떻게 되는가.

"파산절차가 폐지된 이후 출근하겠다. 모든 분들께 도움을 받아야하는 입장이다. 회사를 살릴 수 있는 의지를 보여 채권단과 법원 등의 협조를 구할 것이다. 파산관재인과는 회생하는 방안에 대해 상의하고 협조를 구하겠다."

– 리비아 대수로공사 3~5차 공사를 위해 접촉하고 있었는가. 지급 보증 등 제반 문제가 많을 텐데.

"본인은 퇴임 후 4년간 관계가 없었지만 이창복 사장이 계속 연락을 취하고 있었다. 카다피 리비아 지도자가 1998년 초 대수로공사를 동아건설이 했으면 좋겠다고 말했다. 아직 리비아는 동아건설 측에 호의적인 것으로 안다. 은행 보증문제 등은 수주 이후의 문제다."

– 자금조달 계획은.

"공사를 수주하게 되면 선수금이 나온다."

- 김포매립지는 완전히 포기했나.

"주주들이 가장 아쉬워하는 부분이 김포매립지 헐값 매각이다. 본인이 재직 당시 공시지가만도 1조2,000억 원이던 이 땅을 반값에 판 것이다. 많은 주주들이 이 땅만 온전한 값을 받았더라도 회사를 살릴 수 있었을 것이라고 말한다. 당시 40억 달러에 달하는 외자유치를 추진했음에도 농림부에서 농경지로 사용해야 한다는 주장에 밀려 손해를 많이 봤다. 최근 다시 보니 용도에 변동이 생긴 걸로 알고 있다."

- 그렇다면 다시 찾겠다고 봐도 되겠는가.

"민감한 부분이라 뭐라 구체적으로 말하기는 어렵다. 하지만 찾고 싶은 게 솔직한 심정이다."[6]

최 전 회장의 재기 소식에 채권단이 깜짝 놀랐다. 소액주주들이 주식을 모아 주총을 준비한다는 말은 들었지만 그것이 실제로 성사될 것이라고 믿지 않았기 때문이다. 정부 역시 놀란 것은 마찬가지였다. 외환은행을 비롯한 동아건설 채권단은 22일 긴급 채권금융기관협의회를 소집해 예상대로 최 회장을 인정할 수 없다는 것을 결의했다.

한편 진찾사는 돈스코이호 탐사 촉구에 박차를 가했다. 2001년 8월 파산재단은 4분기 탐사비용을 허가하며 해양연구원에 더 이상 탐사비용을 지원하기 어렵다는 사실상 최후통첩을 한 상태였다. 아직 해양부로부터 탐사계약기간은 2004년까지지만 탐사비용 지급이 늦어지면서 탐사는 지지부진한 상태가 계속됐다. 이에 소액주주들은 파산재단에 탐사조기 재개를 촉구하고 그것이 안 되면 탐사권을 반환해 달라고 요구한 것이다.

"1. 이사회도 탐사권의 회수가 불가피하고도 시급함을 인정하고 2002년 11월 11일 파산재단에 보낸 공문(탐사권 반환요구와 탐사조기재개요구)의 답변기일인 2002년 11월 16일까지 파산재단이 아무런 입장표명이 없을 경우 주주들과 함께 적극 협력하여 탐사권을 되찾기 위해 소송제기 등 법정투쟁을 전개해 나간다.

2. 주주들은 2002년 11월 16일부터 전면적인 홍보활동을 전개하며 돈스코이호 탐사의 진실을 알리며 이사회 역시 이에 협조한다.

3. 2002년 11월 16일부터 (탐사권 회수에 대비하여) 주주들이 해외 전문탐사업체 등 자본 및 기술력을 겸비한 업체를 대상으로 한 섭외활동을 전개하며 이사회가 협력한다. (이창복 대표이사는 탐사권 회복의 경우에도 현재 탐사를 맡고 있는 해양연구원이 계속 추진하는 것이 바람직하다는 의견을 피력했으나 해외 업체의 섭외결과에 따라 주주들과 협의하여 결정하기로 하였다)

4. 주주들은 유해수 박사 등 진실을 은폐하고 있는 사람들에 대한 민형사상 고소고발을 포함, 법적조치를 취해 나갈 것을 통보하였다. 이창복 대표이사는 이에 반대의사를 표명했다.

5. 탐사권의 회복 시 주주들로 구성된 탐사팀을 구성하고, 회사의 직원 신분으로 활동하기로 하였다.

참고로, 지난 11월 11일 이사회는 아래 내용으로 파산재단에 공문을 발송하였으나 아직까지 파산재단은 아무런 답변을 하지 않고 있습니다. 파산재단에 마지막 성의를 다하기 위해 게시판 공개 등을 자제하며 파산재단의 성의 있는 자세를 기대하였으나 이제 법적인 방법 외에는 문제해결의 가능성이 보이지 않고 있습니다."[7]

안문태 파산 관재인도 '이번이 마지막'이라며 탐사비용을 승인했다. 솔직히 파산관재인이 탐사비용을 승인한 것은 해양연구원과 계약 때문이다. 빚잔치를 하는 상황에서 수억 원씩 보물선 탐사비를 지출하는 것은 매우 이례적이기 때문이다. 아마 파산관재인은 탐사기간 만료일인 2004년이 빨리 오기를 학수고대 했을 것이다.

---

1   경향신문, 2001. 3. 13

2   동아건설 '말살' 음모와 외압의 실체를 밝혀라, 동아건설산업(주) 임직원 일동, 2001. 4. 18

3   송연호, 앞의 책, p.123~124

4   연합뉴스, 2001. 6. 11

5   진찰사 웹사이트, 2001. 6. 21

6   머니투데이, 2002. 4. 19

7   진찰사 웹사이트, 2001. 6. 21

13장

환희,
"흑장미를 찾았다"

2000년 12월 19일 서울지방법원 파산부가 탐사비용 14억 원을 승인하자 해양연구원은 곧바로 탐사를 재개했다. 근 3개월간 중단된 탐사가 다시 시작된다는 소식에 탐사팀원들은 모두 들뜬 심정이었다. 하지만 탐사팀은 이리저리 흩어져 새로운 부서에서 새로운 연구에 매달리고 있어 사실상 다시 짜야했다. 유해수 박사는 탐사팀을 재규합하고, 방치했던 탐사장비를 다시 추스르는 작업부터 시작해야 했다.

　더 큰 현실적인 문제는 울릉도에 갈 배가 없다는 사실이다. 중요한 탐사장비를 실은 온누리호의 새해 탐사 일정이 꽉 차버렸다. 사실 국내 유일의 해양탐사선인 온누리호는 해양광물자원 탐사를 위해 남태평양, 인도양 탐사가 끝나면 다시 하와이 호놀룰루까지 해양자원 탐사가 예정돼 있는 등 1년 일정이 빡빡했다. 과거 해양수산부와 정부측 관심으로 온누리호를 비교적 편리하게 이용할 수 있었지만 이 상황에서, 그것도 갑작스럽게 온누리호 일정을 변경하기는 어려웠다.

　또 다른 연구선 이어도호는 온누리호의 3분의 1도 안되는 357t에 불과한 규모에다 첨단 장비라고는 해저지층탐사기 정도밖에 없다. 이 장비로 온누리호도 찾지 못했던 수백 미터 해저 돈스코이호를 찾는다는 것은 그야말로 사막에서 바늘 찾기였다. 그나마 탐사장비를 바다에 내리고 올릴 수 있는 윈치가 설치된 연구선은 이 두 척이 전부였다. 나머지 한 척의 연구선 장목호는 그야말로 연근해 낚시잡이배 정도에 불과했다.

　설상가상 그나마 이어도호도 탐사 일정이 꽉 차 있었다. 해양연구원은 오히려 정부의 눈치를 보는 입장이 됐다. 정부는 동아건설과 계약만 맺지 않았다면 탐사를 중단하는 것이 낫다는 눈초리를 노골적으로 보낼 정도였다. 탐사조건이 과거보다 180도 열악해진 것이다.

2001년 6월부터 동해 울릉도 앞바다서 다시 돈스코이호 탐사가 재개됐다. 1년 전 온누리호를 타고 당당하게 울릉도 앞바다에 나섰던 것에 비하면 낡고 너무 초라했다. 온누리호의 함교가 5층 빌딩이라면 이어도호는 낡은 2층집 정도에 불과했다. 온누리호 갑판이 축구장이라면 이어도호는 배구장 정도라고 할까…. 무엇보다 온누리호 데크에 있던 위성통신장비나 자동합법장치, 윈치조정장치는 이어도호에는 없다.

탐사팀은 현장에 도착하자마자 자력탐사를 실시했다. 지난번 탐사때 준비만 하고 중단했던 탐사였다. 자력탐사는 해상자력계를 통해 해저에 있는 철제 물체를 찾는 것으로 침몰선 말고도 해저 파이프라인, 전기 케이블을 찾는 데 유용한 탐사방법이다.

하지만 울릉도 앞바다처럼 해저지형이 복잡한 연안에서 자력탐사를 하기가 어려웠다. 자력탐사기 센서를 긴 견인줄에 연결해 물속에서 끌고 가야하는데 많은 돌출 암반과 가라앉은 각종 어망 등에 견인줄이 걸려 자주 끊어졌다. 게다가 해류가 센 연안에서는 센서가 원하는 방향으로 움직여 주지 않았다.

많은 어려움 끝에 실시한 자력탐사였지만 결과는 영 신통치 않았다. 이 자력탐사를 통해 침몰선으로 추정되는 이상체가 38개나 발견됐지만 대부분 화성암반이거나 최근에 침몰된 어선으로 판명났다. 탐사팀은 맥이 죽 빠졌다.

울릉도 부근은 화성암으로 이뤄진 해저 암반지대가 많은데 화성암에는 철분을 함유하고 있어 자력탐사는 오류가 많았다. 동해에서 침몰선을 찾는데 자력탐사가 맞지 않는다는 교훈을 얻은 것이 소득이라면 소득이었다. 탐사팀은 앞서 심차원 해저지형조사에서 발견된 이상체를 정밀 탐사하기로 했다. 그러는 가운데 탐사선 사용날짜는 다가왔다. 현지 탐사를 중단하고 탐사팀은 거제도를 거쳐 안산 연구소로 돌아왔다.

연구소에서 육상 탐사는 밤을 새기 일쑤였다. 탐사팀은 지난번 탐사에서 발견된 이상체 정밀 점검에 나섰다. 하지만 같은 결론이 나왔다. 12번~16번 이상체 중에서 한 개 지점이 가장 유력한 것으로 결론을 내렸다. 이곳을 집중적으로 탐사하기로 했다.

"폭풍주의보가 발령되고 20여 일이 지난 후에야 출발할 수 있었다. 다음날 울릉도 저동항에는 무사히 도착했으나, 또다시 폭풍주의보로 항구 주변에서 기다려야만 했다. 예측할 수 없는 날씨는 팀원들의 지쳐가는 몸과 마음을 더욱 지치게 했다.

날씨가 잠잠해진 틈을 타, 측면주사 음파탐지기를 이용해 이상체가 나타난 지점을 정밀 탐사했다. 이상체는 현장에서 모니터를 통해 바로 확인할 수 있다. 침몰선으로 추정되는 이상체에 대해 더욱 정밀한 영상을 얻기 위해 심해용 카메라를 음파탐지기 센서에 달아서 바다 속으로 내려 보냈다.

그런데 뜻하지 않게 카메라와 음파탐지기의 센서가 커다란 돌출암반에 걸리고 말았다. 날씨마저 나빠져 이어도호가 거대한 파도에 의해 물 위에 뜬 낙엽처럼 힘없이 밀려나기 시작했다. 암반에 걸린 센서 케이블이 팽팽해지더니 대처할 겨를도 없이 "따~닥" 끊어지는 요란한 소리와 함께 케이블이 갑판 위를 내려쳤다. 당시 갑판에는 많은 탐사대원이 있었는데, 인명사고가 나지 않은 것이 천만다행이었다.

갑작스런 기상변화와 폭풍주의보로 결국 장비를 회수하지 못한 채 분실 지점을 기록하고 저동항으로 철수할 수밖에 없었다. 그러나 이어도호는 태풍의 영향권에서 위태로운 항해를 하고 있었다. 파도가 뱃전을 때릴 때마다 물건 떨어지는 소리, 심한 멀미로 괴로워하는 소리 등이 들려왔다. 새벽 2시가 되어서야 포항항에 도착했다. 정말 악몽 같은 하루였다."[1]

2002년 탐사팀은 비장한 각오로 새해를 맞았다. 이젠 탐사일정도 얼마 남지 않았다. 계획대로라면 이즈음 돈스코이호를 찾고, 실물까지 촬영해 다음단계인 인양 검토작업에 들어가야 했다. 파산재단은 탐사가 계약대로 정확하게 지켜지지 않으면 언제라도 계약을 파기하고 탐사비용 지출을 중단할 눈치였다. 동아건설 구 경영진도 이젠 시들해져 별 관심을 갖지 않았다.

탐사팀은 계속 실패했다. 탐사선 사용일정도 얼마 남지 않았다. 탐사팀은 발상의 전환을 했다. 돌출 암반이 많은 협곡 지형인 울릉도 해저에서 만약 돈스코이호가 대형 암반 옆에 있거나 계곡에 서 있는 형태라면 어떨까 하는 것이었다. 당연히 삼차원 지형도에도 전혀 다른 형태로 나타날 것이었다. 탐사팀은 이상체에 대한 재검토작업에 들어갔다.

"각 탐사구역에서 분포하는 이상체 이미지와 특성을 다시 비교 분석한 뒤 3C 지역에 있는 이상체가 가장 유력하다고 결론지었다. 실제 돈스코이호의 길이는 93.4m, 폭은 17.7m였는데 이 지점의 영상 이미지는 길이 약 1,100m, 폭 30m의 침몰선 형태였다. 다중빔 음향측심 자료역시 길이 70m, 폭 30m 크기의 이상체를 보여 주었다.

그러나 이곳은 수심이 약 170~400m로 서서히 깊어지다가 갑자기 2,000m로 변하는 낭떠러지 지역이며 곳곳에 암반이 돌출되어 있었다. 게다가 계곡의 상승해류로 지구물리탐사 장비의 접근이 불가능했다. 그야말로 가장 험난한 코스였다. 이제 무인잠수정과 유인잠수정이 투입되는 단계만 남았다."[2]

해양연구원은 타이타닉호를 탐사했던 바로 그 무인잠수정과 동급의 LBV1500 잠수정을 보유했다.

"LBV1500 무인잠수정은 수심 1,500m까지 조사가 가능하며 해상 조사선으로부터 유선으로 연결된다. 기기운영은 모니터 화면과 위치좌표, 그리고 전방에 장애물이 있는지 없는지를 확인해주는 음파 소나 이미지를 보면서 리모트 컨트롤러로 조정하는데 인간의 접근이 곤란한 해역의 조사에 적합하다. 또한 ROV의 운반선이라고 할 수 있는 TMS에 의해 수 분 내에 ROV를 수백 m의 조사 심도까지 인도하며 TMS에서 나온 ROV는 사방 100m 주위를 조사한 후 다시 TMS 속으로 들어와 조사선까지 안전하게 운반된다. 유인잠수정이 한정된 시간과 수심 500m를 내려가기 위해서는 약 1시간 정도 소요되는 데 반해, ROV는 무한시간 사용이 가능하고 TMS를 사용할 경우에는 같은 심도를 수분 내에 하강할 수 있는 장점이 있다.

또한 심해지역을 탐사하거나 유인잠수정이 접근하지 못하는 협소한 지역을 탐사할 때 효율적으로 쓰인다. 심해 속에서 탐사 중인 ROV의 위치확인은 인공위성 자동항법시스템(DGPS)과 해저위치 추적시스템을 이용하여 수행되며, 침몰선의 위치를 확인하면서 수중촬영과 필요한 물품의 샘플들을 소형 로봇팔로 채집한다."[3]

탐사팀은 3C 구역에 수중카메라와 무인잠수정을 투입했다. 무인잠수정을 유인잠수정보다 먼저 투입하는 이유는 유인잠수정 조종사의 안전을 미리 확인하기 위해서다. 무인잠수정에 설치된 카메라는 밝기가 낮은 바다 밑도 잘 보여 주는 저휘도 흑백 카메라와 고감도 컬러 카메라가 있고, 아래위로 180도까지 촬영이 가능했다.

하지만 무인잠수정을 이용한 몇 번의 탐사에도 소득이 없었다. 무엇보다 잠수정 조종이 익숙치 않았다. 무인 잠수정은 모니터 화면과 위치좌표, 전방 음파 이미지를 보면서 모선에서 컨트롤러로 조정을 해야 하는데 이를 능숙하게 조종하려면 오랫동안 익숙해져야 한다. 하지만 해양연구원에 무인잠수정만 전문적으로 조종할 수 있는 인력이 없었다.

더구나 울릉도 해역처럼 심해의 상승기류와 복잡한 해저지형인 경우 조종자의 정밀성이 요구됐다. 그렇지 않으면 모선과 연결된 케이블이 엉키면서 잠수정을 분실할 위험이 컸다. 조심스럽게 작업했지만 답답하기 이를 데 없었다.

사실 이 무인잠수정으로 타이타닉호를 발견하긴 했지만 근 20년 전 개발된 구형이었다. 하루가 다르게 첨단 장비가 개발되는 이 분야에서 이 잠수정은 이미 골동품 취급을 받는 장비였다. 무엇보다 연구선 이어도호에는 자동위치 제어장치가 없어 조금만 바람이 불어도 이 ROV를 운용할 수 없었다.

결국 마지막 희망은 유인잠수정에 걸 수밖에 없었다. 문제는 해양연구원에 유인잠수정이 없다는 것이다. 국내 유인잠수정은 1996년 잠수함 승무원을 구출하기 위해 해군이 도입한 심해잠수구조정(DSRV)딱한 대였다. 수심 457m까지 잠수할 수 있는 이 심해잠수정을 운용하려면 모함인 청해진함(4,200t)까지 동원돼야 했다. 이런 조건에서 해군의 협조를 이끌어내기도 쉽지 않았다. 타이타닉호를 발견하는데 막강한 미국 해군이 적극 지원했지만 우리는 상황이 달랐다.

다행히 400m 이상, 600m 깊이까지 잠수할 수 있는 유인잠수정이 민간회사에 있었다. 바로 서브씨텍(Subseatech)사에 있는 패스파인더 (Pathfinder)호였다. 1998년 12월 서브씨텍사를 설립한 이태희 사장은 사실상 국내 첫 해양개발 벤처기업가였다. 서브씨텍사 이 사장은 앞으로 각종 해양건설 사업이 유망하다는 것을 알고 과감하게 인력을 키우고 장비를 도입하는 등 해양과학에 투자했다.

우리나라 최초의 유인잠수정 조종사인 임흥현씨를 키워낸 것도 그였다. 그는 임흥현씨를 10개월 동안 캐나다 밴쿠버로 보내 미국의 아쿠아월드사 잠수정 제작과정에 참여시켜 적응훈련을 받게 했다. 그 결과 임흥현씨는 잠수정 조정에 관해 국내 1인자가 됐다.

길이 2.4m, 폭 1.6m, 높이 1.35m, 무게(대기 중) 2.7t 크기의 패스파인더호는 한 사람이 조종하며 최대 수심 600m 까지, 80시간 동안 연속잠수를 할 수 있는 성능을 가졌다. 패스파인더호는 한 사람이 겨우 들어가 조종하는 조그마한 잠수정이다. 하지만 디지털 카메라, 어두운 심해에서 전방 물체를 확인하는 스캔 소나, 모선과 통신하는 수중통신장비, 촬영한 영상을 전송할 수 있는 장치, 임무를 마친 후 모선이 찾을 수 있도록 하는 위치 추적장치 등을 갖추고 있다.

물론 유인잠수정에서 필수적인 수심 측정장비와 이산화탄소 정화장치가 설치돼 있고, 간단한 시료를 채취할 수 있는 로봇팔도 장착돼 있다. 크기는 작지만 최소한의 기능은 다 있다는 얘기다.

이미 패스파인더호는 2001년 포항 MBC 다큐멘터리 '왕돌의 신비' 제작에 나서 수심 500m에서 촬영 작업을 수행했다. 이미 한국해양연구원에서 발주한 동해 구룡포 앞바다에 침몰된 경신호(수심 100m), 부산 앞바다에 침몰된 13 삼부호(수심 70m)의 수중 정밀 조사에 참여했

유인잠수정(Pathfinder)을 이용한 탐사장면

다. 해양연구원에서 발주하는 용역에도 몇 차례 함께해 서로 호흡도 맞
춰봤다. 유 박사는 서브씨텍사와 유인잠수정 탐사 용역계약을 체결했
다.

2003. 5 한국해양연구원 발주, 유인잠수정(Pathfinder)을 이용한 해
저탐사용역(러시아 침몰선 Dmitri Donskoi) (울릉도 저동항 앞바다 2km 해
상에 침몰한 Dmitri Donskoi 실체, 탐사 및 촬영 – 수심 405m)[4]

2003년 5월, 사실상 탐사의 마지막 시도였다. 유인잠수정 패스파
인더호를 실은 태평양호는 불과 98t, 이어도호의 3분의 1정도밖에 되
지 않는 소형이었다. 외국에선 유인잠수정을 운영하기 위해선 적어도
5,000t급 정도 크기에 폭풍우에도 정위치를 잡는 훨씬 정교한 위치제
어시스템을 갖춘 연구선이 합동 작업하는 것이 불문율이다. 그러나 우

리나라에서 가장 큰 탐사선인 온누리호도 1,422t에 불과할 정도였으니 우리의 해양탐사는 열악하다 못해 무모하기까지 했다.

거기에 비해 100t도 안되는 태평양호는 말할 나위도 없었다. 태평양호는 연구선이라기 보다 공사용 바지선에 가까웠다. 갑판 뒤쪽에 사설 크레인을 설치해 각종 공사용 자재를 싣고 내릴 수 있도록 만들었다. 잠수정도 이 공사용 크레인으로 내리고 올리는 상황이었다. 이 배로 정밀한 계측기나 장비를 싣고 탐사한다는 것은 애당초 무리였다. 갑판은 유인잠수정 작업을 원활히 할 수 없을 정도로 비좁았다. 처음 온누리호가 축구장이라면, 이어도호는 배구장, 태평양호는 탁구장 수준이라고나 할까.

하지만 예산이 빠듯해 이 배도 어렵게 임대했다. 사실 이 민간 패스파인더호 탐사용역도 매우 싼 가격에 계약했다. 탐사팀은 처음이자 마지막으로 동원하는 유인잠수정에 마지막 기대를 걸었다. 이 유인잠수정을 활용할 수 있는 기간은 딱 보름동안, 탐사 일정은 5월 5일부터 23일까지였다.

유인잠수정 패스파인더호를 운영하기 직전 50여 개 항목의 체크리스트를 놓고 일일이 점검한다. 잠수정 양쪽의 연료통 점검, 전진 후진 그리고 하강 상승 4개 프로펠러 기능 이상무, 전방 조명 성능점검 등등 …. 그런데 패스파인더호는 모선과 무선시스템이 영 신통치 않았다. 과거 탐사에서도 모선과 무선 시스템이 고장 나 한동안 애를 먹었던 전례가 있었다. 캄캄한 수백 미터 바닷속에 통신이 두절된 상태로 있다는 것은 그야말로 공포 그 자체다.

　잠수정의 통신장비는 일반 통신장비와 많이 다르다. 일반 통신이 전파를 이용하지만 바닷속은 전파가 도달하지 않기 때문에 음파를 사용한다. 바닷속에서 음파의 속도는 1,533m/s로 대기의 속도 331m/s보다 5배나 빠르다. 따라서 모든 해저탐사장비는 물론 잠수정도 음파를 이용해 지형을 측량하고 영상자료를 얻는다. 전방물체를 확인하는 레이더 역시 음파로 가동한다. 물론 모선과 통신도 음파를 이용한 장비를 사용한다. 하지만 음파를 이용한 통신장비는 매우 전문적인 업체에서 생산하기 때문에 이를 수리할 기술자가 국내에는 없었다. 따라서 잠수정 통신장비가 고장나면 잠수정을 만든 외국에서 기술자와 부품이 와야 고칠 수 있었다.

　탐사 예정 장소인 3C지점에는 진홍색 부표가 50m 간격으로 띄워져 현장을 표시하고 있었다. 음파탐지기가 가리키는 수심은 350~410m로 엄준한 지형이었다. 패스파인더 조종사 임흥현씨는 마치 히말라야를 등정하는 사람처럼 털모자와 보온이 잘되는 등산복을 입었다. 심해 잠수정은 항상 대기와 같이 0.9 기압과 21%의 산소농도를 유지하고 있으나 문제는 보온이 안된다는 점이다. 심해로 들어갈수록 기온이 떨어져 보통 섭씨 10도 정도로 춥다. 마치 높은 고도에 있는 비행기와 마찬가지다. 그래서 잠수정 조종사는 과거 2차 대전 때 비행기 조종사처럼 두꺼운 가죽 털옷과 모자를 쓴다.

　게다가 잠수정 안은 외부와 온도 차이로 습기가 가득 찬다. 그런 기온에서 아무것도 보이지 않는 수백m 수심에서 잠수정에 부착된 소나에 의존해 이동하고, 음파를 통한 모선과 실낱같은 통신에 의존하는 것이 유인잠수정의 고된 작업이다.

잠수정 조종사는 외롭고도 두려운 심해 암흑 속의 여행자이다. 수심 68m까지는 태양광선이 투과되어 바닷속 생물이 보인다. 그러나 수심 80m를 통과하자 어두워지기 시작한다. 수심 100m, 빛이 사라지기 시작했다. 수심 120m, 주위는 완전한 암흑상태로 수중조명장치를 작동시키자 주변에 움직이는 고기비늘이 조명에 반사돼 번뜩인다. 하지만 강력한 수중조명도 20m도 나가지 못하고 곧 암흑의 배경에 흡수되고 만다.

패스파인더호는 본격적으로 울릉도 급경사에 대한 탐사를 시작했다. 급경사 지역의 해류는 수평 해류뿐만 아니라, 상승하는 용승으로 잠수정을 운전하기 매우 어렵다. 패스파인더호는 해류에 떠다니는 한 장의 떨어진 낙엽에 불과했다. 패스파인더호는 해저 640m 바닥에서 상승하면서 깍아지른 절벽 틈새 탐사를 시작했다.

자력계상으로 가장 유력한 3C 지역도 매우 넓었다. 그 넓은 협곡을 조명이 비추는 시야 20m에 불과한 유인잠수정으로 탐사하기란 쉽지 않았다. 마치 더듬고 지나간다는 표현이 더 정확했다. 육지에서는 패스파인더호가 해저에서 찍은 영상을 검토하는 작업을 반복했다.

"5월 20일 잠수탐사 9일째, 여러 잔해가 발견된 곳으로 다시 가 보았다. 정확한 좌표를 확보했으나, 평면이 아닌 절벽 경사면이어서 그 위치로 다시 찾아가기가 쉽지는 않았다.

조종사는 모든 시스템 장비를 켜고, 속도를 확인하면서 하강을 시작했다. 수심계의 숫자가 점점 올라가면서 주위도 조금씩 어두워졌다. 수심 520m. 해저 면에 도착하여 조명을 켜고 주위를 살피려는데, 어느새 불빛을 보고 모여든 새우 떼가 잠수정을 에워싸는 바람에 주위를 볼 수가 없었다. 조명을 끄고 새우 떼가 사라지기를 기다리며 모선에 현재 상황보고를 했다. 잠시 후 조명을 켜자 주위가 환하게 드러나기 시작했다. 일전에 잔해를 발견한 위치로 방향을 잡고 서서히 상승했다.

잔해를 발견한 장소가 가까워지면서 부식된 물체들이 하나 둘씩 나타났다. 첫 잠수 때 발견한 마스트로 추정되는 철골구조물과 전선이 보였다. 다음으로 불에 탄 흔적이 있는 조타기나 전시기 잔해로 보이는 물체가 발견되었고, 정체를 알 수 없는 육중한 철제 장비도 보였다. 탐사 후 조사결과 발견된 잔해들은 철판 사이를 리벳으로 연결한 방식이었다. 1900년 이후에 용접이 실용화된 사실을 고려할 때 그 이전에 제작된 것임이 밝혀졌다.

상승을 계속하자 절벽의 경사가 조금 완만한 지역에서 많은 잔해가 차례로 발견되었다. 다시 절벽 위쪽을 향해 상승했다. 이렇게 상승할 때는 아주 느린 속도로 조심스럽게 움직여야 하는데, 그러지 않으면 미세한 입자의 해저 퇴적물이 떠올라 주위를 전혀 볼 수 없기 때문이다.

한 시간 정도 상승하여 수심 400m에 도착했으나 아무것도 발견할 수 없었다. 잠수를 시작한 지 다섯 시간 정도가 지났다. 조종사는 이제

잠수를 마치겠다고 모선에 알리려했다. 그 순간, 잠수정 앞 오른쪽 절벽 아래에 선체 뒷부분으로 추정되는 물체가 눈에 띄었다. 주위는 온통 버려진 로프와 그물로 덮여 있었다. 긴장감 속에서 서서히 접근하며 관찰하는데, 갑자기 거대한 배가 앞을 가로 막았다. 부식으로 형체가 많이 훼손되었지만 함포는 당장이라도 포성이 울릴 것 같았다. 조종사는 숨이 막혀왔다. 심장이 터질 듯 펌프질하고 다리가 후들거렸다. 말할 수 없는 기대감에 사로잡혔다.

그러나 난파선 현장에는 조종사의 안전을 위협하는 온갖 위험물이 널려 있어 조심해야 했다. 버려진 어망과 철 구조물 등에 잠수정이 잘못 걸리기라도 하면 기쁨도 잠시일 뿐 목숨이 위태롭기 때문이다. 마침내 돈스코이호와 만나는 순간이었다. 발견 소식을 지상에 알려야 했다. 조종사는 모선과 통신을 연결했다.

한편 모선의 통신기 앞에서는 많은 탐사대원이 초조하게 소식을 기다리고 있었다. 수중통신 전파음을 듣고 있으면 수시로 들려오는 '삑삑' 날카로운 전파음과 들릴 듯 말 듯한 통신에 여러 잡음이 섞여 정확한 음성인식이 곤란했다. 잠수정과 멀리 떨어지거나 방향이 잘 맞지 않으면 삑삑거리는 고음과 잡음만 들린다. 이런 날카로운 소리에 몇 시간 동안 귀를 기울이는 것은 무척 힘든 일이다. 그런데 많은 잡음 속에서 희미하게, 그러나 분명하게 들려오는 목소리가 있었다.

"흑장미를 발견했다! 흑장미를 발견했다!"

"삑삑~"

흑장미는 돈스코이호를 표현하는 암호였다. 탐사대원들은 놀라움과 흥분에 휩싸였고, 이내 모선은 환호성으로 가득했다.

조종사는 정밀 촬영을 시도했다. 잠수정은 발견된 침몰선의 뒤쪽 갑판과 선체 오른쪽을 촬영하기 시작했다. 비록 상처투성이지만 침몰선은 언제라도 명령만 내려지면 바로 출전할 준비를 하고 100여년을 조용히 기다린 듯 보였다."[5]

탐사팀은 보다 정밀한 증거를 얻기 위해 촬영에 들어갔다. 몇 번의 잠수를 통해 보다 정확한 유물의 사진을 얻는 것이 급선무였다. 타이타닉호 탐사팀은 타이타닉호를 발견하고 60시간 분의 비디오를 촬영하고 수천 장의 사진을 찍었다. 그 영상이 타이타닉호를 재생한 것이다.

하지만 수백m 해저에는 미세한 입자의 퇴적물로 정확한 영상이나 사진을 촬영하기 여간 어렵지 않다. 잠수정이 움직이면서 이는 파동이 이 미세한 퇴적물을 일으켰기 때문이다. 패스파인더호는 부지런히 해당지역 주변을 탐색하며 촬영을 계속했다. 그리고 촬영한 영상은 울릉도 캠프에서 검토하고 또 검토했다.

종합 검토한 결과 돈스코이호는 50도 급경사를 이루는 심해 계곡 중턱에 약간의 퇴적물에 쌓여 거의 수직으로 걸려 있었다. 돈스코이호가 이런 모양으로 잠자고 있었으니 발견하기 어려웠던 것이다. 게다가 이곳 해저지형은 요철형태인데다 철 성분이 많이 함유된 화산암으로 돼있어 자력탐사로도 찾기 어려웠던 것이다.

돈스코이호 갑판은 많이 파손돼 당시 처절했던 전투상황을 고스란히 담고 있었다. 게다가 돈스코이호는 상부는 철선이지만 하부는 목재로 돼 있어 하부 목재 부문은 이미 썩어 사라지고, 상부 철제부문만 남아 있는 형태였다. 잠수정이 찍은 배 후미 영상이 돈스코이호 후미 모습과 거의 일치했다.

드디어 15cm 함포가 우뚝 솟은 모습이 화면에 잡혔다. 돈스코이호 임이 분명한 증거였다. 돈스코이호는 당초 주포는 20cm포 2문, 15cm 포 14문으로 진수됐으나 그 후 15cm포 6문, 12cm포 10문을 보강해 20cm포 2문, 15cm포 20문, 12cm포 10문의 화력을 가지고 있었다. 15cm포는 바로 돈스코이호의 주력포였던 것이다.

하지만 해저 조명이 약해 전체 모습을 촬영하기 어려웠다. 며칠 탐사 를 계속했는데 주포인 20cm포를 찾는 데는 실패했다. 아마 포신이 워 낙 무거워 침몰하면서 선체와 분리된 것이 아닌가 생각됐다.

돈스코이호 잔해 중 일부를 인양할 준비에 들어갔지만 탐사회사인 서브씨텍사는 난색을 표시했다. 침몰선박 촬영까지만 계약한 것이지 인양을 위해서는 별도 계약을 체결해야 한다는 것이다. 사실 이 유인잠 수정 탐사도 매우 싼 가격에 계약했다. 따라서 계약에도 없는 인양작업 까지 시키는 것은 솔직히 무리였다. 하지만 탐사팀은 뻔히 보이는 눈앞 의 유물을 그냥 두고 떠날 수 없었다. 결국 어렵게 사정한 끝에 패스파 인더호는 몇 번 샘플 인양에 나섰다.

하지만 문제가 발생했다. 돈스코이호 잔해는 100년 가까이 바닷속에

침몰 선체의 측면에 위치한 152mm 함포

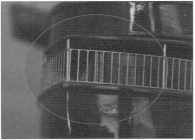

현장사진   모형사진

침몰 선체의 선미

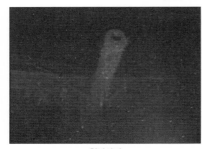

현장사진   모형사진

있어 외형상 멀쩡한 것같이 보였지만 패스파인더호 로봇팔로 잡으면 뻥튀기 과자처럼 부스러졌다. 몇 번 다시 시도했지만 결과는 매번 마찬가지였다. 패스파인더호 로봇팔을 부드러운 소재로 교체해야 샘플 인양이 가능했다. 서브씨텍사는 추가 비용을 부담하지 않으면 유물인양을 할 수 없다고 통보했다.

이러는 가운데 서울에서 빨리 화면을 보고 싶다는 독촉전화가 계속

왔다. 퇴출 막바지에 이른 동아건설은 빨리 이 사실을 세상에 알려야
한다고 생각한 것이다. 동아건설이 회생할 수 있는 마지막 기회였기 때
문이다.

유 박사도 일단 이번 탐사의 목적은 모두 달성했다고 생각했다. 이젠
내부 정밀 탐색과 본격적인 인양 단계만 남았다. 이것은 또 다른 차원
에서 시작해야 할 프로젝트였다. 유 박사는 유물인양을 포기하고 일단
장비를 철수시키기로 결정했다.

---

1 유해수, 앞의 책, p.74~75

2 유해수, 앞의 책, p.79~80

3 유해수, 김수정, 박동원, '지구물리탐사기법을 이용한 심해 돈스코이호 확
    인', 한국지구물리탐사학회 학술대회 논문집, 2004, p.113

4 서브씨텍사 홈페이지

5 유해수, 앞의 책, p.89~93

14장

운명,
동아의 마지막 몸부림

2003년 4월 1일 대검찰청 공적자금비리 합동단속반은 공적자금 비리사범에 대한 3차 수사결과를 발표했다.

"정치인 60여 명에게 비자금을 뿌린 고병우(69) 전 동아건설 회장, 박영일(57) 전 대농그룹 회장 등 10명을 구속하고, 박건배 전 해태그룹 회장 등 12명을 불구속 기소했다. … 고 전 회장은 2000년 4·13 총선 직전 비자금 38억 원을 불법 조성, 7억 원을 정치인 60여 명에게 1인당 200만~5,000만 원씩 건넨 혐의다. 검찰은 1,000만 원씩을 받고 영수증 처리를 하지 않은 이종찬, 김선길, 정영훈 전 의원 등 3명을 벌금 300만 원에 약식기소하고, 정상적인 정치자금으로 처리한 나머지 정치인들은 무혐의 처리했다. … 2000년 5월 정치권에 로비를 해 1조 원대의 김포매립지공사를 수의 계약할 수 있게 해주겠다며 동아건설로부터 5억 원을 받은 박백선(57)씨를 변호사법 위반혐의로 구속하고, 박씨가 5억 원 중 일부를 전달했다고 진술한 김대중 전 대통령의 막내처남 이성호(70)씨도 수사 중이다. 검찰 관계자는 '동아건설은 협조융자로 겨우 연명하면서도 구조조정보다 정치권 로비에 주력했으나 성공하지 못했다. 동아건설은 2001년 5월 3조5,000억 원의 부채를 남기고 파산했다….'"

그러나 동아건설 로비의혹에 대한 검찰의 수사결과 발표는 오히려 '부실 수사' 논란을 일으켰다. 돈을 받은 정치인들이 대부분 면죄부를 받은 데다 동아건설이 뿌린 비자금 액수나 의원들의 숫자도 실제와 큰 차이를 보여 '봐주기 수사'가 아니냐는 의구심이 증폭되고 있다. 언론은 다음과 같이 지적했다.

"[커지는 축소수사 의혹] --- 수사 착수 단계부터 제기돼 온 동아건설 로비의혹에 대한 축소수사 논란이 현실화됐다. 검찰이 '60여 명 정치인이 동아건설 정치자금을 받았다'는 내용의 수사 결과를 발표했지만 동아건설 전직 임직원 사이에서 '검찰수사가 축소된 것 같다'는 얘기가 잇따라 흘러나오고 있는 것.

정치자금 액수부터 문제다. 검찰은 고병우 전 회장을 비롯한 관련 임직원들의 진술을 토대로 정치권에 흘러간 비자금 액수를 7억 원으로 잡았지만 이를 액면 그대로 믿는 사람은 별로 없다.

당시 동아건설 재무 부서에서 근무한 한 중간 간부는 '당시 정치자금은 전액 현금으로 찾아 전달했다'면서 '전체 금액은 12억 원 안팎'이라고 말했다. 그는 '(내가) 정치자금 전달이나 돈을 찾는 과정에 참여했기 때문에 액수가 거의 정확할 것'이라고 강조했다.

그는 축소 수사의 실례로 검찰이 1억 원이라고 공개한 민주당 후원금이 실제는 2억 원이라고 공개했다. 한나라당과 자민련에도 후원금이 전달됐지만 구체적인 액수에 대해서는 말할 수 없다고 그는 주장했다.

동아건설의 다른 전직 간부는 '공식 후원금을 받은 55건(48명) 외에 고병우 전 회장이 별도로 돈을 건넨 인사도 20명은 훨씬 넘는 것 같다'며 '검찰이 밝힌 60여 명 외에 돈을 받은 정치인이 더 있을 것'이라고 밝혔다. 이 간부는 '아직 모든 것을 밝힐 상황은 아니지만 검찰조사 결과에 의문이 있는 것은 사실'이라고 덧붙였다. 검찰도 수사 결과 발표 때 '(60여 명 외에) 나머지는 전달자의 진술이 구체적이지 못하고 수령자를 특정하지 못하는 등 혐의 입증이 어려워 내사 종결했다'고 밝혀 이 같은 정황을 간접 시인했다."[1]

이런 상황에서 2003년 5월 21일 울릉도로부터 돈스코이호를 찾았다는 소식이 날아 들어왔다. 돈스코이호 발견 소식은 포항지방수산청을 통해 해양수산부로, 정부에게도 보고됐다. 2000년 12월 돈스코이호 발견 소식으로 외교문제와, 동아건설의 이상 주가 급등이란 악몽을 기억하고 있던 정부 당국은 다시 고민에 빠졌다. 계속 시간이 흘렀다.

그러나 동아건설, 최 전 회장을 비롯한 구 경영인측과 소액주주들은 돈스코이호 발견 사실을 빨리 공표할 것을 요구했다.

"돈스코이호 발견 사실을 가장 먼저 안 것은 국무총리실과 해양연구원, 동아건설파산재단측이다. 이미 발견 사실을 아는 사람이 다수인데도 법정관재인이나 법원이 공식 발표를 계속 늦추고, 특정인이 장외에서 주식을 대량 매집했다면 부당거래에 해당한다."

동아건설 소액주주들은 인터넷에 이런 글을 공유하며 정부를 압박했다. 경향신문 원 기자는 5월 30일 오전 동아건설 파산관제인 안문태 변호사와 다음과 같은 내용으로 통화했다.

- 유해수 박사팀이 돈스코이호를 찾았다면서요.

"선체를 발견했다고 하는데 그 배인지 아닌지는 모르겠습니다. 유사물체인지도 모르고. 비디오 촬영을 했다고 하는데 자세한 보고서를 봐야지요."

- 이미 유 박사는 현장에서 철수했다고 합니다.

"유 박사가 와야 정확히 알 수 있지요. 유 박사가 여러 가지 자료를
모아 오지 않겠어요. 오래 걸리지 않을 것입니다. 물건이 잡히긴 한
것 같아요."

- 탐사비용은 계속 지원할 생각인가요.

"사실 탐사는 이번까지만 자금을 지원하기로 했습니다. 무한정 돈
을 집어넣을 수 없기 때문이지요. 그런데 뭐가 잡혔다고 하니까 기
다려 봐야 하지 않겠어요?"

경향신문에서 이 건을 취재하고 있으며 곧 기사를 쓴다는 소식은 정
부측에도 들어갔을 것이다. 정부도 더 이상 돈스코이호 발견 사실을 숨
길 수 없었을 것이다. 아마 정부는 무엇을 숨기거나, 무엇을 더할 필요
도 없다고 판단했을 것이다. 동아건설이 돈을 투자해 해양연구원이 탐
사를 진행했고, 돈스코이호를 발견했다. 그런데 그 배안에 보물이 실려
있는지는 모르겠다. 향후 정밀 탐사여부는 미정이다. 이 정도 선에서 발
표하는 것은 러시아와 외교적으로도 마찰이 일어나지 않을 것이라 판
단했을 것이다.

정부는 동아건설의 돈스코이호 발견 기자회견을 허락했다. 동아건설
과 해양연구원은 서둘러 보도자료를 만들어 언론사에 배포했다. 단독
기사를 준비하던 원 기자는 맥이 빠졌다. 원 기자는 다음과 같은 기사
를 작성했다.

"러일전쟁 당시 울릉도 저동 앞바다에서 침몰된 러시아 전함 드미트리 돈스코이호(사진)로 추정되는 선체가 본격 탐사 2년 만에 발견됐다. 한국해양연구원(원장 변상경)과 동아건설은 유인 및 무인 잠수정을 통해 지난달 20일 저동 앞바다 약 2km 지점에서 돈스코이호로 추정되는 침몰선을 발견했다고 2일 밝혔다.

이 침몰선은 수심 약 400m 험준한 해저지형에 뱃머리를 계곡 쪽으로 향해 똑바로 서 있는 형태로 발견됐으며 보존상태가 양호한 것으로 확인됐다.

타이타닉호의 경우 평탄한 해저지형에 침몰됐고 전 세계 해양연구기관이 막대한 예산을 투입해 발견한 것과 비교하면 험준한 해저지형에 침몰된 돈스코이호를 2년 여라는 짧은 시간에 발견한 것은 큰 성과라고 해양연구원측은 평가했다.

해양연구원은 그동안 유인 및 무인 잠수정을 동원, 직접 해저 400m에 잠수해 침몰선에 대한 비디오 촬영을 마치고, 돈스코이호 사진과 비디오테이프를 비교, 검증한 것으로 알려졌다.

그러나 해양연구원은 이 침몰선이 돈스코이호인지 여부를 최종 확인하기 위한 정밀탐사 단계를 남겨두고 있고, 특히 보물이 실려 있는지를 가리기 위한 선체 내부에 대한 조사는 아직 이뤄지지 않았다고 밝혔다.

동아건설 파산관재인인 안문태 변호사는 '돈스코이호가 유력하다면 법원과 상의해야 하지만 탐사를 계속해야 하지 않겠느냐'고 말해 탐사가 계속 이뤄질 것임을 시사했다. 해양연구원과 동아건설은 3일 이 선체의 탐사과정 및 탐사결과를 공식 공개할 예정이다.

1885년 러시아에서 건조된 돈스코이호는 6,200t급 순양함으로 1905년 5월 29일 일본 해군과 교전 끝에 울릉도로 대피했다가 스스로 침몰했다. 돈스코이호에는 발틱함대의 군자금을 실은 경리함 나히모프호가 침몰되기 직전, 엄청난 규모의 금괴와 골동품 등을 옮겨 실은 것으로 알려져 있다.

1999년 10월 동아건설이 해양연구원과 맺은 탐사계약(밀레니엄 2000프로젝트)에는 '다량의 금괴 등 보물이 매몰돼 있는 것으로 추정된다'며 '발굴자가 추정가액의 80%를 소유한다'고 돼 있다."[2]

2003년 6월 3일 오전 10시, 서울 플라자 호텔 4층 난초홀. 동아건설의 밀레니엄 2000 사업 기자간담회가 열렸다. 김시웅 동아건설 사장과 변상경 한국해양연구원장, 유해수 해저유물자원연구센터장, 해양수산부 직원과 해양부 및 과학부 출입기자 50여 명이 성황을 이뤘다. 러시아 이타르타스 통신과 이스베차 통신, 일본 지지통신 등 해외 언론도 참석해 이 발견이 세계적 관심을 끌고 있음을 반영했다. 진찻사 등 동아건설 소액주주들과 동아건설 회생을 바라는 모임 멤버도 눈에 띄었다.

행사장에 참석한 낯익은 한 해양수산부 관계자는 "최종적으로 확인되지 않은 사실을 발표하는 기자회견에 국책 연구기관장이 왜 나왔나"라며 변 원장이 참석한 것을 못마땅하게 말했다. 이는 정부의 돈스코이호에 대한 시선을 상징적으로 보여주는 말이었다.

먼저 김 사장은 동아건설의 돈스코이호 발굴에 대한 지금까지 경과를 설명했다.

"저희 동아건설산업(주)은 '1999년에 주력사업인 건설경기가 국내외 모두 침체되어 투자적 가치를 크게 창출할 수 있는 새로운 사업의 활로를 모색하던 중, 경험과 실적이 풍부한 항만공사와 연관된 해양위성도시 등의 미래해양산업에 참여하고자 '밀레니엄 2000 프로젝트'라는 제하의 '심해탐사 기술 개발 및 침몰선 드미트리 돈스코이호 발굴사업'을 수행하여 왔으며 2003년 5월 20일에 동 선박으로 추정되는 침몰선체를 발견하였습니다."

김 사장은 특히 동아건설이 부도난 상황에서 70억 원이나 투자되는 사업의 진행상황을 설명했다.

"… 2001년에는 울릉도 현지 인문조사, 러일전사 자료 검토 및 유네스코 협약 검토와 3차에 걸쳐 현지 탐사를 수행하여, 돈스코이호와 유사한 이상체 30여 개 소를 발견하여, 이를 종합 분석한 결과 16개 소로 함축하는 성과를 얻었으며, 동년 9월 7일 제1차 채권자집회 시 본 사업을 계속 사업으로 승인 받았습니다.

2002년도에는 2차에 걸쳐 정밀탐사를 한 결과 유사체 16개소 중 3개소로 함축시키는 결과를 얻어 이를 토대로 2003년 5월에 실시한 유인잠수정 탐사에 의하여 드미트리 돈스코이호로 추정되는 침몰선체를 발견하게 되었습니다 …."[3]

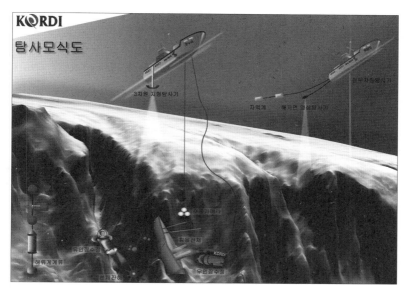

돈스코이호 탐사모식도

　탐사 실무책임자인 해양연구원 유해수 박사가 구체적인 탐사과정을 설명했다. 설명회장은 불이 꺼지고 비디오가 상영됐다. 유인잠수정이 찍은 영상에는 흐릿하지만 전함의 모습이 분명했다. 불에 타 해저 바닥에 뒹굴고 있는 조타기와 앵커오더가 보였다. 무엇보다 돈스코이호에 설치된 47mm속사포가 그 모습을 드러냈다. 속사포는 해저바닥에서 하늘을 겨냥하며 여전히 위용을 과시하고 있었다.

　영상은 좀 더 어두워졌다. 카메라가 뒤로 이동하면서 조명의 세기가 약해진 탓이다. 검은 해저에 흐릿한 배 선미모습이 보였다. 선미에는 밧줄이 엉켜 있었다.

유해수 박사는 "바로 돈스코이호 후갑판 발코니 부분"이라고 설명했다. 영상이 느리게 이동하면서 큰 포를 비췄다. 바로 돈스코이호 측면에 있던 152mm 함포였다. 함포는 녹이 슬고 약간의 해초가 붙었지만 지금이라도 포탄을 토해 낼 정도로 포신이 멀쩡했다. 워낙 심해여서 해양 생물이 적어 상대적으로 보존상태가 양호했다는 설명이다. 특히 유 박사는 탐사과정에서 어려움을 토로했다.

　　"해저 산악지대, 수심 390~410m 해저에서 침몰선을 찾는 것은 매우 드문 사례로 사실상 세계 처음입니다. 이는 지질학적으로도 매우 중요한 탐사였습니다. 게다가 전사에 나타난 지역과 상이한 지역에서 발견했습니다. 주민의 증언과 1~2km 차이가 있고, 침몰 후 무려 3km나 해류에 떠내려 간 것입니다. 100년 전 기상을 예측하고, 이 배를 자침시킨 1등 항해사의 심리까지 파악했습니다. 게다가 저동항 입출항 위치가 현재와 달라 어려움을 겪었습니다."

　　마지막으로 유 박사는 "러시아, 일본이 기술제휴를 하겠다는 제안을 여러차례 받았지만 선진국 탐사기술 제의를 거절했다, 서브씨텍사 등 순수 국내 기술진으로 탐사에 성공했다"라고 말했다.

　　많은 기자들의 궁금증은 발견된 돈스코이호에 얼마만큼의 보물이 얼마나 실려 있고, 그 소유권은 어디에 있는가였다. 이 질문에 유 박사는 힐끗 해양연구원장 표정을 보면서 한 발 물러나 "보물이 실려 있는 여부를 파악할 수 없었다"고 대답했다.

　　기자들은 이해할 수 없다는 표정을 지었다. 기자들은 보물이 있다면 소유문제는 어떻게 되는가를 물었다. 소유권 문제에 대해 해양연구원 박성욱 박사가 나서 설명했다.

"침몰군함의 소유권 문제에 대해선 명시적인 규범이 없다. 유엔해양법협약 정도이고, 유네스코 협약에도 없다. 명시적 규범이 없어 국가관행이나, 국제변호사, 법률전문가 등이 해결해야 할 문제라고 생각한다."

기자들은 이 프로젝트에 동아건설의 지분이 얼마나 되는가가 궁금했다. 그것은 동아건설이 회생할 수 있는가를 따져볼 수 있는 것이기 때문이다. 김 사장은 자신 있는 표정으로 "탐사자가 80%를 소유하도록 돼 있다"고 말했다. 마지막으로 김 사장은 "2009년까지 탐사 승인을 받았습니다. 그 때까지 계속 투자할 것"이라고 말했다. 이때 경향신문 원 기자가 골치 아픈 질문 하나를 던졌다.

"부도 상태에 있는 동아건설이 무슨 해양연구에 초석을 쌓는다고 계속 자금을 대고 있는가. 속 시원하게 추정 매장물의 규모라도 말해달라. 파산재단에서 자금을 계속 지원한다는 것은 무엇인가 믿는 구석이 있는 것 아닌가?"

김시웅 사장은 곤혹스런 표정을 지었다. 김 사장은 힐끔 변 해양연구원장의 눈치를 봤다. 금괴가 많이 있다고 말하면 러시아와 외교적 마찰은 물론, 정부 시책에도 어긋나는 일이다. 하지만 금전적 가치가 없다고 말하면 동아건설이 지금하고 있는 탐사작업은 헛일이라는 것을 시인하는 꼴이 되기 때문이다. 김 사장은 짧게 대답했다.

"보물이 얼마나 실려 있는지는 선체 정밀탐사를 해야 알 수 있다. 동아건설은 금년부터 내년까지 정밀탐사와 인양가능성을 검토할 예정이다."

이날 동아건설 기자 회견은 이 정도 선에서 끝났다.

이튿날 대부분의 언론은 '러시아 보물선 돈스코이호 발견'을 주요기사로 보도했다. 돈스코이호 발견 사실이 보도되자 상장 폐지된 동아건설 주가는 다시 장외시장에서 2배 이상 급등했다. 장외주식 매매사이트인 38커뮤니케이션(www.38.co.kr)에서는 동아건설 주가가 하루만에 700원으로 전날보다 360원(105.8%)이나 올랐다.

하지만 돈스코이호 탐사는 더 이상 진행되지 않았다. 동아건설이 공개적으로 계속 탐사를 하겠다는 의지에도 불구하고 파산재단은 더 이상 자금을 투자하지 않았다.

정부도 탐사기간을 연장해 주지 않았다. 여기서 증언은 엇갈린다.

당시 소액주주 관계자는 "정상적인 경영진이라면 당연히 탐사 연장 신청을 했어야 했는데 당시 동아건설 경영진은 탐사연장 신청을 하지 않았다"면서 "당시 해양연구소도 탐사비용을 다 쓰지 못한 불용액이 있는 상태에서 탐사를 중단했다"고 주장했다.

나중에는 소액주주들이 직접 탐사하겠다고 나섰다. 당시 소액주주 관계자는 "투자 확약서와 탐사회사, 주주 20명이 각각 1억 원씩 투자하겠다는 동의서 등을 첨부해 포항지방수산청에 탐사 신청을 했는데, 당시 포항지방수산청에서 '동아건설의 기득권 포기 각서를 받아오라'고 했다. 그래서 동아건설 안문태 파산관재인에게 포기 각서를 써 달라고 내용증명을 보냈더니 '기득권 포기 각서를 써주지 못하겠다'고 회신이 왔다"고 말했다.

동아건설을 놓고 막후 협상이 계속됐지만 정부 당국은 원칙으로 일관했다. 노무현 정부는 이전 정권의 권력형 비리를 특검을 통해 처리하기로 입장을 정리했다. 전직 대통령의 친인척에게 준 뇌물확인서까지 공개된 마당에 이젠 숨길 것도 없이 정면 승부하겠다는 의지였다. 숨길 것이 있는 권력과는 협상이 가능하지만 완전히 발가 벗겨진 권력과는 협상의 여지가 없었다. 사실 이것은 노무현 정부에서 발생한 일도 아니었다. 노무현 정부는 무서울 것도, 또 거칠 것도 없었다.

동아건설은 마지막으로 김대중 전 대통령의 처남에게 5억 원의 뇌물을 전달한 확인서를 폭로했다. 확인서는 법정에 제출되는 형식으로 세상에 알려졌다.

"본인은 동아건설산업의 전 사장인 이창복씨로부터 동아건설의 애로사항에 대해 선처해 줄 것을 부탁 받았고, 이와 함께 박백선씨를 통해 금전을 전달 받은 것을 인정한다. 본 사건과 관련해 박씨는 본인의 심부름을 한 하수인에 불과할 뿐, 모든 책임은 본인에게 있음을 확인한다."

권력형 비리 당사자는 놓아둔 채 전달자만 희생양으로 삼았다는 비난이 거세게 일었다. 하지만 국민은 고위 인사 친인척의 이른바 권력형 비리에 이젠 너무 익숙하고 또 식상해 있었다.

최 전 회장은 2003년 10월 1일 국회 정무위원회 국정감사에 증인으로 출석해 임진출 의원의 다음과 같은 질문을 받았다.

 - 임진출 의원: 시쳇말로 은행에 당했다고 생각합니까, 아니면 정책
  적으로 당했다고 생각합니까.
  "두 가지로 생각합니다. 은행장이 감히 그렇게 얘기할 수 없고, 정
  책적으로 재벌 길들이기 1호라는 소문이 맞은 것 같습니다."
 - 동아 같은 경우 사우디라든지 리비아라든가 이런 중동지역의 엄청
  난 수주를 받고 공사를 하신 공헌이 많이 있다고 생각하는데 어떻
  게 재벌 길들이기라고 해서 무조건 1호로 당했나요? 그 이유가 있
  을 것 아니겠어요.
  "글쎄요, 그 때 그 당시 제 사생활이 좀 문제가 있었기 때문에 그
  일로 그렇게 된 것인지 그건 저로선 이해하기가 … 제 사생활과 관
  계없이 기업은 기업인데 기업이 망했다는 것에 대해서 … 저 같은
  기업인이 또 없었으면 좋겠습니다.
 - 사생활을 말씀 하셨으니까 … 대기업 총수는 공인이기 때문에 조
  금 … 내용은 모르겠습니다마는 관리 좀 하실 걸 그랬습니다. 그렇
  지요?
  "그게 제 운명인 것 같습니다."[4]

이것으로 끝이었다. 의원들은 괜한 오해를 사기 싫어서 동아건설 구
명에 적극적으로 나서지 않았다. 결과적으로 동아건설이 살기 위해 정
치권에 로비를 한 것이 오히려 반작용을 일으킨 것이다.

이제 동아건설이 쓸 수 있는 카드는 아무것도 남지 않았다. 결국 서

울중앙지방법원 신영철 형사수석부장판사는 "기업의 사회적 책임과 … 화이트칼라 범죄에 대해서는 엄단할 필요가 있다"며 "배임혐의로 징역 2년 6개월, 분식회계 혐의로 6개월 등 모두 징역 3년 형"을 선고했다.

여기서 배임이란 대한통운에 속한 공영토건 지급보증 건과 대한통운이 동아생명 증자에 참여한 것이다. 모두 정당한 경영행위로 볼 수 있는 것이었다. 문제의 분식회계건도 이미 공소시효도 지난 것이었다.

선고를 듣는 최 회장은 잠시 비틀거렸으나 법정경위가 다가와 그의 팔을 잡았다. 그는 법정경위의 부축을 받으며 법정 구속됐다. 그는 회색 아반테 승용차에 올라 서울구치소로 향했다.

"그의 감방생활 6개월은 분노를 다스리는 시간이었다. 감방생활 6개월에 동상이 걸려서 발가락이 검붉은 색으로 변했다. 하지만 그런 것도 의식할 겨를이 없고 분하다는 생각, 죽고 싶다는 생각, 빈 항아리만 남은 집에 시집온 아내 생각, 그야말로 머릿속에서 지진이 일어나고 환청이 들리고 눈만 감으면 영원히 깨어나지 못할 것 같고 … 미치지 않은 것이 용했다."[5]

동아건설과 돈스코이호, 최원석과 보물선의 그 질긴 인연은 여기서 끊어졌다. 돈스코이호 보물선을 정치적으로 이용하려 했던 권력과 이를 통해 재기하려 했던 재벌, 여기에 참여하고 흥분했던 해양탐사가와 언론의 역할도 이 정도로 끝났다. 그리고 이 과정에서 돈을 챙긴 사업

꾼과 권력자의 친인척들이 있었다.

하지만 돈스코이호는 여전히 꿈틀거리고 있다. 근 15년이 지난 지금도 동아건설 주식은 장외에서 거래되고 있다. 뒤늦게 밝혀졌지만 동아건설에는 론스타와 골드만삭스 등 국제적 큰 손이 복잡하게 개입돼 있던 것으로 드러났다.

이는 외환은행을 인수했던 론스타의 정리과정에서 실체가 밝혀졌다. 당시 외환은행은 동아건설 채권 1조2,000억 원을 보유했다. 자산관리공사(캠코) 역시 동아건설 채권을 보유했다. 외환은행을 인수한 국제자본 론스타는 외환은행을 재매각(이른바 먹튀) 하면서 바로 이 동아건설 채권을 별도로 매각하려 했다. 그 이유는 동아건설 채권은 계속 가지고 싶어 이 부분만 재매입하려 했던 것이다.

이에 골드만삭스가 문제를 제기했다. 론스타가 동아건설 채권을 다시 매수하면 그것은 내부자 거래에 해당된다는 주장이었다. 이 지적은 법적으로 타당한 것이었다. 론스타와 골드만삭스는 동아건설 채권을 놓고 치열하게 싸웠다. 결국 동아건설 채권은 3000억 원에 골드만삭스로 넘어갔다. 두 국제적 금융계의 큰손은 왜 동아건설 채권을 놓고 그렇게 싸웠을까. 이것도 동아건설과 돈스코이호를 둘러싼 머니게임 의혹의 하나이다.

골드만삭스와 자산관리공사(캠코)는 또 상식적으로 이해할 수 없는 행보를 걸었다. 파산된 동아건설을 선(先) 원매자라는 것을 만들어 프라임그룹에게 넘기는 방식을 택한 것이다. 이는 상법상 매우 이례적인 것이라는 동아건설 측 주장이다.

　당시 소액주주 관계자는 "주주의 존속력 결의 없이 채권단인 골드만삭스와 캠코가 금융공학적으로 프리패키지 한 것은 위법"이라며 "골드만삭스와 캠코는 2014년 지금까지 동아건설 채권을 보유하고 있는 것으로 알고 있다"고 말했다.

　동아건설을 넘겨받은 프라임그룹은 2011년 8월 워크아웃을 신청했다. 하지만 동아건설의 원래 주주들은 감자에 또 주식소각을 거듭, 프라임그룹의 1% 정도에 불과한 지분을 갖고 있을 뿐이다. 이들 1%에는 당시 주식을 매입한 큰 손과 소액주주, 그리고 골드만삭스, 캠코 등이다. 이 1%의 주주 중 특히 소액주주들은 프라임그룹이 해체 되더라도 동아건설, 특히 돈스코이호 탐사 기득권이 있다고 주장하고 있다. 소액주주들은 그 근거로 동아건설이 돈스코이호 탐사 포기각서를 쓰지 않은 것을 들고 있다. 이에 따라 지금까지 돈스코이호 탐사 기득권은 동아건설 구(舊) 주주들에게 있다는 것이다. 그런 면에서 돈스코이호와 동아건설의 질긴 인연은 아직도 계속되고 있다고 할 수 있다.

1　경향신문, 2003. 4. 3

2　경향신문, 2003. 6. 3

3　동아건설 산업(주) 김서웅 사장 기자간담회 말씀자료, 2003. 6. 3

4　국회사무처, 2003년 국정감사 정무위원회 회의록, p.41

5　이호, 앞의 책, p.277

15장

에필로그,
보물을 찾는 사람들

바다는 최초의 생명체가 난 모태와 같은 곳이다. 화학진화에 기초하는 생명기원론에 따르면 단순한 분자가 점점 복잡해지고, 농도가 늘어나 생명체에 필요한 단백질이나 핵산 등의 분자가 생기고, 그들이 막으로 둘러싸인 세포 안에서 하나의 반응계 시스템을 구성한다고 한다. 마치 수프와 비슷한 상태의 원시바다에서 생명체가 발생했다는 것이다.

이에 따라 심해 열수분출구가 생명이 발생한 곳으로 주목받고 있다. 열수분출구는 수소, 메탄, 황화수소 등의 물질이 녹은 열수가 바닷물과 융합하는 곳으로 원시 지구환경과 비슷하다는 평가를 받는다. 따라서 지구생명의 기원을 따지는 정밀한 학문에서도 심해탐사가 중요한 요소로 등장하고 있다.

비단 생명의 기원을 따지는 학문이 아니더라도 해저망간 단괴, 니켈, 코발트는 물론 심해 해수에서 우라늄도 채취할 수 있다. 해저는 미래 광물, 에너지 자원의 보고인 것이다.

이미 해양연구원은 2005년 11월 탐사선 이어도호를 동원, 심해열수분출구 탐사를 실시했다. 해양연구원은 파푸아뉴기니 북동쪽 300여 km 떨어진 지점 해저에서 2개의 해저화산을 발견해 코리아 마당(Corea-Madang)의 앞 글자를 따 각각 Big Coma(9km×20km)와 Little Coma(7km×15km)로 명명해 세계해양학계에 보고했다.

바다는 인간의 상상력 세계에만 머물지 않고 인류에게 생명은 물론, 식량을 제공했다. 또 바다는 인류가 진보하는 데 가장 많이 기여한 효율적이고 유용한 운송로였다. 바다는 나무나 풀 등 물에 뜨는 모든 것을 활용하면 곧바로 훌륭한 운송수단이 될 수 있었기 때문이다. 여기에 노를 만들어 물을 휘졌거나 바람을 활용하면 더욱 효율성이 높아졌다.

"본래 인류가 바다로 진출한 것은 네 가지 이유였다. 하나는 식량을 구하기 위해서였고, 다른 하나는 말 그대로 '바다가 거기 있었기 때문'이다. 이 두 가지 이유는 세 번째 이유인 탐험을 불러 일으켰고, 마지막 네 번째 이유는 상행위를 위한 것이었다. 바다를 이용한 해운은 상품과 군대를 수송하는 데 가장 효과적이면서 저렴한 수단이었다. 이는 지금도 그대로 지속되고 있다."[1]

하지만 바다는 유용한 만큼 위험하기도 했다. 바다는 지구의 움직임과 계절, 날씨에 민감하게 반응했다. 바다는 한번 격하게 반응하면 인간이 상상할 수 없는 엄청난 위력을 보였다. 인류는 이렇게 무서운 바다를 숭배하거나 한편으로 순응하며, 또 계절에 따른 이치를 알고 바다를 다독거리며 함께 발전했다. 물론 그 바탕에는 바다를 정복하겠다는 야심과 모험심이 작용했고, 이는 인류 역사와 함께 했다.

"원시인들은 아마 구석기 시대 전반, BC 70만 년부터 20만년 사이 어느 시점에 최초로 통나무에 의지해 바다나 강으로 진출했을 것이다. 의심할 바 없이 최초의 해전은 각각 다른 종족으로부터 온 두 명의 동굴인간이 해상에서 만났을 때 발생했을 것이고, 승자는 패자를 물속에 빠뜨렸을 것이다.

… 일찍이 대부분의 사람들은 속이 빈 통나무배 마상이가 그 다음

세대일 것으로 보았으나 오늘날은 가죽배가 먼저 나타났을 것으로 보고 있다. 이 세대의 배는 구석기 시대 후반, 중석기시대, BC 40,000년부터 8,000년 사이의 신석기 시대에 나타났을 것으로 본다. 일찍이 BC 30,000년 전부터 당시에 존재하던 육상통로를 통해서든지, 원시적인 뗏목과 배를 이용해서든지 간에 대륙이동을 한 증거가 남아있다. … 연구결과 카누, 갈대배, 뗏목, 납작한 짐승의 가죽, 또는 가죽배 등 다양한 수단에 의해 이뤄졌을 것이다. 사람이 물에 젖지 않고 물위에 뜨게 한 최초의 배는 아마도 코러클(coracle)이라고 불리는 가벼운 나뭇가지로 만든 틀 위에 가죽을 씌운 배였을 것이다."[2]

인류가 배를 이용한 것은 앞서 지적대로 상업적 목적과 전쟁수행이다. 이 과정에서 수많은 배가 바닷속에 침몰했다.

"전 세계 수역에 침몰돼 흩어져 있는 선박의 수는 대략 300만 척으로 추산된다. 그 가운데 1500년도 이후에 북미해안에 침몰된 선박만도 약 6만5,000여 척으로 알려져 있다. 해양재난사전에 따르면 1824년에서 1962년까지 군함을 포함하여 전 해역에 침몰된 선박은 1만2,542척이라고 알려져 있다."[3]

상업적 목적과 전쟁수행을 목적으로 한 배는 무엇인가 잔뜩 실었을 것이다. 그 배를 찾기 위해, 또 배에 실린 물건을 찾기 위해 많은 사람이 물속으로 뛰어 들었다. 고대 잠수부들은 난파선에서 값비싼 화물을 건지기 위해 올리브기름을 적신 해면을 입에 물고, 귀에 꽂고 바다로 뛰어들었다. 올리브기름이 눈앞을 지날 때 물안경처럼 굴절률을 바꾸어 시야를 넓혀주기 때문이다. 이렇게 해저 유물 탐사가 시작되었다.

"해저작업을 위해 최초로 기술이 활용된 사례는 커다란 공기방울을 용기 안에 가두는 17세기의 잠수종이었다. 혜성의 발견자인 에드먼드 헬리경이 개발한 잠수종에는 유리 현창이 있고 공기를 주입하기 위해 통을 아래로 내려 보내 그 속의 공기를 잠수종에 주입했다가 세 명이 잠수종에 타면 수심 60피트에서 1시간 45분간 바다에 머무를 수 있었다.

잠수종을 사용해 항구에서 침몰한 배의 화기류를 로프와 체인으로 고정하면 다른 한명의 승조원이 배의 도르래 장치를 사용하여 수면으로 끌어올렸다. 삼백 년이 지나 심해에서 사용되는 기술은 극적인 발전을 했지만 해저에서 가능한 일은 별반 달라지지 않았다."[4]

최초로 심해 침몰선 탐사라고 불릴 만한 것은 1900년에 수심 55m에서 특별한 장비를 착용하지 않은 다이버에 의해 BC 1세기의 그리스 선박을 발견한 것이라 할 수 있다. 바닷속은 공기가 없어 3~4분 이상 인간의 탐사를 허용하지 않았다. 게다가 바다는 10m 아래로 내려갈 때마다 1기압씩 높아진다. 따라서 인간이 맨몸으로 들어갈 수 있는 깊이는 보통 30m, 훈련된 사람의 경우 70m 정도에 불과하다.

하지만 인류의 욕망은 해저탐사 기술을 비약적으로 발전시켰다. 1935년 기초적인 해저탐사 장비가 개발됐고, 1943년 쿠스토와 가낭이 자급식 호흡기를 개발, 해저탐사 기초를 닦았다. 본격적인 해저탐사는

1960년대 들어서다.

1961년 5월 4일 인양에 성공한 스웨덴 바사(wasa)호는 수중고고학의 최대 성과로 꼽힌다. 1628년 진수되고 처녀항해에 나서자마자 침몰한 바사호를 인양하기 위해 1957년 위원회가 구성돼 1959년 8월부터 인양이 시작돼 결국 선체 인양에 성공했다. 인양된 바사호에서 1만여 점의 유물과 승무원의 개인소지품까지 발견돼 현재 관광지로 보존되고 있다.

1971년에는 한 전쟁역사가에 의해 1545년 침몰한 영국 전함 메리로즈호가 발견됐다. 1979년에 이를 인양하기 위한 위원회가 구성됐고, 1982년 선체와 함께 19,000점의 유물이 인양됐다.

특히 60~70년대 동서 냉전기간 심해탐사를 시도한 기관은 군사용이거나 정보기관이었다.

"1963년 소련 핵잠수함 트레셔(Thresher)호가 수심 8,000피트 아래에 침몰하자 미국 해군과 정보기관은 심해 잠항정을 개발했다. 세계 최초의 기동 심해 잠항정인 앨빈은 1964년 6월 진수식을 치렀다.

미국은 또 스페인 팔로마레스 연안에서 연료를 공급하던 급유기와 충돌해 추락한 미공군 B-52가 싣고 있던 수소폭탄 1기를 인양하기 위해 수심 8천 피트까지 입수가 가능한 78t의 대형 심해 잠항정 알루미노트와 개발된 앨빈을 사용했다. 앨빈은 10회 잠수 끝에 수소폭탄을 발견했고, 미국해군은 조명, 카메라, 집게가 달린 수중로봇(CURA · 케이블 조작 수중연구선)을 통해 폭탄의 뇌관을 제거했다."[5]

1974년 미국 CIA가 극비로 추진한 글로머 익스플로러(Glomar Explorer) 프로젝트는 심해 망간 채굴을 내세웠지만 실제는 수심 2만 피트 아래로 내려 보내 침몰한 소련 잠수함에 있는 암호기를 인양하는 것이었다. 제니퍼(Jennifer) 프로젝트라는 암호명으로 시도한 이 프로젝트에 미국 CIA는 10억 달러를 투자했다.

하지만 이 계획이 언론에 폭로되자 소련이 극렬히 항의했고, 이 문제는 미국은 물론, 국제적 논란거리로 비약됐다. 그동안 미국은 명시적으로 포기한 침몰군함만 인양할 권리를 가진다는 당시 국제협약을 준수한다고 한 것이 거짓으로 드러났기 때문이다.

깊은 바다를 향한 각국의 기술경쟁은 1960년 개발된 미국의 트리에스테 II (Trieste II)호가 필리핀 부근의 마리아나 해구를 탐사, 1만912m의 잠수기록을 세울 때까지 계속됐다.

동서냉전이 끝나자 군사용 심해저탐사 기술은 망간 퇴적층 발굴과 같은 해양자원 개발과 해양유전 개발 등 산업용으로 활용됐다. 심해저 탐사기술은 고유가와 맞물려 해양유전 탐사 기술과 함께 급속히 발전했다. 이때 개발된 심해저탐사 기술은 해양유전을 개발하는 데 결정적인 기여를 했다.

군사용으로 개발되던 심해저탐사는, 해양유전탐사 분야에서 더욱 발전, 이어서 해저유물탐사로 이어졌다. 특히 1976년 페르시아만, 멕시코만 해저유전 탐사 경험을 가진 와튼 윌리엄스(Wharton Williams · 2W)사는 에딘버러(Edinburgh)호 금괴인양으로 일약 세계적인 잠수회사로 명성을 떨치게 됐다.

"1978년 북해 유전개발사업의 침체로 이곳에서 활동하던 잠수회사들은 해저 인양에서 새로운 활로를 찾고 있었다. 사업의 발단은 잠수전문가 키스 제소프(Keith Jessop)가 정부기록보관소에서 찾아낸 자료로부터 시작되었다. 그는 전부터 난파선 인양에 관심을 갖고 여러 차례 난파선에서 비철금속 등 해저 인양물을 찾아낸 바 있고, 1979년에는 성공하지는 못했지만 노르웨이의 씨웨이사를 설득하여 한차례 에딘버러호 현장탐사를 시도했으나 헛탕을 치기도 했다. 그러나 이 사업은 와튼윌리엄스사의 릭 와튼 사장을 설득하면서부터 날개를 달기 시작하였다. 릭 자신도 처음에는 금괴에 대한 헛소문과 사기사건이 많아 반신반의하였지만 다음 사항을 하나하나 점검해 나가는 과정에서 차츰 금괴의 존재와 인양가능성에 대한 확신을 갖게 되었다.

… 1981년 10월 7일, 금괴 431개를 인양했을 때 인양팀은 현장의 기상악화로 마지막 34개를 남겨 둔 채 철수할 수밖에 없었다. 겨울의 문턱에서 금괴인양을 담보로 잠수사들의 안전을 도외시 할 수 없었기 때문이었다. 최악의 조건 속에서 기록적인 수심에서 성공적으로 인양을 해냈고, 10월 8일, 무르만스크항에서 구소련 정부의 지분 159개를 인도한 후 그 이튿날 무르만스크항을 출항하여 10월 16일, 47일 만에 피터헤드항으로 무사히 되돌아왔다. 인양된 금괴의 분배는 라칼(Racal)사 3개, JMSL사 13개, 2W사 48개, OSA사 97개였다.

세기의 인양사업은 온 세상이 깜짝 놀랄 만큼 대단한 성과를 거두었

으나 사후처리에는 곡절이 많았다. 인양금괴의 반입에 대하여 영국정부
는 가만히 앉아서 111개 인양금괴를 그냥 챙기면서도 국세청이 인양업
자 수익에 대한 부가가치세와 잠수사들의 수입에 개인소득세를 추가로
부과하려고 나서자 한 차례 격론을 벌였다. 또한 인양 금괴의 반입을 금
괴의 국내수입으로 간주하여 수입세를 부과하려 하기도 했다. 이후로도
정부 관리들과의 승강이는 계속되었고 찰스 황태자가 후원하는 자선기
금에 10만 파운드의 기부도 석연치 않았다. 영국정부는 이 국고수입을
포크랜드 전쟁 전비로 유용하게 잘 썼다는 후문도 있다.

인양작업은 1986년 8월에 딥워터(Deepwater) 2호가 동원되어 금괴
29개를 인양하였고 이외에도 에딘버러호에서 종을 위시한 여러 가지
귀중한 유물들을 찾아냈다."[6]

이후 정부뿐 아니라 민간단체에서도 경쟁적으로 침몰선 인양에 나섰
다. 이들이 노리는 것은 금은, 귀금속과 골동품적 가치를 실은 무역선
혹은 화물선이다. 이들은 엄청난 자금이 투자되는 보물선 탐사에 자금
을 공모를 통해 모았다. 대부분 실패로 끝나는 경우가 많았지만 성공한
사례도 적지 않다.

"1987년에는 컬럼버스-아메리카 디스커버리 그룹이 미국 동부 연
안 수심 2,439m에서 1857년에 침몰한 외륜 증기선 샌트럴아메리카호
를 찾아냈다. 그리고 이 증기선에서 210만 달러에 달하는 금을 회수하
였다.

1989년에는 플로리다에 기반을 둔 씨헉크(Seahawk)라는 사설 회사에서 1622년에 실종된 스페인 캐럭선을 수심 450미터에서 발견하여 유물을 회수했다. 그리고 미국과 사우디아라비아의 인양전문 단체는 1944년 아프리카 동부에서 어뢰의 공격으로 파괴된 존베리(John Barry)호를 발견하였으며 이 배에서 2,600만 달러 상당의 은화 일부가 인양됐다.

1990년대에 들어서는 심해 탐사 범위가 더 깊어지고 고고학계에서도 적극적인 관심을 보이기 시작했다. 1995년에는 버지니아에 기반을 둔 미국의 Au Company는 일본 잠수정 I-52호의 위치를 알아냈다. 이 잠수정은 1944년 6월 아프리카에서 미국 항공기에 의해 격침된 것으로 일본이 나치를 원조하기 위해 금을 포함한 비싼 금속 화물이 적재된 것으로 추정되고 있다. I-52호는 수심 5,500m에 침몰돼 있다. 이는 지금까지 발견된 침몰선 중 가장 깊은 곳이다.

1997년에는 이스라엘의 지중해 서부연안에서 미 해군 잠수정 NR-1이 이스라엘의 디젤 잠수정 다카르(Dakar)호를 찾기 위한 탐사를 하던 중 우연히 BC 8세기의 고대 선박을 발견하였다. 그리고 1988년부터 9년간 고고학적 목적을 가지고 고고학자와 해양학자, 그리고 해양탐사 기술자가 공동으로 수행한 Skerki Bank Project를 통해 4세기 침몰선인 이시스(Isis)호를 지중해 Skerki Bank 수심 900m에서 발견했다. 이를 계기로 심해 유적지에 대한 고고학적 조사가 활발히 진행되기 시작했다."[7]

센트럴아메리카호 탐사 이야기는 'SHIP of GOLD in the Deep Blue Sea'라는 제목으로 책이 나오면서 자세히 세상에 알려졌다. Skerki Bank(커리뱅크)란 지중해 시칠리섬 북서쪽 80km 지점 Skerki(커리) 지역 해저에 있는 평탄한 해저융기부를 말한다. 이 고대 난파선 유적 발굴 역시 타이타닉을 발견한 해양학자 밥 발라드와 미국의 우즈홀대양연구소가 수행했다.[8]

이밖에 세계적으로 수행된 주요 해저유물 발굴 사례는 다음과 같다.

주요 해외 해저유물 발굴 사례 [9]

발굴사례	국적	침몰시기	발굴시기	주요내용
바사호	스웨덴	1628	1959 ~1961	4,000개 동전, 은화 및 1만여 점. 금세기 수중고고학 최대 성과로 평가
아토차호	스페인	1662	1971	6백만 달러 상당의 보물
나히모프호	러시아	1904	1980	금은보석 및 고가 골동품, 러시아와 일본간 관할권 분쟁 야기
메리로즈호	영국	1545	1982	1만9,000점의 유물. 투더왕조의 선박기술 및 생활상
타이타닉호	영국	1912	1985	4,000점의 유물, 첨단탐사장비와 해저탐사기술의 개가
갈가호와주노호	스페인	1750/1802	1996	34/50문의 포. 미-스페인 난파선 소유권 분쟁
누에스트라세뇨라호	스페인	1694	2007	5억 달러 상당의 보물. 미-스페인 보물 소유권 분쟁

이밖에 지금도 활발하게 보물선 인양작업이 추진되고 있다. 영국은

역사상 최고 해저보물인 영국 전함 서섹스호의 인양을 추진하고 있다. 서섹스호는 1694년 루이 14세 치하의 프랑스와 전쟁을 치르기 위해 출동하던 중 풍랑을 만나 스페인의 영국령 지브롤터 앞 바다에서 침몰했다. 이 배에는 현재 가치로 40억 달러에 해당하는 금화를 싣고 있는 것으로 알려졌다. 이 탐사는 미국의 인양 전문업체가 추진하고 있다.

2011년 9월 27일 영국 BBC는 다음과 같이 보도했다.

"미국 탐사업체인 오딧세이 해양탐사는 아일랜드 서쪽 500km 지점, 북대서양 수심 4,700m 아래에 침몰된 선박이 1941년 당시 영국 전쟁 수송부 화물선으로 활동했던 SS게이어소파호라는 사실을 확인했다. 오딧세이는 로이드 전쟁손실 보험 서류 등 각종 자료를 분석한 결과 인도 콜카타를 출항해 영국으로 향하던 이 화물선에는 영국 정부가 보증한 개인 은괴와 정부의 은괴 등 총 200t이 실려 있다고 밝혔다. 실제로 은괴 200t이 인양될 경우 이는 침몰한 선박에서 발견된 보물 중 최대 규모이다. 현재 은 가격으로 계산하면 2억1,000만 파운드(약 3,858억 원)에 이른다고 AP통신이 추정했다. 이와 함께 오딧세이는 은괴에 금이 2.5% 함유돼 있다는 서류도 남아 있다며 실제 평가액은 더 늘어날 수 있다고 기대했다."[10]

과학기술의 발달은 과거 접근조차 불가능했던 심해저에 대한 탐사도 가능해졌다. 게다가 금은 수백, 수천년이 지나도 변하지 않는 특성 때문에 침몰선 탐사는 더욱 늘어났다.

현재 과학기술의 정교함은 바다에 침몰한 배의 경우, 어떠한 악조건의 위치에 있든지 탐사하지 못할 것은 거의 없다. 더구나 이 탐사와 기술비용이 빠르게 떨어지고 있어 이른바 '보물선 사냥꾼'의 좋은 목표가 되고 있다.

많은 사람들의 주요 관심사는 고고학적 발굴보다 상업적 가치가 있느냐의 여부이다. 해양고고학적 가치와 상업적 가치의 충돌이 불가피한 것이다. 무분별한 발굴로 해저문화유산의 훼손이라는 문제가 제기되기도 한다. 이러한 문제가 국내적 문제일 경우 그나마 국내법으로 처리하면 되지만, 국가간 분쟁이 벌어지는 경우가 많아졌다. 배와 항공기 소유국가와 침몰 지역 국가간의 분쟁이 그것이다. 배와 항공기와 같은 이동하는 물체와, 근현대 이후 국가의 변천 등은 매우 복잡한 국제적 분쟁을 야기시켰다.

1970년대까지 연안국 영해에서 발견된 해저유물은 연안국이 소유권을 가지는 것이 일반적 견해였으나 원산지 나라의 이익도 고려해야 하고, 특히 돈스코이호와 같이 군함의 경우 국제법상 복잡한 문제가 제기된다. 특히 공해상에 있는 해저유물에 대해 법적공방이 많이 벌어졌다.

"문제는 후자의 경우처럼 해저유물의 발굴이 타국의 관할권을 침해할 수 있으며, 또한 해저유물의 소유권 논쟁이 국가 간 분쟁으로 비화될 수 있다는 점이다.

실제로 2007년 미국회사 소유의 보물선 탐사선에 대한 스페인 당국의 나포 행위에 대해 법적 공방이 있었다. 또한 러일전쟁 당시 울릉도 인근 앞바다에 침몰한 러시아 돈스코이호에 대해 2003년 발견 후 아직 인양되고 있지 않지만, 유물 발굴이후 러시아의 소유권 주장이 제기될 가능성이 높은 상황이다. 그럼에도 불구하고 유엔해양법협약과 보호협약에서는 이러한 문제의 해결에 대해서 구체적인 언급이 없어 보완이 시급한 것으로 전문가들은 지적하고 있다."[11]

무엇보다 1985년 타이타닉호를 발견하고 유족들의 반대에도 불구하고 이 배에 있는 유물을 인양하는 과정에서 많은 논란이 일었다. 특히 전 세계를 누비던 해양강국은 침몰된 선박의 원소유자 권리를 주장한 반면, 연안국은 침몰선박의 위치를 강조해 서로 접점을 찾기 어려웠다.

결국 이런 논란에 대해 세계국제법협회가 나서 1994년 해저유물보호협약 초안이 마련되고 1994년 유네스코 전문가위원회에서 해저유물보호국제협약 기초문안이 채택됐다. 최종 문안은 2001년 확정됐다.

"해저유물보호에 관한 협약을 위한 제4차 정부전문가 속개회의는 2001년 7월 2일부터 7일까지 유네스코 본부에서 한국, 프랑스, 캐나다 등 90개 유네스코 회원국이 참석하고 미국, 팔레스타인, UN 산하기구, NGO 등 옵서버가 참관하는 가운데 표결을 거쳐 '해저유물보호협약' 초안을 채택했다. 동 초안은 의장이 부속서와 함께 전체를 총의로 합의, 총회에 상정하도록 제안하여 대부분의 국가가 동의하였지만 러시아가 표결을 강하게 주장하여 회의는 표결을 거쳐 채택하였다. 그 결과 한국, 일본, 중국, 등 49개 국가가 찬성하고 러시아, 노르웨이, 터키, 베네수엘라 등 4개국이 반대했으며 영국, 독일, 스웨덴, 네델란드, 프랑스, 헝가리, 칠레, 그리스 등 8개국이 기권했다."[12]

이 과정에서 미국은 초안 채택에 반대했을 뿐 아니라, 협약 발효도 협약 당사국에게만 유효하고 비가입국에는 적용되지 않는다는 입장을 표명했다. 해양대국으로 침몰 선박의 원소유주 가능성이 큰 미국이나, 러시아, 영국, 네델란드, 노르웨이 등은 이 협약에 반대 혹은 기권한 것은 당연했다. 또 해양탐사 기술이 앞선 이들 국가는 연안국의 소유권을 어느 정도 인정하는 이 협약에 찬성할 리 없었다.

하지만 11월 유네스코총회에서 투표회원국 2/3 이상 찬성으로 이 해저유물협약은 그대로 채택됐다. 그 주요 내용은 다음과 같다.

- 세계국제법협회의 초안과 달리 100년 이상 수중에 있는 인간거주 흔적 중, 실체가 없는 흔적은 제외하고 100년 이상 수중에 있는 것만을 해저유물로 정의함.
- 해저유물의 현지내 보존(preservation in situ)을 최우선으로 고려함.
- 상업적인 해저유물 발굴을 금지함.
- 해저유물에 대한 불필요한 방해나 파괴적인 방법의 탐사를 금지함.
- 연안수역과 접속수역 이원의 수역에 위치한 해저유물에 대한 발견과 활동에 대한 보고, 고시, 위임의 필요성을 명시함.

– 이밖에 국가 간의 협력과 정보교환의 원칙, 해난구조법 및 유실물 습득법과의 관계, 해저유물의 가치와 중요성에 대한 일반적인 관심 유발 필요성, 해저유물활동과 관련한 부속 규칙 초안 마련 등 다양한 합의가 이뤄졌음에도 불구하고 대륙붕의 해저유물보호 책임과 군함을 비롯한 국가선박 및 항공기의 처리와 관련된 핵심적인 주제에 대해서는 합의를 이루지 못함.[13]

여기서 주목할 만한 대목은 바로 100년 이상 수중에 있는 해저유물은 관할국의 권리를 인정한다는 대목이다. 물론, 이 조항 역시 논란의 여지는 많지만 그나마 군함인 돈스코이호와 관련해 우리에게 유리한 조항이라고 할 수 있다.

이 협약은 2009년 1월 2일 발효됐다. 현재 42개국이 비준 또는 가입하고 있다. 하지만 러시아와 우리나라는 가입하지 않고 있다.

따라서 유네스코 협약에 따른다면 돈스코이호는 우리나라 영해에 있기 때문에 러시아에 그 발견을 고지해야 한다. 그러나 협약의 당사자가 아니기 때문에 고지의무가 생기지 않는 것이다.

돈스코이호와 관련한 쟁점은 2가지이다. 하나는 돈스코이호가 수중문화재인가, 매장물인가 하는 점이다.

돈스코이호는 유네스코 수중문화유산보호협약이나 우리나라 매장문화재 보호 및 조사에 관련된 법률에 따르면 침몰된지 100년이 넘었기 때문에 수중문화유산으로 보호해야 할 대상이다. 특히 선체나 부속물 또는 승조원들이 쓰던 유품 등은 현재 수중문화유산보호를 위한 국제동향과 그 정신상 수중문화유산으로 보아야 한다.

그러나 돈스코이호에서 금괴 또는 동전 등과 같은 재화적인 요소가 발굴될 경우 그 성격은 문화적 가치보다는 경제적 가치가 강하기 때문에 매장물의 발견에 의한 소유권 취득 규정을 적용할 수 있는지 논의가 필요(민법 제254조상의 '매장물 소유권 취득'과 국유재산에 매장된 물건의 발굴에 관한 규정 제16조에 의한 '국유매장물의 보상' 규정)하다.

만약 돈스코이호에 재화적인 요소가 발굴될 경우 발굴자는 국유재산에 매장된 물건의 발굴에 관한 규정 제16조 제1항에 따라 추정가액의 80%를 국가로부터 보상받을 수 있다.

두 번째는 돈스코이호는 주권면제의 대상인 군함인가 여부이다.

유엔해양법협약에서 말하는 주권면제의 대상은 '어느 한 국가의 군대에 속한 선박으로 그 국가의 국적을 구별할 수 있는 외부표지가 있으며, 그 국가의 정부에 의해 정식으로 임명되고 그 성명이 그 국가의 적절한 군적부나 이와 동등한 명부에 등재되어 있는 장교의 지휘아래 있으며 정규군 균율에 따르는 승무원이 배치된 선박'을 말한다.

돈스코이호는 현재 장교의 지휘하에 있지 않으므로 해양법협약상의 주권면제 대상인 군함으로 보기에는 한계가 있다. 즉 침몰돼 전투력을 상실한 군함은 더 이상 주권면제 대상인 군함으로 간주하지 않고 수중문화유산으로 보아 연안국의 관할권에 두며, 특히 돈스코이호는 자침하였기 때문에 자침한 군함의 경우 권리를 묵시적으로 포기한 것으로 보아 연안국의 관할권 하에 두는 것이 타당하다.

그러나 수중문화유산 보호협약의 성안과정에서 나타난 해양국과 연안국간의 대립에서 본 바와 같이 현 시점에서 침몰군함의 처리와 관련된 국제적인 합의는 없는 상태이다. 유네스코협약의 정신과 양국의 우호관계를 생각하면 돈스코이호를 선박사의 연구 및 보호해야 할 수중문화유산으로 보아 한국과 러시아간에 양자협정을 체결하여 제반사항을 논의하는 것이 적절하다고 판단된다.[14]

이런 가운데 돈스코이호 탐사에 대한 새로운 시도가 준비되고 있다. 이른바 '돈스코이호 프로젝트'라는 이름의 야심찬 계획이다. 이 프로젝트를 제안한 사람은 돈스코이호를 탐사했던 해양연구원(해양과학기술원) 유해수 박사이다.

돈스코이호 프로젝트는 세계평화 정착이라는 목적을 가지고 한국과 러시아 기업이 공동으로 약 800억 원 예산을 투입하는 계획이다. 1단계 4년간 200억 원을 투입해 침몰선체를 정밀 확인하고 DB구축, 2단계는 인양 계획을 수립하기 위한 정밀 탐사, 3단계는 선체 내부 조사 및 잔해 인양, 마지막 4단계는 선체 인양 및 복원방안에 대한 연구를 진행한다는 것이다.

유 박사는 이 돈스코이호 프로젝트는 해양과학기술 뿐만 아니라, 역사적 상상력과 미디어 산업, 문화산업을 연계하는 것으로 한국과 러시아 양국의 역사와 경제, 문화 산업 전반에 중요한 발전을 이끌 수 있다고 주장하고 있다.

러시아 입장에서는 젊은이들에게 애국심을 고취시키고, 극동지역 경제 활성화에 박차를 가하는 기회로 삼을 수 있다. 또 한국의 입장에서 우리 역사를 재조명하고, 울릉도를 평화의 섬으로 지정하여, 러시아 해군의 추모비를 건립하고 테마파크를 만들어 동북아시아 평화의 장으로 만든다는 것이다.[15]

800억 원이라는 막대한 자금이 소요되는 '돈스코이호 프로젝트'는 유 박사의 개인적 아이디어로 한러대화라는 한국과 러시아 민간단체가 참여하는 세미나에 제시된 수준이다. 이와 관련해 러시아 쪽과 몇몇 제안이 오고간 것으로 알려졌지만 유 박사는 정확한 그 내용을 밝히길 꺼리고 있다. 이 프로젝트는 돈스코이호에 대한 역사적 실체와 탐사 및 인양해 활용하는 종합적인 프로젝트인 것은 분명하다.

최근 심해탐사는 마치 우주탐사처럼 그 나라의 과학기술 수준을 대변하는 하나의 척도처럼 인식되고 있다. 특히 침몰 보물선을 찾는 작업뿐 아니라, 육지에서의 자원이 고갈되면서 심해저 자원탐사를 위한 '신골드러시'가 일고 있다.

무인잠수정과 유인잠수정 기술은 나날이 발전하고 있다. 미국은 이미 1960년 1월 23일 돈 월시와 자크 피카 연구원이 유인잠수정 트리에스터호를 타고 수심 1,521m의 필리핀 인근 마리아나 해저를 탐사했다. 이것이 인간이 잠수한 가장 깊은 잠수 기록이다.

미국의 유, 무인 잠수정 기술은 세계 제일이다. 미국의 우즈홀대양연구소(Woods Hole Oceanographic Institute)는 유인 및 무인잠수정을 계속 개발, 업그레이드 하고 있다. 특히 무인잠수정 앨빈의 경우 4,000m급은 무려 800회 잠항기록을 가지고 있다. 우주홀대양연구소는 2009년 5월 세계에서 가장 깊은 수심 11km의 마리아나 해구에서 무인잠수정 네레우스(NEREUS)호를 투입, 탐사작업을 실시했다. 네레우스호는 로봇팔까지 갖췄다.

미해양대기국(NOAA)에 의해 운영되는 오케아노스 탐사선은 지구를 돌며 해저지도를 만드는 임무를 수행하고 있다. 이 배는 해저 6,000m 깊이까지 들어갈 수 있는 원격무인잠수정(ROV)를 싣고 있다.

2012년 3월 26일 영화 타이타닉의 제임스 캐머런 감독은 자신이 직접 개발한 심해저 잠수정 딥 씨 챌린저호를 타고 지구에서 가장 깊은 바닷속 탐험에 성공했다고 워싱턴포스트 등이 보도했다.

"캐머런 감독이 이날 오전 7시 52분(한국시간 오전 8시 52분) 서태평양 마리아나 해구의 챌린저딥(깊이 약 11km)에 도달해 세계 최초로 '단독'으로 가장 깊은 바닷속 탐험에 성공했다고 보도했다. … 캐머런은 이날 오전 5시 50분쯤 높이 7.3m, 무게 11t인 1인 잠수정 '딥 씨 챌린저호'를 타고 잠수를 시작했다. … 캐머런 감독은 약 2시간의 잠수 끝에 챌린저딥에 도착했다. … 캐머런 감독은 이번에 6시간 동안 바닷속을 탐험하며 해저 생태계를 생생한 영상으로 담는 한편 과학 연구를 위한 샘플도 채취할 계획이다. 이를 위해 제작된 잠수정 딥 씨 챌린저호는 조명과 카메라가 탑재된 일종의 '수중TV스튜디오'로 수심 1만m에서 1,100기압(atm · 1cm2당 약 1,100kg의 무게로 누르는 압력)을 견딜 수 있다. 또 로봇팔과 같은 장비를 탑재해 암석이나 해저토양 채취도 용이하다. … 이번 탐사를 지원한 내셔널지오그래픽협회는 성명을 통해 '지구의 가장 깊은 심해가 처음으로 인간의 눈앞에 모습을 드러내게 됐다'고 밝혔다."[16]

영국은 이미 1970년대부터 유인잠수정을 건조했고, 무인잠수정은 다수를 제작해 유전탐사 등에 활용하는 등 이미 실용화했다. 이 분야에 활발한 투자를 하고 있는 캐나다도 1990년대 이미 2,000~2,500m급 무인잠수정을 개발, 사용하고 있는 중이다.

프랑스도 6,000m 용 심해저 무인잠수정인 레모라 6000을 이용해 2009년 대서양 상공에서 추락, 228명의 목숨을 잃은 에어프랑스 A330기 블랙박스를 2011년 회수했다. 2년간 1만m^2 면적의 대서양 바닷속을 샅샅이 뒤져 수심 3,900m 모래에 파묻혀 있던 블랙박스를 인양한 것이다.

1995년 일본해양과학연구센터(JAMSER)는 무인심해잠수정 가이코(Kaiko)가 마리아나 해구에 일장기를 꽂으며 1만1,000m 심해탐사에 성공했다. 하지만 가이코는 4,700m 심해에서 기초조사 중 모선과 연결된 케이블이 끊어져 분실됐다. 일본은 이밖에 이미 1만m급 유인잠수정을 개발했다.

중국은 2010년 5월 바닷속 3,759m 깊이까지 잠수할 수 있는 유인 잠수정 개발에 성공했다. 바닷속 전설상의 용 자오룽(蛟龍)호라는 이름이 붙은 이 잠수정은 길이 8.2m, 폭 3m, 높이 3.4m, 무게 21t으로 승조원 3명과 장비 220kg을 싣고 남해 해저에 중국 국기인 오성홍기를 꽂았다. 이 잠수정은 또 최장 9시간 3분 연속 잠수라는 신기록도 세웠다. 이 잠수정은 12시간 동안 해저작업을 할 수 있도록 설계됐다. 이는 미국, 프랑스, 러시아, 일본에 이어 중국이 세계 5번째 심해 잠수정 기술을 확보한 것으로 평가된다.

중국은 이 자오룽호를 7,000m까지 잠수할 수 있도록 개량해 2011년 7월 21일 동태평양에서 4,027.3m 잠수에 성공하고 5,000m 잠수실험을 계속하고 있다.

최근에는 수중로봇이 발달하면서 차츰 지능이 부여됐고, 선박과 줄로 연결돼 있지 않아 자유롭게 움직일 수 있는 자율형 수중로봇(AUV Autonomous Underwater Vehicle)개발에 나서는 추세다. 60년대 동서 냉전 시대, 잠항 깊이 경쟁을 하던 시기에 만들어진 잠수정을 1세대 잠수정이라고 한다면, 2세대는 유전, 유물탐사 시대의 유무인 잠수정, 그리고 3세대는 인공지능을 갖춘 무인잠수정 시대라는 것이다. 일본은 이미 3,500m급 자율형 수중로봇(AUV) 개발에 성공한 것으로 알려졌다.

한편 한국인이 세운 가장 깊은 바다 탐사 기록은 2004년 6월 17일 한국해양연구원의 김웅서 연구원이 세운 5,044m 심해저 탐사다. 김 연구원이 프랑스 국립해양개발연구소의 유인잠수정 '라틀란트'를 타고 하와이 남쪽 2천km지점에서 5,044m 심해저 탐사에 성공했다. 지금까지 한국인의 유인잠수정 탐사 최고 기록은 2002년 한국해양연구원 김동성 연구원이 세운 2,450m이다.

우리나라의 잠수정 개발의 시작은 1986년 250m급 유인탐사정 '해양250' 개발을 꼽고 있다. 1993년 해양연구원이 수중로봇 '씨로브300'을 개발했다. 자율항해 무인잠수정도 1996년 대우조선이 자율항해무인잠수정 '옥포6000'을 개발했다. 이 AUV는 1990년 러시아 극동해양연구소가 개발한 MT-88 AUV를 대우조선과 함께 개량한 것으로 해저 6,000m까지 탐사가 가능하도록 설계됐다.

순수 우리 기술로는 1997년 한국해양연구원이 시험용 자율항해무인잠수정 보람호를 개발했고, 2003년 민군겸용 무인잠수정(SAUV; Semi-Autonomous Underwater Vehicle) 개발로 이어졌다.

하지만 이들 잠수정은 실용화나 상용화 단계에 이르지 못했다. 우리나라 해양탐사기술이 비약적으로 발전한 것은 해양수산부가 발족되면서라고 할 수 있다. 특히 120억 원의 예산이 투입된 해미래 프로젝트는 해양탐사 기술을 크게 신장시켰다.

"2006년 이판묵 박사 등 6명의 연구팀에 의해 심해저 무인 잠수정 해미래 시스템이 개발됐다. 해미래호는 수중로봇팔 2대, 수중카메라 6대, 위치추적 음향장치, 관성합법센서, 전방감시 카메라, 음향속도계, 심도계, 메탄센서의 탐사장비를 갖추고 6대 전기추진 프로펠러와 8,500m 광케이블로 모선에 연결돼 탐사작업을 할 수 있다. 탐사도중

해저면 퇴적물 푸시코어 5개와 해수채집기 2대, 흡입장치, 가스포집장치 등을 갖추고 있다.

해미래호는 2009년 5월 27일부터 6월 7일까지 포항 동쪽 170km 지점 수심 1,500m에 직경 250m의 해미래 마운드를 설정, 목표물에 접근한 후 해저를 정밀관측하는 예비탐사를 성공적으로 수행했다. 3명의 오퍼레이터와 감독 1명이 해미래를 조정, 탐사에서 퇴적물 시료 2개와 해수시료 2개를 채집했다."[17]

해미래호는 또 2011년 5월 28일 울릉도 남서쪽 96km 지점(북위 36도 40분, 동경 130도 30분) 울릉분지 지역에서 수직 하강을 시작한지 1시간 반만에 수심 2,050m까지 내려가 2개의 유압식 팔로 알루미늄 태극기 판을 설치하고 시료를 채취하는 데 성공했다. 6,000m급 무인잠수정 해미래호는 미국, 일본, 프랑스에 이은 세계 4번째로 개발된 것이다.

우리나라도 늦었지만 자율형 수중로봇 상용화에 박차를 가하고 있다. 육상자원의 고갈로 해양탐사가 본격화되고, 해양구조물과 수중건설 시장 규모가 커지고 있기 때문이다.

2010년 '이심이 100'이 개발됐다. 비록 수심 100미터 낮은 바다용이지만 수중에서 자기 판단과 통제, 자기 위치인식에 의해 자율적으로 운항이 가능하고, 무선 원격제어로 수중 기지를 왕래하며 반복적으로 작업 수행이 가능한 첨단기술을 장착한 AUV다.[18]

이 AUV는 우리나라 연근해를 비롯해 강과 하천의 수중오염 실태조사, 수중 정밀지형도 제작, 연안감시 및 해저 침몰체 탐색, 항만감시 등에 활용될 수 있는 성능을 가졌다. 특히 작전 해역 정찰은 물론, 수중 무인 전투체계나 무기를 장착한 지능형 무인잠수정 등 군사용으로 활용할 수 있다. 우리나라는 장기적으로 심해건설 작업을 수행할 수 있는 '미래 해양개발을 위한 수중건설로봇'을 개발 중이다. 1단계로 2018년까지 850억 원을 들여 해상풍력발전, 해양플랜트 건설을 위한 수중건설로봇을 개발하겠다는 것이다.

이렇듯 보물선 탐사는 일확천금의 돈벼락을 맞을 수도 있는 투기일 수 있지만 매우 열악한 심해저를 상대하는 모험인 것이다. 그 투기와 모험을 한꺼풀 벗겨보면 그 내막은 철저하게 역사(문헌)와, 과학(탐사)을 바탕으로 자연(바다)과 싸우는 흥미진진한 탐험의 세계이다. 치밀한 문헌연구와 심해저의 한계를 극복하는 과학이 뒷받침돼야 성공할 수 있는 해양고고학의 한 분야인 것이다. 게다가 이제는 영화 타이타닉에서 보듯이 이 흥미진진한 탐험과정은 스토리(문화)이다.

게다가 이 돈스코이호는 우리가 지금껏 보았듯이 여기에 재벌과 주식이 개입됐고 특히 권력과 국가적 자존심(외교적 문제)까지 가세한 종합 예술, 말 그대로 '보물선'인 것이다. 그 보물선 돈스코이호는 지금 울릉도 앞바다 수심 405m에서 거의 수직으로 서 있다. 올라올 것인가, 아니면 그냥 심해저로 떨어져 버릴 것인가?

1 James L. George, History of Warships, '군함의 역사' 허홍범 옮김(서울: 한국해양전략연구소, 2003) p.19

2 James L.George, 앞의 책, p.31~32

3 이상민, 김정택, 앞의 논문, p.18

4 Gary Kinder, 앞의 책, p.182

5 앞의 책, p.184

6 송원호, '순양함 HMS Edinburgh호의 금괴', 대한토목학회지, 2002. 5

7 김수정, 유해수 '침몰선 드리미트 돈스코이호의 탐사 해역 설정과정과 수중 ABANF 발굴의 방법론, 물리탐사기술 심포지움 자료. 한국해양연구원 해저환경자원연구본부 해저유물자원연구센터, p.86~87

8 Gary kinder가 쓴 이 책은 국내에 '보물선'이라는 제목으로 소개됐다. 김선일, 전미정(서울: 자음과 모음, 2006) 옮김

9 김민수, '해저유물보호협약 발효와 해저유물을 둘러싼 법적 쟁점', 해양수산동향 1283호(2008. 10. 31) 한국해양수산개발원, p.2

10 문화일보, 2011. 9. 27

11 김민수, 앞의 논문, p.3

12 이상민, 김정택, 앞의 논문, p.16

13 김민수, 앞의 논문, (요약) p.2~3

14 박성욱, '돈스코이호의 국제법적 검토', 한러대화 세미나 자료, p.8

15 유해수, '한-러 우호증진과 미래지향적 관계를 위한 돈스코이 프로젝트', 한러대회 세미나 자료, p.12

16 문화일보, 2012. 3. 26

17 이판묵, 심해로봇 해미래를 이용한 심해저 탐사, 해양연구원 홈페이지

18 이 천해용 자율형 무인잠수정은 상용화를 위해 (주)한화에 75억 원을 받고 기술이 이전됐다. 국토해양부, 2010. 8. 10 보도자료

16장

부록,
한반도 주변 보물선 지도

우리나라에서 최초의 본격적인 해저유물탐사는 1973년 해군과 해양연구소, 문화재관리국 등이 공동으로 참여한 충무공 해전유물 발굴조사다. 이순신 장군과 임진왜란 당시의 유물을 찾기 위한 시도였지만 큰 성과를 거두지 못하고 끝났다. 이후 민간차원에서 여러 번 해양탐사가 이뤄졌지만 성과를 거둔 것은 별로 없다.

이후 성과를 보인 것은 1976~1984년에 이뤄진 신안 해저발굴이다. 전남 신안군 증도면 방축리 앞바다에서 200t급 중국 무역선에서 동전 28t, 도자기 등 2만2,000여 점이 쏟아져 나와 국민을 놀라게 했다. 정부차원에서 이뤄진 해저탐사는 문화재 발굴이 대부분을 차지했다. 완도 해저발굴(1983~1984), 진도 통나무배 발굴(1991~1992), 목포 달리도배 발굴(1995), 무안 도리포 고려청자 발굴(1995~1996), 비안도 고려청자 발굴(2002~2003), 제주 신창리 해저발굴(1980, 1983, 1996), 십이동파도 해저발굴(2003~2004), 군산 야미도 발굴(2006. 4 ~ 2006. 5), 안산 대부도 한선 발굴(2006. 12) 등이 그것이다.[1]

이러한 수중발굴에서 다수의 문화재를 발굴해 큰 성과를 거뒀기 때문에 이도 일종의 보물선이라고 할 수 있다. 우리 남해안과 서해안은 과거 중국과 일본, 동남아시아를 잇는 해상교통로의 역할을 했기 때문에 수중유물이 많이 매장되어 있다. 국립해양문화재연구소에 따르면 수중탐사 필요성이 있는 곳이 무려 216곳에 이른다.

하지만 이런 수중문화재는 발굴을 하더라도 국가 소유이기 때문에 민간차원에서 시도되는 수중탐사는 근·현대 침몰선 발굴이 대부분이

다. 금이나 은을 실어 나르다 폭풍우에 침몰한 상선이나, 군자금을 가득
실은 군함이 전투 중 침몰한 것이 주요 대상이다. 한반도 주변 해역은
청일전쟁이나 러일전쟁의 전장이었기 때문에 전투 중 침몰한 민간, 군
용 선박이 많다. 특히 한반도 주변에는 2차 세계대전 중 조선과 중국에
서 약탈한 각종 물자를 싣고 가다 침몰한 일본선박이 다수 있다.

1930년대 일본은 한국에서만 엄청난 양의 금괴를 본국으로 실어 날
랐다. 당시 한국은 상당량의 금이 생산됐고, 일제는 대부분 이 금을 일
본은행으로 실어 나르고 대신 조선은행에는 유가증권을 교부하는 금수
탈 정책을 폈다. 조선은행은 이를 담보로 통화(지폐나 동전)를 주조했다.

기록에 의하면 한 해 조선은행이 일본은행으로 금을 보낸 것이 44회
인데, 매회 7관500돈(28kg)에서 많으면 50관(187.5kg)까지 보냈다고
한다. 이 금괴는 정사각형의 나무상자에 금 10관을 넣어 포장한 후 엄중
한 경계하에 보냈다고 한다. 물론 일본으로 운송수단은 대부분 배였다.

시중에 떠도는 대부분의 보물선은 바로 여기에 해당한다. 조선과 중
국을 왕래하다 폭격 등으로 침몰한 일본 배들은 일본 상선침몰 위치표,
전시 선박사(史) 등의 일본 측 문헌으로 정확히 확인할 수 있다. 일본은
근현대에 이르러 침몰한 선박의 사진과 적재물, 침몰위치, 몇 명이 사망
했는가도 비교적 정확하게 문헌으로 기록해 놓았다. 심지어 침몰한 배
의 설계도면까지 확보해 탐사하는 경우도 있다.

특히 조선은행의 금괴를 일본은행으로 옮기는 작업은 철저히 비밀리
에 이뤄졌다. 한국과 중국에서 약탈한 각종 귀중품을 본국으로 나르는

배 역시 마찬가지였다. 일본은 이들 귀금속을 주철, 혹은 동 등의 일반 화물로 위장한 것은 당연했다. 일본 내각, 조선총독부, 특히 일본 해군의 기밀문서와 각종 구전이 중요한 것은 그 때문이다.

이런 것을 모두 더하면 일제강점기 한반도 주변에서 침몰된 배는 290척 정도가 있는 것으로 알려져 있다. 여기에 앞서 이용호 게이트의 소재가 된 전남 신안 경우처럼 퇴각하는 일본이 해안가에 금괴를 묻은 경우와 같은 탐사도 있다.

일명 보물선 탐사업체 사람들(이들은 자신을 해저매장물 발굴업자라고 부르기를 원한다)은 이런 문헌 근거를 통해 대부분의 침몰선 위치와 지역을 정확히 알고 있다. 수심이 낮은 서해안의 경우 일반 어민들이 사용하는 어군탐지기를 사용해도 수심 몇 십m에 얼마만한 크기의 배가 있다는 것을 알 수 있다.

문제는 이 배에 경제성이 있는 매장물이 있는가 여부다. 특히 우리나라 서해안 침몰선 탐색은 조금 특이하다. 침몰해 수십 년이 지나면 배의 선실까지 모두 뻘흙으로 채워진다. 따라서 서해안에 침몰한 배의 적재물을 확인하려면 다이버가 수중으로 잠수한 다음, 해저에서 다시 굴을 파듯이 선실 하나하나에 채워진 뻘흙을 모두 파내야 한다. 보통 잠수정이 떠다니며 탐사하고 로봇 집게팔로 건져 올리는 일반적인 수중작업과 차원이 다른 일종의 토목공사 성격을 띈다. 이 과정에서 상당한 작업비용이 투입되는 것은 물론이다.

따라서 보물선 탐사업계에서는 침몰선에 실린 물품의 경제성 여부가 가장 중요하다. 탐사꾼에게 가장 매력적인 보물선은 문헌상 기록이 있고, 과거 해저매장물 발굴허가를 얻어 탐사한 적이 있는 배가 꼽힌다. 일제 강점기 금괴나 은괴 등이 적재된 배가 침몰했다면 생존자가 해방 후라도 탐사를 시도했거나, 금괴를 실은 사실을 아는 회사 관계자들이 반드시 탐사를 했을 것이기 때문이다. 과거에는 탐사장비가 열악해 탐사에 실패한 경우가 많지만 지금은 탐사기술이 발전했기 때문에 성공 가능성이 큰 것도 한 이유이다.

특히 우리나라에서 보물선 신드롬은 IMF 시기인 1998년부터 부쩍 많아졌다. 그 이유는 이런 암울한 시기에 꿈과 탐험을 요구하는 시대적 분위기와 맞아 떨어졌고 또 해양탐사기술이 과거에 비해 비약적으로 발전했기 때문이다.

외국의 경우 간혹 수백억 달러의 보물을 인양해 일확천금을 번 사례가 심심치 않게 있지만 우리나라는 고려청자 등 문화재 탐사를 제외하고 아직 그런 사례가 드러나지 않고 있다.

보물선 탐사에 인생을 거는 사람들은 일본 해상자위대나 침몰상선 등 나름 치밀한 일본 문헌을 가지고 처음에는 자신의 돈을 투자하고, 돈이 떨어지면 동업자, 그것도 아니면 투자자를 모집한다. 그래서 보물선 탐사는 허황된 꿈 혹은 심지어 사기로 인식되기도 한다. 실제 보물선 탐사에 투자를 권유하다 사회적 물의를 빚는 경우가 많다. 그 이유는 대부분 보물선 탐사가 탐사 위치가 극소수 투자자에게만 공개되고 은밀히 추진되는 특징이 있기 때문이다. 또 탐사도 사업도 특성상 보안

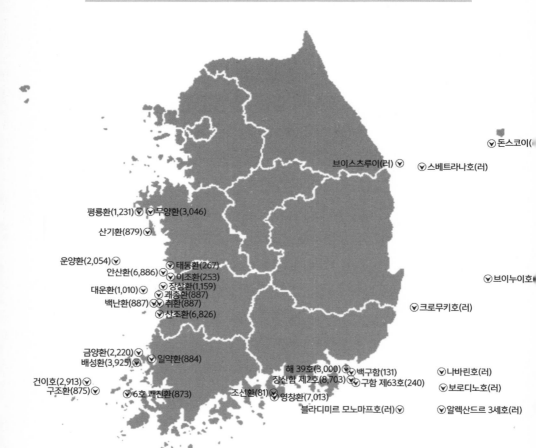

지도를 통해 본 한반도 주변 보물선 현황

돈스코이(
브이스츠루이(러) 스베트라나호(러)
평룡환(1,231) 무양환(3,046)
산기환(879)
운양환(2,054)
안산환(6,886) 태동환(267)
이조환(253)
대운환(1,010) 장삼환(1,159)
백난환(887) 괴충환(887)
취환(887)
산조환(6,826)
브이누이호(러)
크로무키호(러)
금양환(2,220)
배성환(3,925) 일약환(884)
건이호(2,913) 해 39호(3,000) 백구함(131) 나바린호(러)
구조환(875) 장산함 제2호(8,703) 구함 제63호(240) 보로디노호(러)
6호 쾌진환(873) 조선환(81) 영창환(7,013) 알렉산드르 3세호(러)
블라디미르 모노마프호(러)

294

을 요하는 경우가 많고, 만에 하나 보물을 발견하지 못하더라도 이의를 제기하지 못하는 계약 특성상 투자를 했다가 낭패를 보는 경우도 많다. 실제 우리나라에서 보물선 탐사회사는 인양한 유물보다 그로인한 주가 상승 등 간접적으로 이득을 보는 경우가 적지 않았다.

그래서 보물선 탐사는 보는 사람에게는 일확천금을 노리는 허황된 꿈같이 보이는 것이 사실이다. 이들 보물선은 어떤 형태로든 나름 근거를 가지고 있다. 문헌상 확인된 보물선의 위치는 그 세계에서는 은밀하게 돌고 돈다.

대표적인 것이 해(海)39호(3,000t)이다. 흔히 야마시타 대장의 보물선으로 알려진 이 보물선은 일본이 패전이 임박하자 일본군 제1방면군 사령관인 야마시타 도모유키(山下奉文) 지시로 조선에서 약탈한 각종 보화 150t을 일본으로 운반하다 연합군의 포격으로 거제도 양지암 동북쪽 7km 바다에 침몰한 것으로 알려져 있다. 1999년 한 민간업자가 타이타닉호 선체를 촬영한 캐나다 전문 업체까지 동원, 이 배를 탐색했으나 성과 없이 끝나고 말았다.

또 일본 731부대 보물병원선 이야기도 빠지지 않고 회자되고 있다. 1945년 만주에 있던 일본 세균전 부대인 731부대가 금괴 100t을 싣고 일본으로 철수하면서 전북 군산 옥도면 말도 앞바다에 침몰했다는 것이다. 이 배 역시 1999년 한 민간업체가 탐사에 나섰으나 성과는 알려지지 않고 있다.

청일전쟁 시대 대표적 보물선이 고승호(2,134t)이다. 고승호는 1895

년 7월 청일전쟁 당시 청나라 군인 1,400명과 군자금 2만5,000량을 싣고 인천항으로 들어오다 일본해군의 공격을 받고 인천 울도 앞바다에서 침몰했다. 이 배는 1930년 일제강점기 일본이 인양을 시도했고, 1971년, 1998년에는 각각 탐사를 시도했다. 실제 2001년 8월 한 민간 탐사업자가 고승호 침몰지역에서 은화와 은괴를 발견하기도 했다.

전남 영광군 안마도 동쪽 0.16km 해상에 침몰한 일본해군 887t급 수송함 침몰도 구전으로 내려오는 보물선으로 통하고 있다. 1945년 6월 10일 연합군이 쏜 포탄에 맞아 좌초돼 40m 바다 밑으로 가라앉은 이 배에도 역시 패전을 앞두고 일본으로 반출하려는 귀금속과 문화재가 실려 있다는 것이다. 2006년 한 민간업자가 매장물 발굴 승인을 받아 인양작업을 했지만 성과는 알려지지 않았다.

러일전쟁의 보물선으로 대표적인 것이 바로 80년대부터 탐사를 시작했던 바로 울릉도 저동 앞바다에 침몰한 러시아 순양함 돈스코이호다. 국책연구기관인 한국해양연구원이 직접 탐사한 유일한 침몰선인 이 배는 일본이 탐사한 나히모프호와 함께 대표적인 러일전쟁 당시 침몰한 보물선으로 통하고 있다. 이 돈스코이호 말고도 한국측 해역에는 러일전쟁 당시 쓰시마 해전 때 침몰한 러시아 군함 4척이 더 있다.

쓰시마 해전 당시 로제스트벤스키 제독이 옮겨 탔던 소형 포함 베도비호는 울릉도 서쪽에 침몰했다. 또 울진 죽변항 앞바다에 브이스츠루이호, 스베트라나호가 침몰해 있다. 경북 장기 동쪽 앞바다에는 크로무키호가 잠들어 있다.

앞에서처럼 이미 공개되거나 탐사가 시도됐던 보물선 말고도 보물선 사냥꾼들에게 은밀히 유통되는 보물선이 적지 않다. 그 대부분은 2차 대전 당시 일본이 조선에서 약탈한 금괴를 비롯한 각종 금속 물자(금, 은, 동)를 운반하다가 미국 등 연합군의 공격으로 침몰한 배가 꼽히고 있다. 특히 일본 해군이 작성한 군함의 톤수와 출항일, 침몰위치를 기록한 함력표를 통해 구체적인 지역이 거론된다.

거제도 앞 해상에는 당시 경남지역에서 약탈, 서울 영등포 고바야시 공장에서 제련된 물자 100t이 해방 82함(3,600t)에 실려 있다가 수심 40~52m에 침몰해 있는 것으로 알려졌다. 이 물자는 일본군 제80 보병연대 특무중대와, 조선 제24부대 특무중대가 각각 운반 중이었다. 또 같은 지역에는 수양환(丸)(6,933t)이 서울지역에서 약탈해 역시 영등포 고바야시 공장에서 제련한 물자 100t이 일본 제40 보병여단이 운반하다가 침몰한 것으로 알려져 있다. 이 거제도 앞 보물선 역시 2000년 해저 매장물 허가를 얻어 탐사를 했지만 발견하지 못했다.

거문도 앞 해상도 일본이 약탈하다 침몰된 배가 많이 있다. 조선환(81t)은 10t, 인왕산환(498t)은 20t의 주요 물자를 싣고 침몰해 있으며, 영창환(7,013t)이 수심 62~72m 바다에 침몰한 것으로 알려졌다. 이 3척의 배는 조선 제24특무중대가 전남, 경남지역에서 약탈한 물자를 장항제련소에서 제련해 운반하다 침몰한 것으로 알려졌다.

해상운송이 활발했고, 장항제련소가 있던 군산 앞바다는 더 많은 배가 침몰해 있다. 일본 제3대대 특무중대는 충남북과 전북지역에서 약탈한 물자를 장항제련소에서 제련, 태동환(267t)에 20t, 이조환(253t)에 9t, 안산환(6,886t)에 100t, 장상환(1,159t)에 100t 등의 물자를 싣고 가다 침몰한 것으로 알려졌다. 이들 배가 침몰한 군산 앞바다는 수심이 35~45m에 불과하다.

부안 앞바다 수심 40~45m에는 산조환(6,826t)이 140t의 물자를 싣고 침몰해 있으며, 취환(887t)과 백난환(887t)이 각각 40t의 물자를 싣고 가다 침몰했다. 이들 물자는 일본 제3대대 특무중대가 충남북, 전북 지역에서 약탈한 물자를 장항제련소에서 제련한 후, 운반하다가 이 해역에서 침몰했다.

일약환(884t)은 제련된 금 40t을 싣고 장항에서 일본 규슈로 가다가 나주군도에 침몰한 것으로 알려져 있는 배다. 중국과 일본을 왕래하던 비교적 큰 배인 건이호(2,913t)는 금 9t, 은 30t, 동 300t을 싣고 가다 대흑산도 앞에서 침몰한 것으로 알려져 있다. 역시 장항에서 중국 상해로 향하던 산기환(879t)에는 은 20t이 실려 있는 것으로 알려져 있다.

장항제련소를 출발해 중국 상하이로 가다가 어청도 서쪽 13마일 지점에 침몰한 운양환(2,054t)에는 은과 동 400t이 실린 것으로 알려졌다. 장항제련소에서 금 30~40t을 실은 것으로 알려진 무양환(3,046t)은 신진도 서남방 3마일 지점에 침몰해 있다. 군산에서 상해로 가던 대운환(1,010t)에도 금 30~40t이 실린 것으로 알려져 있으며 이 배는 비안도 서 방면 15마일 지점에 침몰했다. 금 40t이 실린 것으로 알려진 괘총환(887t)은 기뢰로 인해 선유도서남방 1마일 지점에 침몰해 있다.

또 산기환(879t)의 경우 은 20t을 싣고 외파수도 서북방 2마일 지점에, 놋쇠 운반선 배성환(3,925t)과 금양환(2,220t)은 각각 놋쇠 150t과 100t을 싣고 가다 나주 앞바다에 침몰했다.

동 운반선인 평룡환(1,231t) 화환(885t) 다도환(887t)은 동 30~60t씩 싣고 군산에서 중국과 일본 규슈로 향하다 각각 거야도 북방 5마일, 비용도 서북방 5마일, 안마도 북방 1마일 지점에서 침몰한 것으로 알려졌다.

특히 거제도와 대마도 사이에는 많은 배가 침몰해 있다. 장순함 (2,246)은 거제도 서이암 바깥쪽에, 대속함 제2호(882t)는 여형제섬 입구, 구함(873t)은 지심도 안쪽, 장산함 제2호(8,703t)는 대마도 방향, 백구함(131t)은 지심도 안쪽, 구함 제63호(240t)와 금산함 제3호(886t)는 지심도 안쪽에 각각 침몰한 것으로 알려졌다.

이중 탐사를 통해 그 보물선의 진위 여부가 확인된 것도 있다. 군산 앞바다 보물선으로 알려진 일본 시마마루 12호는 2011년 선유도 남방 5km에서 15m 깊이의 모래에 묻힌 형태로 발견됐다. 이 배는 1945년 7월 2일 금괴 10t을 싣고 일본으로 가다 미군의 폭격으로 침몰했다는 배였다. 탐사업체는 2012년 잠수사 20여명을 동원해 침몰선 선실을 수색했으나 아쉽게도 금화나 은화가 아닌 4,068kg의 동전을 건져 올리는 것에 그쳤다. 이 동전은 1930년대 중국에서 일반적으로 사용하던 것으로 문화재적 가치는 없었다.

하지만 대부분은 구체적 탐사를 통해 '보물'의 질과 양이 확인되지 못한 것들이다. 이들은 투자하겠다는 사람이 있으면 언제라도 탐사와 인양이 가능하다. 문제는 배의 적재물, 바로 보물선에 실린 보물의 가치다. 금 가격은 계속 폭등하고 있고, 탐사기술은 계속 발전하고 있어 과거 단지 수 kg의 금괴가 실려 있는 배의 경우 경제성이 없었으나, 지금은 탐사 기술이 일반화되면 경제성이 있는 탐사로 바뀌기도 한다. 또 배에 실린 물건이 망간이나 니켈 등 단순한 광물이라고 해도 기초 광물 가격이 폭등한 지금, 경제성이 있다고 판단되면 탐사가 이뤄진다.

일본이 1980년대 나히모프호에서 인양했다는 백금괴에 대해 모양과 형태로 보아 배의 중심을 잡는 납으로 된 밸러스트라고 주장하는 사람도 있다. 실제 나히모프호에서 인양됐다는 백금괴 표면에 문자와 알파벳이 있는데, 이는 밸러스트를 제작한 제련소를 표시하는 것이기도 하다.

설사 금괴가 아닌 납으로 된 밸러스트라고 해도 그 가치는 적지 않다. 납은 순도가 100%에 가까울수록 핵 알파입자가 낮고, 그래야 전기 저항이 최소화 된다. 인공위성이나, 초고속 컴퓨터 등 매우 정교하고, 전기 저항이 최소화된 특수 전자회로 기판을 만들 때 바로 이 알파납을 사용한다. 전기저항을 극소화하기 위해 구리가 아닌 순금을 전자회로 배선에 이용하는 것과 마찬가지다.

그런데 이 핵알파 입자는 광물을 제련할 때 만들어지고 자연에서 점차 소멸하는 성질을 가지고 있다. 따라서 제련한지 오래된 납은 저알파 납으로 고가에 거래된다. 핵알파 품위가 L1~L2 사이 오래된 납은 g당

30~40 달러를 호가한다. 36~45kg 납 주괴 하나에 3,000달러를 호가하는 것이다. 미국 해저 탐사회사인 오딧세이사는 오래된 난파선에서 건져낸 납 밸러스트도 주요 인양 대상으로 꼽고 있다.[2]

열강의 각축이 이뤄진 한반도 주변은 많은 배가 잠들어 있는 것으로 각종 전사나 문헌기록에 남아있다. 그 배에 실린 화물의 가치는 아무도 모른다. 또 그래서 보물선 탐사는 역사와 과학이 결합된 흥미진진한 모험인 것이다.

---

1   국립해양문화재연구소 홈페이지(www.seamuse.go.kr)

2   디스커버리채널, '보물을 찾아서 - 황금이 된 납'

참고문헌

단행본

- 고병우, '혼이 있는 공무원'(서울: 늘푸른소나무, 2008)
- 김택근, '김대중 평전'(서울: 사계절, 2012)
- 김기삼, '김대중과 대한민국을 말한다'(서울: 비봉출판사, 2005)
- 송연호 편저, '동아건설은 누가 파산시켰나'(상권) (서울: 2005)
- 유해수, '울릉도 보물선 돈스코이호'(서울: 지성사, 2006)
- 이호, '그래도 사랑하기 때문에-전 동아그룹 최원석 회장 비설록'(서울: 서울북스, 2009)
- 홍순칠, 독도의용수비대 홍순칠 대장 수시 '이 땅이 뉘 땅인데!'(서울: 혜안, 1997)
- 가와카미 신이치, 도조 분지, '한권으로 충분한 지구사' 박인용 옮김(서울: 전나무숲, 2006)
- Constantine Pleshakov, The Tsar's Last Armada, '짜르의 마지막 함대' 표완수, 황의방 옮김(서울: 중심, 2003)
- Gary kinder, Ship of gold in the deep blue sea, '보물선' 김선일, 전미정 옮김(서울: 자음과 모음, 2006)
- James L.George, History of Warships, '군함의 역사' 허홍범 옮김(서울: 한국해양전략연구소, 2003)

논문

- 강호병, '보물선, 사실이면 경제에 무슨 일이…' 이코노미스트, 2000. 12. 11
- 김민수, '해저유물보호협약 발효와 해저유물을 둘러싼 법적 쟁점' 해양수산동향 1283호, 한국해양수산개발원, 2008. 10. 31
- 김수정, 유해수, '침몰선 드미트리 돈스코이호의 탐사 해역 설정과정과 수중 ABANF

발굴의 방법론' 물리탐사기술 심포지엄 자료, 한국해양연구원 해저환경자원연구본
부 해저유물자원연구센터

- 김수정, 유해수, '침몰선 돈스코이호의 탐사해역 설정 과정과 수중 유물 발굴의 방법
론' 물리탐사기술 심포지엄
- 동아건설 '말살' 음모와 외압의 실체를 밝혀라, 동아건설산업(주) 임직원 일동, 2001.
4. 18
- 동아건설 산업(주) 김서웅 사장 기자간담회 말씀자료, 2003. 6. 3
- 밀레니엄 2000 PROJECT, 동아건설산업(주) 1998
- 박용환, '보물선 발견보도로 투기적 상승예상' 대우증권 모닝 리포트, 2000. 12. 6
- 송원호, '돈스코이호 소고' 대한토목학회지 제38권 No.4, 1990. 8
- 송원호, '순양함 HMS Edinburgh호의 금괴' 대한토목학회지, 2002. 5
- 송원호, '돈스코이호와 인연' 해양연 소식 제 235호, 해양연구소, 2003
- 송원호, '나히모프호 보물인양의 허와 실' 대한토목학회지, 2005. 6
- 송원호, '돈스코이호 함장의 최후' 대한토목학회지 제53권, 2005. 12
- 심헌용, '러일전쟁기 러시아의 동아시아 해양군사전략과 독도의 위상', 국가전략 제
14권 2호, 2008
- '한반도에서 전개된 러일전쟁연구' 〈외국군사연구〉 국방부군사편찬위원회, 2012
- '러일전쟁기 동해해전의 전개와 돈스코이호 - 러일전쟁과 돈스코이호의 학술적 조
명' 한러대화 세미나 자료집, 2013
- 유해수, 김수정, 박동원, '지구물리 탐사기법을 이용한 돈스코이호 확인' 물리탐사 기
술 심포지엄 자료집.
- 유해수, 김수정, 박동원, '지구물리 탐사기법을 이용한 심해 돈스코이호 확인' 한국지
구물리탐사학회 학술대회 논문집, 2004
- 이상면, '한일어업협정 너무 잃었다' 한국일보, 1998. 9. 29
- 이판묵, '심해로봇 해미래를 이용한 심해저 탐사' 해양연구원 홈페이지.
- '이필재가 만난 사람 21' 이코노미스트 634, 2004. 4. 30
- 한상준, 허식, '동해분지의 해양환경 변화와 지구조 진화연구(2차년도)' 한국해양연구
소 연차보고서, 1998

- Torpedo Attack, Port Arthur, The Russo Japannese War Reserarch Society, russojapanesewar.com
- Tsushima, The Russo Japannese War Reserarch Society, russojapanesewar.com

정부자료

- 국토해양부 보도자료, 2010. 8. 10
- 국회사무처, 국정감사 정무위원회 회의록, 2003
- 목포지방해양수산청장, 매장물 발굴승인서, 2000
- 이용호 특검팀, 이형택 공소장, 2002
- 해양수산부, '해저매장물 관련문제 전문가 간담회', 2000. 12
- 해양수산부, 돈스코이호 보도관련 해양수산부 입장, 2000. 12. 15
- 해양수산부 참고자료, '심해저자원개발위원회 창립회의 개최', 2000. 12. 26
- 2002 대검찰청, '검찰연감'

정기간행물

경향신문 / 뉴스1 / 대한매일 / 동아일보 / 머니투데이 / 법률신문 / 블룸버그 / 서울경제신문 / 연합뉴스 / 조선일보 / 중앙일보 / 한국경제신문 / 한국일보 / 한겨레신문 / The st. Petersburg Times(러시아) / The Independent / The BBC

기타 자료

- 국립해양문화재연구소 홈페이지(www.seamuse.go.kr)
- 한국해양연구원 웹사이트(www.kordi.re.kr)
- 아쿠아드론 홈페이지(www.aquadron.com)
- 국토해양부 웹사이트(www.mltm.go)
- 돈스코이클럽닷컴(www.donskoiclub.com)
- 서브씨텍사 홈페이지
- 진찯사 웹사이트